全國古籍整理出版規劃領導小組資助出版

國家圖書館
敦煌研究資料叢刊

國家圖書館善本特藏部　編

中國散藏敦煌文獻分類目録

申國美　編

北京圖書館出版社

圖書在版編目(CIP)數據

中國散藏敦煌文獻分類目録/申國美編. —北京:北京圖書館出版社,
2007.10

(國家圖書館敦煌研究資料叢刊)

ISBN 978 -7 -5013 -3508 -4

Ⅰ.中… Ⅱ.申… Ⅲ.敦煌學—文獻—分類目録 Ⅳ.Z88:K870.6

中國版本圖書館 CIP 數據核字(2007)第 107871 號

書名 中國散藏敦煌文獻分類目録

著者 申國美 編

出版 北京圖書館出版社 (100034 北京西城區文津街 7 號)

發行 010 -66139745 66175620 66126153

66174391(傳真) 66126156(門市部)

E-mail cbs@ nlc. gov. cn(投稿) btsfxb@ nlc. gov. cn(郵購)

Website www. nlcpress. com

經銷 新華書店

印刷 北京四季青印刷廠

開本 889 ×1194 毫米 1/16

印張 15.75

版次 2007 年 10 月第 1 版 2007 年 10 月第 1 次印刷

字數 350 千字

書號 ISBN 978 -7 -5013 -3508 -4/K · 1530

定價 90.00 圓

目　録

序

柴劍虹

二十二年前,中國敦煌吐魯番學會宣告成立之時,許多位專家都提出過在加强調查和刊佈流散於國外的敦煌文物的同時,也應該搞清楚我們自己的“家底”,即先在普查的基礎上編寫與刊佈全國各地的敦煌散藏品目錄,然後編撰一個聯合目錄,並希望積極創造條件,進而編纂全世界的敦煌遺書總目(或文物總錄),實現王重民教授的遺願,這也是幾代中國敦煌學者的共同心願。應該說,後來雖然有1992年出版的白化文教授的精闢專著《敦煌文物目錄導論》作導引,但多年來這項工程還是缺乏統一、有效的“調度”,基本處於“八仙過海,各顯神通”的狀態。儘管如此,敦煌文獻的編目工作還是很有進展的,各地收藏品詳略不一、特色各異的目錄紛紛問世,其成績有目共睹,無須我在此贅述。至於“各自爲政”式的編目的缺點,白化文先生曾用一言以蔽之:“它妨礙了一部良好的統編的聯合目錄的產生,影響了敦煌學的進一步發展。”但是,由於敦煌文獻內容包羅萬象,形式特徵紛繁複雜,研究性太強,在爲編目帶來諸多困難的同時,也爲編目者開拓了見仁見智的廣闊天地,眼下要連手統編一部大家認可的規範的聯合目錄,談何容易!

不容易並不等於不做、不去朝這個方向努力。當年,中國敦煌吐魯番學會協助北京圖書館創建“敦煌吐魯番北京資料中心”,其中有一個想法就是:希望能建成一個世界上最具實力、最名副其實的敦煌學資料中心,並充分發揮它特有的優勢,來承擔借鑒各家目錄、統編聯合目錄的重任。事實上,儘管這些年來資料中心作爲國家圖書館善本部的一個部門,本身也經歷了機構變遷、人員變動、體制變革、任務變通等種種變化,但其辛勞地服務於敦煌學界資料需求的宗旨始終未變,其工作人員也一直在擠出時間默默無聞地從事相關資料的彙集、整理和編目工作。1988年8月,資料中心編印了《敦煌吐魯番論著目錄初編》的歐文與日文專著部分,《敦煌學研究專著目錄》的中、日、西文部分,還內部油印了《北京圖書館藏敦煌遺書目錄索引》;1996年,資料中心的負責人徐自強研究員在《北京圖書館館刊》發表了《新訂敦煌莫高窟諸家編號對照表》;1999年,資料中心李德範、方久忠兩位研究館員編撰的《敦煌吐魯番學論著目錄初編・日文部分》由北京圖書館出版社正式出版發行。此外,資料中心收藏的20世紀30年代王重民先生所攝流散海外敦煌寫卷照片、敦煌藏文和粟特文文獻的編目工作也已經基本完成。現在,資料中心的申國美館員又編撰了這部《中國散藏敦煌文獻分類目錄》(以下簡稱《分類目錄》),終於邁出了編纂聯合目錄十分重要的一步,真是可喜可賀!

衆所周知,近百年來,中外學者在編撰敦煌文物(尤其是寫本)目錄的漫長而又豐富的實踐歷程中,“流水號財産賬”式著錄與“按文本內容分類”注記提要是兩種最常見的形式,而前者較爲便捷,後者相當麻煩。中國學者憑藉深厚的國學功底,從接觸敦煌遺書一開始就是雙管齊下同時進行的。如1911年《敦煌劫餘錄》草目完成後,李翊灼先生就編撰了《敦煌石室經卷中未入藏經論著述目錄》,開敦煌分類研究目錄之先河;王重民先生20世纪30年代在巴黎國家圖書館編寫《伯希和劫經錄》初稿的同時,即開始抄錄敦煌寫本的分類卡片,希望有朝一日能完成分類目錄的編撰。60年代初,王先生還在《敦煌遺書總目索引・後記》中提出要“爲準備完成那部新的、統一的、分類的、有詳細說明的敦煌遺書總目錄而努力”,可惜他在“文革”中慘遭迫害,賫志而歿。1983年,劉修業先生委託我將包括這些分類卡片在內的珍貴資料贈送給敦煌文物研究所,希望後來人能繼承王先生的遺志,完成這項工作。近些年來,國內外一些專家學者亦知難而上,爲編撰科學、合理、完備的敦煌寫本分類目錄提供建議和實踐經驗,付出了艱巨的勞動。這些,都爲編纂新的分類總目索引創造了條件。現在,申國美女士編製的這個《分類目錄》,就是在這些年發表的國內各散藏品圖錄和編目的基礎上,加以總括、條理、排比、分析，收錄國內34個單位所收藏的敦煌文獻（附文物、傳世品、日本寫經、吐魯番文書）共計2556號，按佛經內容及道教、四部古籍、社會文書、雜寫印章、民族文字等分爲28類重新排列著錄，並附有"經籍名稱漢語拼音索引"，可以說是一個聯合目錄的雛形。既是"雛形"，當然還不很成熟，還需要敦煌學界的學者專家（尤其是目錄學家和佛學專家）提出批評意見和改進的建議，使之逐漸完善，使之能爲以後的編目工作提供教訓、積累經驗，更好地爲敦煌學的發展服務。

如前所述，敦煌文獻的分類是擺在編目者面前最複雜棘手的一個問題，英、法、俄、日各國學者所列類目均粗細不一、各具標準、自成體系，也都有許多缺陷。比較而言，我國專家所做工作比較切合中國古代文獻的實際，但也沒有統一的標準。有的主張"粗線條"，有的提倡"細化"；有的認爲應遵循傳統的四部分類，有的則希望合乎國際通行的新的圖書分類體系。我比較贊同白化文教授的高見，即"要與以往任何目錄體系都不一樣，而要自成一個新的合乎圖書分類原理和敦煌學目錄實際的體系"。白先生提出："我們一定要在文獻工作標準化的過程中，搞出一個敦煌文獻分類法，它也應該能納入總的圖書分類法中。它應該包括三個方面：敦煌文書本身，敦煌學著作（包括單行本和期刊論文），某些非書材料。"白先生認爲："應該考慮首先編製一部我國國內的，包括港臺的聯合目錄……它應當是分類的，採用新的分類法，統一給新分類號。至於各館的原號，可以作爲財產賬號附於其下……與本卷有關的重要資料是否進行附錄，也是應該注意的問題……這種聯合目錄，應該自帶非常詳細的能通過多種渠道檢索的索引。"（均引自《敦煌文物目錄導論》，新文豐出版公司，1992年）用這些標準來衡量，我們就可以知道資料中心這個目錄正是朝着白先生的要求去努力的，同時也可以知道在分類方法、索引種類等等方面還有明顯的差距。另外，既然是一個國內藏品的聯合目錄，恐怕在資料的收集上還應該更加周全。例如這個目錄開始收入了臺灣"中央圖書館"的藏品，卻沒有收錄"中央研究院"傅斯年圖書館、臺北故宮博物院和歷史博物館的藏品，經我提示很快補上了已經刊佈的部分；尤其是因爲北京故宮博物院藏的敦煌寫卷，一直沒有人具體做編目工作，當然也就不得其詳，無法收入這個目錄，這無論如何是說不過去的。因此，我籲請剛剛調入故宮博物院工作的王素先生承擔這個工作，他在孟嗣徽、任昉二位女士的協助下，很快圓滿地完成了任務，使得這部分內容得以補入。當然，現在這個分類目錄還有一些不足，也都是可以在參編與使用的實踐中加以彌補和改進的。無論如何，現在我們有了一個國內散藏敦煌文獻的新的目錄索引，朝着編纂完備的聯合目錄邁出了可喜的一步，因此值得慶賀。

2006年12月改定

編製説明

一、文獻收藏單位及收藏概況

本目錄據國内公開出版的圖版、圖册、目録編製，共收入國内34個單位所收藏的敦煌文獻2556號。其收藏單位和收藏情況如下：

1. 甘肅藏敦煌文獻：收錄甘肅省11家單位所藏敦煌文獻，其中敦煌研究院383號，甘肅省博物館138號，敦煌市博物館82號，甘肅省圖書館32號，西北師範大學19號，酒泉市博物館18號，定西縣博物館10號，永登縣博物館8號，高臺縣博物館3號，甘肅中醫學院3號，張掖市博物館1號，共計697號。甘藏敦煌文獻除土地廟出土的一部分外，大部分來自當地名士、官宦、鄉紳之手，北朝寫本較多，佛經居多，其中不乏珍本、孤本，并附有吐魯番文書和日本寫經。

2. 天津市藝術博物館藏敦煌文獻：收錄敦煌文獻350號，一部分爲歷年徵集收購所得，一部分爲我國著名文物收藏家周叔弢先生1979年所捐贈。大部分爲佛教經卷、論疏。其特點是：保存狀況好；跨越年代較長；保存了大量的佛教典籍與史料；具有書法藝術價值的經卷不下五六十卷；經卷中有收藏印共50方。

3. 北京大學藏敦煌文獻：收錄敦煌文獻286號，大部分爲1950年向達先生任館長時購入。佛書占多數，另有少數道書及社會文書。還有一些較爲罕見的非漢文殘卷，如古藏文、于闐文、回鶻文、西夏文等。

4. 上海圖書館藏敦煌文獻：收錄敦煌文獻187號，主要藏品爲上海市文管會捐贈、上海博物館移交及歷年收購。其特點是：署有年月的寫本占所藏文獻的比例較高；非佛教内容的寫本比例較高；經名家鑒藏、題跋者多。

5. 天津圖書館藏敦煌文獻：收錄敦煌文獻177號，貼爲册頁，全6册。大部分爲佛經。目錄由方廣錩、李際甯等先生發表在《敦煌吐魯番研究》第八卷上，採用條目式著錄。

6. 浙藏敦煌文獻：收錄浙江省博物館藏品176號，浙江圖書館藏品20號，杭州市文物保護管理所藏品4號，靈隱寺藏品1號。其收藏特點是：藏品内容門類豐富，除佛教經卷外還有道經、經濟文書、願文、詩詞、小説、書儀、畫像等；所藏經卷大部分被著名學者收藏並留有題跋、手蹟與印章，彌足珍貴；寫卷相對完整，保存良好。

7. 臺灣"中央圖書館"藏敦煌文獻：收錄敦煌文獻144號，主要爲李盛鐸舊藏，以佛書居多，其中不乏珍本與孤本。

8. 北京故宫博物院藏敦煌文獻：收錄敦煌文獻92號，爲寫經、文書類，其中有7號爲吐魯番文書。來源爲收購、捐獻、調撥，入藏前均經過專家鑒定。題名根據文獻内容重新擬定。目錄由王素、任昉、孟嗣徽先生編製，發表在《敦煌研究》2006年第6期上。圖版尚未公開發表。

9. 中國書店藏敦煌文獻：收録敦煌文獻82號，以佛教典籍爲主，唐以前寫本所占比例較高，其中東晋寫本、南北朝寫本、隋寫本有15件之多，不乏珍本。另附11號敦煌藏文寫本、西夏文寫本、蒙文寫本、日本寫本及近代寫經。

10. 上海博物館藏敦煌文獻：收錄敦煌文獻80號，大部分爲佛經，另附該館所藏傳世唐人、宋人寫經11號，以資對照研究。

11. 首都博物館藏敦煌文獻：收録敦煌文獻60號，由榮新江、王素、余欣鑒定，並將目録發表在《首都博物館叢刊》第18、20期上，題名爲"首都博物館藏敦煌吐魯番文獻經眼録"及"首都博物館藏敦煌吐魯文獻經眼録(續)”。圖版尚未公開發表。

12. 臺北“中央研究院”傅斯年圖書館藏敦煌文獻:收錄敦煌文獻50號,編號26號的“毛詩音”係羅常培所捐法國巴黎藏P.3383號卷子的影印本,實際所藏敦煌卷子49件,其中漢文36件,吐蕃文9件,西夏文1件,回鶻文1件,千佛印本2件,以佛教典籍居多。目錄由鄭阿財先生編製,題名爲《臺北“中研院”傅斯年圖書館藏敦煌卷子題記》。

13. 南京圖書館藏敦煌文獻:收錄敦煌文獻32號,目錄由方廣錩、徐憶農先生發表在《敦煌研究》1998年第4期上。

14. 湖北省博物館藏敦煌文獻:收錄敦煌文獻31號,據經卷收藏印看,大部分經卷收藏者爲徐蘭如先生。另若干件有康有爲、羅振玉題跋。以佛經居多。目錄由王倚平、唐剛卯先生發表在《敦煌吐魯番研究》第五卷上。

15. 天津市文物公司藏敦煌文獻:收錄敦煌文獻30號,爲歷年所收。其特點是:内容較爲豐富;時代跨度較大;珍品薈萃。由天津市文物公司編輯成冊,文物出版社出版。

16. 中國歷史博物館藏敦煌文獻:收錄敦煌文獻29號,其從書法的角度取材,全部爲具有書法藝術價值的敦煌寫卷。圖版發表在由史樹青先生主編的《中國歷史博物館藏法書大觀》第十一、十二卷上。另有一件發表在唐耕耦、陸宏基主編的《敦煌社會經濟文獻真蹟釋錄》第一輯上。完整的目錄尚未發表,藏品數量不詳。

17. 重慶市博物館藏敦煌文獻:收錄敦煌文獻13號,爲重慶市博物館20世紀50—60年代所入藏,目錄由楊銘先生發表在《敦煌研究》1996年第1期上。

18. 旅順博物館藏敦煌文獻:收錄敦煌文獻9號,爲大谷收集品。目錄發表在尚林、方廣錩、榮新江合撰的《中國所藏“大谷收集品”概況——特別以敦煌寫經爲中心》一書裏。

19. 南京師範大學文學院藏敦煌文獻:收錄敦煌文獻3號,分別爲:《如來莊嚴智慧光明入一切佛境界經卷上》、《法華經卷一》、《妙法蓮花經卷第三》。此三卷由黃征先生首次公佈在《敦煌研究》2006年第6期上,題名爲《南師大文學院藏敦煌寫本〈如來莊嚴智慧光明入一切佛境界經卷上〉的鑒定與斷代》。由於本目錄已定稿,未能編入,特在附錄1中著錄。

20. 臺北歷史博物館藏敦煌文獻:收錄敦煌文獻2號,係載於1980年金榮華先生所撰《臺北歷史博物館藏敦煌卷子跋》中。

21. 臺北故宮博物院藏敦煌文獻:收錄敦煌文獻2號,係羅家倫舊藏。

二、文獻著錄方式與内容

1. 本目錄所收全部文獻按佛、道、世俗的順序分類著錄,著錄内容依次爲:卷名、藏家簡稱、文獻序號、館藏編號、文獻出處、頁碼、備註。

2. 爲使體例統一便於檢索,將文獻中經名只有品名而沒有卷次的佛經依《大正藏》著錄出卷次,如津藝043“妙法蓮華經授記品第六”著錄成“妙法蓮華經卷第三授記品第六”。本目錄附收傳世本、日本寫經等文獻,以附錄形式單獨著錄。

3. 中國書店藏82號敦煌文獻、首都博物館藏60號敦煌文獻、南京師範大學文學院藏3號敦煌文獻因收集到較晚,出版社已經定稿,未能編入正目,故以附録2、附録3、附録4形式刊出,不做拼音索引。

4. 爲方便讀者檢索,將所收文獻之題名按漢語拼音排列,並注出其在書中的序號。附錄1中傳世品、日本寫經、吐魯番文書編號在漢語拼音索引中爲01、02等,以區分正文中的0001、0002等編號。

5. 爲方便著錄,將收藏單位全稱改爲縮寫並做“收藏單位名稱對照”如下:

北京大学圖書館——北大

敦煌市博物館——敦博

敦煌研究院——敦研
甘肃定西縣博物館——定博
甘肃高臺縣博物館——高博
甘肃酒泉市博物館——酒博
甘肅省博物館——甘博
甘肅省圖書館——甘圖
甘肃永登縣博物館——永博
甘肃張掖市博物館——張博
甘肅中醫學院——甘中醫學院
故宫博物院——故宫
杭州市文物保護研究所——文保所
湖北省博物館——湖北博
旅順博物館——旅博
南京師範大學文學院——南師大
南京圖書館——南圖
上海博物館——上博
上海圖書館——上圖
臺北故宫博物院——臺北故宫
臺北歷史博物館——臺北歷博
臺北"中央研究院"傅斯年圖書館——中研院
臺灣"中央圖書館"——臺中圖
天津市文物公司 ——津文
天津市藝術博物館——津藝
天津圖書館——津圖
温州市博物館——温博
西北師範大學——西北師大
浙江省博物館——浙博
浙江圖書館——浙圖
中國歷史博物館——歷博
重慶市博物館——重博

6. 宗舜法師發表在《敦煌吐魯番研究》第六卷，題名爲《〈浙藏敦煌文獻〉佛教資料考辨》的一文中，將17種未定名佛經殘片擬定了題名，這17種是：浙敦049、067、068、069、081、084、095、099、100、106、126、162、170、176、177、196、199。劉屹博士發表在《敦煌吐魯番研究》第三卷，題名爲《北京大學藏敦煌文獻》一文中，將北大D174、178、184、195、202、204號文書擬定了題名。張涌泉博士發表在《敦煌研究》2001年第1期上，題名爲《敦煌故里對敦煌學的新貢獻》一文中，將敦研357"字書殘段"定名爲"一切經音義"。林世田先生將北大D238號"佛經疏釋"考訂爲"諸經要集卷第二"。趙和平先生在《敦煌寫本書儀研究》一書中將中國歷史博物館所藏敦煌文獻，即歷博寫本52號"尺牘"、歷博寫本53號"題旐文"定名爲"新定書儀鏡"。上博40號的"造莫高窟記"經馬德先生考訂爲"沙州刺史李庭光莫高靈岩佛窟之碑並序"。上博49A(V3)原爲"天福八年敦煌鄉文書"，郝春文先生在《〈上海博物館藏敦煌吐魯番文獻〉讀後》一文中考訂爲"天福八年二月廿日敦煌鄉百姓某貸絹契"。上圖019原爲"天寶八載公文"，榮新江先生在《評〈上海圖書館藏敦煌吐魯番文獻〉》一文中將其定名爲"唐天寶八載西州倉曹檢勘諸倉倉糧案卷"。本目錄將新擬定題名作爲正題名，並在備註中說明。

7. 爲方便讀者瞭解國内散藏敦煌文獻的研究狀況，特做《中國散藏敦煌文獻研究論著目録》，以附録形式發表。

一、阿含部

0001 佛說長阿含經　浙敦163（浙博138）　浙藏敦煌文獻　p. 219

0002 佛說長阿含經第二分初小緣經第一　上圖105－13（812555）　上海圖書館藏敦煌吐魯番文獻第三冊　p. 9

0003 佛說長阿含經第二分轉輪聖王修行經第二　上圖065（812501）　上海圖書館藏敦煌吐魯番文獻第二冊　p. 160

0004 大樓炭經卷第六　津藝021（60・5・1696）　天津市藝術博物館藏敦煌文獻第一冊　p. 97　附彩版7

0005 起世經卷第六　上博28（35559）　上海博物館藏敦煌吐魯番文獻第一冊　p. 229

0006 中阿含經卷第五　上圖152（812603）　上海圖書館藏敦煌吐魯番文獻第三冊　p. 368　附彩版7

注：此卷施萍婷先生疑爲日本古寫經。參見榮新江先生《評〈上海圖書館藏敦煌吐魯番文獻〉》一文。

0007 中阿含經卷第十九　津文13　天津市文物公司藏敦煌寫經　p. 70

0008 佛爲首迦長者說業報差別經　敦博056A　甘肅藏敦煌文獻第六卷　p. 150

0009 梵摩渝經　敦研102（323）　甘肅藏敦煌文獻第一卷　p. 144

0010 佛說齋經　敦研164（387）　甘肅藏敦煌文獻第一卷　p. 179

0011 佛說齋經　敦研241（466）　甘肅藏敦煌文獻第一卷　p. 221

0012 雜阿含經卷第十一　津藝108－1（77・5・4447）　天津市藝術博物館藏敦煌文獻第二冊　p. 225

0013 增一阿含經卷第一　浙敦001（浙圖01）　浙藏敦煌文獻 p. 1　附彩版4

0014 增一阿含經卷第一　湖北博22　湖北省博物館藏敦煌經卷概述　敦煌吐魯番研究第五卷　p. 274

0015 增一阿含經卷第十四高幢品第二十四　歷博晉唐寫經36　中國歷史博物館藏法書大觀第十一卷　p. 216

0016 增一阿含經等法品第三十七　北大D084　北京大學圖書館藏敦煌文獻第一冊　p. 306

0017 增一阿含經卷第四十二　西北師大011（11）　甘肅藏敦煌文獻第三卷　p. 291

0018 增一阿含經卷第四十七　津圖117　天津圖書館藏敦煌遺書目錄　敦煌吐魯番研究第八卷　p. 342

0019 增一阿含經摘要　敦研255（480）　甘肅藏敦煌文獻第一卷　p. 243

二、本緣部

0020 大方便佛報恩經卷第一　臺中圖030　臺灣“中央圖書館”藏敦煌卷子第一冊　p. 257

0021 大方便佛報恩經卷第一至卷第三　甘博102（13070）　甘肅藏敦煌文獻第五卷　p. 128

0022 大方便佛報恩經卷第四惡友品第六　敦研332（700）　甘肅藏敦煌文獻第二卷　p. 68

0023　大方便佛報恩經卷第六　浙敦 118（浙博 93）　浙藏敦煌文獻　p. 209
0024　大方便佛報恩經卷第六　臺中圖 117　臺灣“中央圖書館”藏敦煌卷子第三冊　p. 1097
0025　悲華經卷第三大施品第三之二　敦博 016　甘肅藏敦煌文獻第六卷　p. 27
0026　悲華經卷第四諸菩薩本授記品第四之二　敦研 188（411）　甘肅藏敦煌文獻第一卷　p. 195
0027　悲華經卷第五諸菩薩本授記品第四之三　津藝 045（77・5・2304）　天津市藝術博物館藏敦煌文獻第一冊　p. 290
0028　悲華經卷第五諸菩薩本授記品第四之三　津藝 054（77・5・2313）　天津市藝術博物館藏敦煌文獻第一冊　p. 299
0029　悲華經卷第五諸菩薩本授記品第四之三　敦研 049（258）　甘肅藏敦煌文獻第一卷　p. 55
0030　太子慕魄經　浙敦 029（浙博 04）　浙藏敦煌文獻　p. 135　附彩版 12
0031　修行本起經卷上菩薩降生品第二　敦研 320（667）　甘肅藏敦煌文獻第二卷　p. 13
0032　修行本起經卷下　敦研 372（787）　甘肅藏敦煌文獻第二卷　p. 170
0033　修行本起經卷下出家品第四　敦研 300（647）　甘肅藏敦煌文獻第一卷　p. 265
0034　修行本起經卷下遊觀品第四出家品第五　敦研 309（656）　甘肅藏敦煌文獻第二卷　p. 7
0035　修行本起經卷下出家品第五　敦研 144（365）　甘肅藏敦煌文獻第一卷　p. 171
0036　修行本起經卷下出家品第五　敦研 311（658）　甘肅藏敦煌文獻第二卷　p. 8
0037　修行本起經卷下出家品第五　敦博 003　甘肅藏敦煌文獻第六卷　p. 2
0038　太子瑞應本起經卷上　敦研 058（268）　甘肅藏敦煌文獻第一卷　p. 63
0039　太子瑞應本起經卷上　敦研 119（340）　甘肅藏敦煌文獻第一卷　p. 157
0040　太子瑞應本起經卷上　敦研 145（366）　甘肅藏敦煌文獻第一卷　p. 171
0041　太子瑞應本起經卷上　敦研 166（389）　甘肅藏敦煌文獻第一卷　p. 180
0042　太子瑞應本起經卷上　敦研 181（404）　甘肅藏敦煌文獻第一卷　p. 190
0043　太子瑞應本起經卷上　敦研 187（410）　甘肅藏敦煌文獻第一卷　p. 194
0044　太子瑞應本起經卷上　敦研 194（417）　甘肅藏敦煌文獻第一卷　p. 197
0045　太子瑞應本起經卷上　敦研 215（439）　甘肅藏敦煌文獻第一卷　p. 209
0046　太子瑞應本起經卷上　敦研 237（461）　甘肅藏敦煌文獻第一卷　p. 220
0047　太子瑞應本起經卷上　敦研 304（651）　甘肅藏敦煌文獻第二卷　p. 4
0048　太子瑞應本起經卷上　敦研 317（664）　甘肅藏敦煌文獻第二卷　p. 11
0049　太子瑞應本起經卷上　敦博 032　甘肅藏敦煌文獻第六卷　p. 37
0050　普曜經卷第六諸天賀佛成道品第二十　敦研 069（280）　甘肅藏敦煌文獻第一卷　p. 78
0051　普曜經卷第七商人奉麨品第二十二　敦研 180（403）　甘肅藏敦煌文獻第一卷　p. 190
0052　佛本行集經　上圖 111V1（812561）V　上海圖書館藏敦煌吐魯番文獻第三冊　p. 58
0053　佛本行集經尸棄本生品下　津藝 048（77・5・2307）　天津市藝術博物館藏敦煌文獻第一冊　p. 292
0054　中本起經卷下　上圖 114（812564）　上海圖書館藏敦煌吐魯番文獻第三冊　p. 82
0055　賢愚經卷第一　北大 D092　北京大學圖書館藏敦煌文獻第二冊　p. 35
0056　賢愚經卷第一卷第二　甘博 004（16966）　甘肅藏敦煌文獻第四卷　p. 21　附彩版 4
0057　賢愚經卷第四出家功德尸利苾提品第二十二　敦研 057（266）　甘肅藏敦煌文獻第一卷　p. 63
0058　賢愚經卷第四出家功德尸利苾提品第二十二　敦研 167（390）　甘肅藏敦煌文獻第一卷　p. 181
0059　賢愚經卷第四出家功德尸利苾提品第二十二　敦研 257（482）　甘肅藏敦煌文獻第一卷

p. 245
0060 賢愚經卷第四出家功德尸利苾提品第二十二　敦研 275（500）　甘肅藏敦煌文獻第一卷 p. 253
0061 雜寶藏經卷第四　津圖 032　天津圖書館藏敦煌遺書目錄　敦煌吐魯番研究第八卷　p. 319
0062 雜寶藏經卷第七　北大 D090　北京大學圖書館藏敦煌文獻第二冊　p. 33
0063 舊雜譬喻經卷上　敦研 045（254）　甘肅藏敦煌文獻第一卷　p. 53
0064 百喻經卷上　敦研 139（360）　甘肅藏敦煌文獻第一卷　p. 168
0065 法句經卷下　甘博 001（13087）　甘肅藏敦煌文獻第四卷　p. 1　附彩版 1
0066 法句譬喻經無常品第一　北大 D091　北京大學圖書館藏敦煌文獻第二冊　p. 34
0067 法句譬喻經廣衍品第二十九　北大 D208　北京大學圖書館藏敦煌文獻第二冊　p. 230
0068 出曜經卷第十　上博 33（37494）　上海博物館藏敦煌吐魯番文獻第一冊　p. 270

三、般若部

0069 大般若波羅蜜多經　故宫新 87165　王素、任昉、孟嗣徽提供目錄
0070 大般若波羅蜜多經　故宫新 153365　王素、任昉、孟嗣徽提供目錄
0071 大般若波羅蜜多經　故宫新 153373　王素、任昉、孟嗣徽提供目錄
0072 大般若波羅蜜多經　故宫新 199430　王素、任昉、孟嗣徽提供目錄
0073 大般若波羅蜜多經　故宫新 145420（1）　王素、任昉、孟嗣徽提供目錄
0074 大般若波羅蜜多經卷第一　湖北博 09　湖北省博物館藏敦煌經卷概述　敦煌吐魯番研究第五卷　p. 272
0075 大般若波羅蜜多經卷第一並序　西北師大 003（003）　甘肅藏敦煌文獻第三卷　p. 225
0076 大般若波羅蜜多經卷第一第十會般若理趣分序　浙敦 057（浙博 32）　浙藏敦煌文獻　p. 169
0077 大般若波羅蜜多經卷第五　臺中圖 033　臺灣“中央圖書館”藏敦煌卷子第一冊　p. 279
0078 大般若波羅蜜多經卷第六　北大 D001　北京大學圖書館藏敦煌文獻第一冊　p. 1
0079 大般若波羅蜜多經卷第六　酒博 014（38）　甘肅藏敦煌文獻第二卷　p. 284
0080 大般若波羅蜜多經卷第十一　敦研 380（754）　甘肅藏敦煌文獻第二卷　p. 189
0081 大般若波羅蜜多經卷第十三　甘博 047（10434）　甘肅藏敦煌文獻第四卷　p. 358
0082 大般若波羅蜜多經卷第十四　浙敦 185（浙博 160）　浙藏敦煌文獻　p. 227
0083 大般若波羅蜜多經卷第十七　上博 46（40795）　上海博物館藏敦煌吐魯番文獻第一冊 p. 355
0084 大般若波羅蜜多經卷第十九　津藝 227（77・5・4566）　天津市藝術博物館藏敦煌文獻第四冊　p. 337
0085 大般若波羅蜜多經卷第二十一　上圖 184（827711）　上海圖書館藏敦煌吐魯番文獻第四冊 p. 178
0086 大般若波羅蜜多經卷第二十二　上圖 173（826084）　上海圖書館藏敦煌吐魯番文獻第四冊 p. 76
0087 大般若波羅蜜多經卷第二十二　甘博 042（10477）　甘肅藏敦煌文獻第四卷　p. 316
0088 大般若波羅蜜多經卷第二十二初分教誡教授品第七之十二　津藝 144（77・5・4483）　天津市藝術博物館藏敦煌文獻第三冊　p. 122

0089　大般若波羅蜜多經卷第二十八教誡授品卷　歷博晉唐寫經 47　中國歷史博物館藏法書大觀第十一卷　p. 219
0090　大般若波羅蜜多經卷第二十九　津圖 012　天津圖書館藏敦煌遺書目錄　敦煌吐魯番研究第八卷　p. 315
0091　大般若波羅蜜多經卷第三十三　敦博 045　甘肅藏敦煌文獻第六卷　p. 86
0092　大般若波羅蜜多經卷第三十五初分教誡教授品第七之二十五　中研院 14　臺北“中研院”傅斯年圖書館藏敦煌卷子題記　吳其昱先生八秩華誕敦煌學特刊　p. 369
0093　大般若波羅蜜多經卷第三十七　甘圖 002　甘肅藏敦煌文獻第三卷　p. 13
0094　大般若波羅蜜多經卷第三十八　上圖 025－2(812403)　上海圖書館藏敦煌吐魯番文獻第一冊　p. 184
0095　大般若波羅蜜多經卷第四十三　敦研 347(717)　甘肅藏敦煌文獻第二卷　p. 115
0096　大般若波羅蜜多經卷第四十四　甘博 043(13085)　甘肅藏敦煌文獻第四卷　p. 324
0097　大般若波羅蜜多經卷第四十七　西北師大 019(014)(3)　甘肅藏敦煌文獻第三卷　p. 303
0098　大般若波羅蜜多經卷第四十八　甘博 066(10452)　甘肅藏敦煌文獻第五卷　p. 76
0099　大般若波羅蜜多經卷第四十九　甘博 093(13104)　甘肅藏敦煌文獻第五卷　p. 120
0100　大般若波羅蜜多經卷第五十一　上圖 169(823947)　上海圖書館藏敦煌吐魯番文獻第四冊　p. 45
0101　大般若波羅蜜多經卷第五十二　甘博 041(10480)　甘肅藏敦煌文獻第四卷　p. 304
0102　大般若波羅蜜多經卷第五十七　津藝 175(77・5・4514)　天津市藝術博物館藏敦煌文獻第三冊　p. 322
0103　大般若波羅蜜多經卷第六十一　北大 D002　北京大學圖書館藏敦煌文獻第一冊　p. 12
0104　大般若波羅蜜多經卷第六十四　上博 78(69594)　上海博物館藏敦煌吐魯番文獻第二冊　p. 247
0105　大般若波羅蜜多經卷第六十七　甘博 033(10408)　甘肅藏敦煌文獻第四卷　p. 244
0106　大般若波羅蜜多經卷第六十七初分無所得品　浙敦 064(浙博 39)　浙藏敦煌文獻　p. 178 附彩版 27
0107　大般若波羅蜜多經卷第六十八　敦博 058　甘肅藏敦煌文獻第六卷　p. 177
0108　大般若波羅蜜多經卷第六十九　上圖 008(799219)　上海圖書館藏敦煌吐魯番文獻第一冊　p. 76
0109　大般若波羅蜜多經卷第七十三　津藝 311(13696)　天津市藝術博物館藏敦煌文獻第七冊　p. 14
0110　大般若波羅蜜多經卷第八十　浙敦 160(浙博 135)　浙藏敦煌文獻　p. 219
0111　大般若波羅蜜多經卷第八十四　定博 009(245)(10b)　甘肅藏敦煌文獻第六卷　p. 320
0112　大般若波羅蜜多經卷第八十八　上圖 005(795018)　上海圖書館藏敦煌吐魯番文獻第一冊　p. 48
0113　大般若波羅蜜多經卷第八十九　津圖 003　天津圖書館藏敦煌遺書目錄　敦煌吐魯番研究第八卷　p. 313
0114　大般若波羅蜜多經卷第九十二　津藝 205(77・5・4544)　天津市藝術博物館藏敦煌文獻第四冊　p. 172
0115　大般若波羅蜜多經卷第九十三　浙敦 159(浙博 134)　浙藏敦煌文獻　p. 218
0116　大般若波羅蜜多經卷第九十四　上博 29(36225)　上海博物館藏敦煌吐魯番文獻第一冊　p. 240

0117 大般若波羅蜜多經卷第九十五　定博007(244－9)　甘肅藏敦煌文獻第六卷　p. 317
0118 大般若波羅蜜多經卷第九十七　浙敦169(浙博144)　浙藏敦煌文獻　p. 222
0119 大般若波羅蜜多經卷第九十九　甘博121(10437)　甘肅藏敦煌文獻第五卷　p. 258
0120 大般若波羅蜜多經卷第一百二、百三節抄　敦博067　甘肅藏敦煌文獻第六卷　p. 195
0121 大般若波羅蜜多經卷第一百四　津藝235(77・5・4574)　天津市藝術博物館藏敦煌文獻第五冊　p. 67
0122 大般若波羅蜜多經卷第一百二十四　上圖023(812401)　上海圖書館藏敦煌吐魯番文獻第一冊　p. 163
0123 大般若波羅蜜多經卷第一百二十七初分較量功德品第三十之二十五　上圖151(812602)　上海圖書館藏敦煌吐魯番文獻第三冊　p. 365
0124 大般若波羅蜜多經卷第一百三十初分較量功德品第三十之二十八　津藝212(77・5・4551)　天津市藝術博物館藏敦煌文獻第四冊　p. 216
0125 大般若波羅蜜多經卷第一百三十四初分較量功德品　浙敦127(浙博102)　浙藏敦煌文獻　p. 211
0126 大般若波羅蜜多經卷第一百四十　津藝217(77・5・4556)　天津市藝術博物館藏敦煌文獻第四冊　p. 258
0127 大般若波羅蜜多經卷第一百四十五　北大D154　北京大學圖書館藏敦煌文獻第二冊　p. 140
0128 大般若波羅蜜多經卷第一百四十八　浙敦184(浙博159)　浙藏敦煌文獻　p. 226
0129 大般若波羅蜜多經卷第一百五十四　北大D148　北京大學圖書館藏敦煌文獻第二冊　p. 133
0130 大般若波羅蜜多經卷第一百五十七初分較量功德品第三十之五十五　上圖075(812522)　上海圖書館藏敦煌吐魯番文獻第二冊　p. 242
0131 大般若波羅蜜多經卷第一百六十二　敦研003(78)　甘肅藏敦煌文獻第一卷　p. 2
0132 大般若波羅蜜多經卷第一百七十三初分讚般若品第三十二之二　上圖057(812464)　上海圖書館藏敦煌吐魯番文獻第二冊　p. 27
0133 大般若波羅蜜多經卷第一百七十四　甘中醫學院002(2)　甘肅藏敦煌文獻第三卷　p. 337
0134 大般若波羅蜜多經卷第一百七十五　甘中醫學院001(1)　甘肅藏敦煌文獻第三卷　p. 331
0135 大般若波羅蜜多經卷第一百七十八　津圖017　天津圖書館藏敦煌遺書目錄　敦煌吐魯番研究第八卷　p. 316
0136 大般若波羅蜜多經卷第一百七十九　敦博037　甘肅藏敦煌文獻第六卷　p. 42
0137 大般若波羅蜜多經卷第一百八十四　津藝158(77・5・4497)　天津市藝術博物館藏敦煌文獻第三冊　p. 182
0138 大般若波羅蜜多經卷第一百八十六　故宫新166498　王素、任昉、孟嗣徽提供目錄
0139 大般若波羅蜜多經卷第一百八十八　酒博011(35)　甘肅藏敦煌文獻第二卷　p. 280
0140 大般若波羅蜜多經卷第一百九十七　南圖003　南京圖書館所藏敦煌遺書目錄　敦煌研究1998年第四期　p. 135
0141 大般若波羅蜜多經卷第二百二　津圖018　天津圖書館藏敦煌遺書目錄　敦煌吐魯番研究第八卷　p. 316
0142 大般若波羅蜜多經卷第二百五難信解品第四十四之二十五　上博48(27)(41379)　上海博物館藏敦煌吐魯番文獻第二冊　p. 31
0143 大般若波羅蜜多經卷第二百七　臺中圖034　臺灣“中央圖書館”藏敦煌卷子第一冊　p. 281

0144　大般若波羅蜜多經卷第二百十二　津藝234(77・5・4573)　天津市藝術博物館藏敦煌文獻第五冊　p. 55
0145　大般若波羅蜜多經卷第二百十三　上圖182(826100)　上海圖書館藏敦煌吐魯番文獻第四冊　p. 130
0146　大般若波羅蜜多經卷第二百二十　北大D003　北京大學圖書館藏敦煌文獻第一冊　p. 14
0147　大般若波羅蜜多經卷第二百二十　甘博046(10422)　甘肅藏敦煌文獻第四卷　p. 349
0148　大般若波羅蜜多經卷第二百二十一　津藝173(77・5・4512)　天津市藝術博物館藏敦煌文獻第三冊　p. 307
0149　大般若波羅蜜多經卷第二百二十四　津藝208(77・5・4547)　天津市藝術博物館藏敦煌文獻第四冊　p. 196
0150　大般若波羅蜜多經卷第二百三十一　臺中圖035　臺灣"中央圖書館"藏敦煌卷子第一冊　p. 295
0151　大般若波羅蜜多經卷第二百三十五　津文29　天津市文物公司藏敦煌寫經　p. 138
0152　大般若波羅蜜多經卷第二百四十二　敦研351(722)　甘肅藏敦煌文獻第二卷　p. 133
0153　大般若波羅蜜多經卷第二百四十二　津藝226(77・5・4565)　天津市藝術博物館藏敦煌文獻第四冊　p. 325
0154　大般若波羅蜜多經卷第二百四十二　津圖173　天津圖書館藏敦煌遺書目錄　敦煌吐魯番研究第八卷　p. 357
0155　大般若波羅蜜多經卷第二百四十二　津圖174　天津圖書館藏敦煌遺書目錄　敦煌吐魯番研究第八卷　p. 357
0156　大般若波羅蜜多經卷第二百五十　敦研002(76)　甘肅藏敦煌文獻第一卷　p. 2
0157　大般若波羅蜜多經卷第二百五十　南圖022　南京圖書館所藏敦煌遺書目錄　敦煌研究1998年第四期　p. 140
0158　大般若波羅蜜多經卷第二百五十初分難信解品第三十四之六十九　北大D219　北京大學圖書館藏敦煌文獻第二冊　p. 243
0159　大般若波羅蜜多經卷第二百五十四　臺中圖036　臺灣"中央圖書館"藏敦煌卷子第一冊　p. 309
0160　大般若波羅蜜多經卷第二百五十五　甘博053　(20800)　甘肅藏敦煌文獻第五卷　p. 36
0161　大般若波羅蜜多經卷第二百五十五　浙敦167(浙博142)　浙藏敦煌文獻　p. 221
0162　大般若波羅蜜多經卷第二百六十一　津藝233(77・5・4572)　天津市藝術博物館藏敦煌文獻第五冊　p. 46
0163　大般若波羅蜜多經卷第二百六十三　敦研325(675)　甘肅藏敦煌文獻第二卷　p. 26
0164　大般若波羅蜜多經卷第二百六十四　甘博051(10417)　甘肅藏敦煌文獻第五卷　p. 24
0165　大般若波羅蜜多經卷第二百六十四　上圖029(812407)　上海圖書館藏敦煌吐魯番文獻第一冊　p. 207　附彩版11

注：榮新江先生認爲此卷應爲傳世寫經，參見《評〈上海圖書館藏敦煌吐魯番文書〉》一文。

0166　大般若波羅蜜多經卷第二百六十九　津藝004(53・5・212)　天津市藝術博物館藏敦煌文獻第一冊　p. 12
0167　大般若波羅蜜多經卷第二百六十九　臺中圖037　臺灣"中央圖書館"藏敦煌卷子第一冊　p. 323
0168　大般若波羅蜜多經卷第二百七十一　西北師大006(6)　甘肅藏敦煌文獻第三卷　p. 260

0169 大般若波羅蜜多經卷第二百七十六　甘博 123(10551)　甘肅藏敦煌文獻第五卷　p. 267
0170 大般若波羅蜜多經卷第二百七十八　甘圖 005　甘肅藏敦煌文獻第三卷　p. 42
0171 大般若波羅蜜多經卷第二百八十一　津藝 325(13710)　天津市藝術博物館藏敦煌文獻第七冊　p. 77
0172 大般若波羅蜜多經卷第二百八十六初分讚清淨品第三十五之二　上圖 070(812512)　上海圖書館藏敦煌吐魯番文獻第二冊　p. 208
0173 大般若波羅蜜多經卷第二百八十九　敦研 322V(671)V　甘肅藏敦煌文獻第二卷　p. 15
0174 大般若波羅蜜多經卷第二百九十六　北大 D004　北京大學圖書館藏敦煌文獻第一冊　p. 23
0175 大般若波羅蜜多經卷第三百　北大 D137　北京大學圖書館藏敦煌文獻第二冊　p. 110
0176 大般若波羅蜜多經卷第三百　浙敦 183(浙博 158)　浙藏敦煌文獻　p. 226
0177 大般若波羅蜜多經卷第三百　津文 28　天津市文物公司藏敦煌寫經　p. 137
0178 大般若波羅蜜多經卷第三百初分難聞功德品第三十九之四　上圖 088(812535)　上海圖書館藏敦煌吐魯番文獻第二冊　p. 338
0179 大般若波羅蜜多經卷第三百五　上圖 025－1(812403)　上海圖書館藏敦煌吐魯番文獻第一冊　p. 181
0180 大般若波羅蜜多經卷第三百十一　津藝 199(77・5・4538)　天津市藝術博物館藏敦煌文獻第四冊　p. 132
0181 大般若波羅蜜多經卷第三百十三　臺中圖 042　臺灣"中央圖書館"藏敦煌卷子第一冊　p. 369
0182 大般若波羅蜜多經卷第三百十五　敦博 043　甘肅藏敦煌文獻第六卷　p. 74
0183 大般若波羅蜜多經卷第三百二十二　北大 D153　北京大學圖書館藏敦煌文獻第二冊　p. 139
0184 大般若波羅蜜多經卷第三百二十二　甘博 125(13072)　甘肅藏敦煌文獻第五卷　p. 270
0185 大般若波羅蜜多經卷第三百二十五　浙敦 186(浙博 161)　浙藏敦煌文獻　p. 227
0186 大般若波羅蜜多經卷第三百二十五　津藝 207(77・5・4546)　天津市藝術博物館藏敦煌文獻第四冊　p. 189
0187 大般若波羅蜜多經卷第三百二十六　上博 47(40796)　上海博物館藏敦煌吐魯番文獻第一冊　p. 366
0188 大般若波羅蜜多經卷第三百三十三　北大 D005　北京大學圖書館藏敦煌文獻第一冊　p. 25
0189 大般若波羅蜜多經卷第三百三十五　津藝 040(77・5・2299)　天津市藝術博物館藏敦煌文獻第一冊　p. 273
0190 大般若波羅蜜多經卷第三百三十五　津藝 183(77・5・4522)　天津市藝術博物館藏敦煌文獻第四冊　p. 11
0191 大般若波羅蜜多經卷第三百五十五　津圖 146　天津圖書館藏敦煌遺書目錄　敦煌吐魯番研究第八卷　p. 350
0192 大般若波羅蜜多經卷第三百六十五初分實說品第六十二之三　北大 D228　北京大學圖書館藏敦煌文獻第二冊　p. 247
0193 大般若波羅蜜多經卷第三百六十六　浙敦 110(浙博 85)　浙藏敦煌文獻　p. 205
0194 大般若波羅蜜多經卷第三百六十九　甘博 085(10418)　甘肅藏敦煌文獻第五卷　p. 113
0195 大般若波羅蜜多經卷第三百六十九　敦研 334(702)　甘肅藏敦煌文獻第二卷　p. 80
0196 大般若波羅蜜多經卷第三百七十　津藝 191(77・5・4530)　天津市藝術博物館藏敦煌文獻第四冊　p. 69

0197　大般若波羅蜜多經卷第三百七十三　敦研 335(703)　甘肅藏敦煌文獻第二卷　p. 82
0198　大般若波羅蜜多經卷第三百七十四　臺中圖 040　臺灣“中央圖書館”藏敦煌卷子第一冊　p. 355
0199　大般若波羅蜜多經卷第三百八十　津文 21　天津市文物公司藏敦煌寫經　p. 88
0200　大般若波羅蜜多經卷第三百八十七　甘博 044(10581)　甘肅藏敦煌文獻第四卷　p. 335
0201　大般若波羅蜜多經卷第三百八十七　浙敦 092(浙博 67)　浙藏敦煌文獻　p. 201
0202　大般若波羅蜜多經卷第三百八十八　西北師大 005(5)　甘肅藏敦煌文獻第三卷　p. 249
0203　大般若波羅蜜多經卷第三百九十二　北大 D006　北京大學圖書館藏敦煌文獻第一冊　p. 29
0204　大般若波羅蜜多經卷第三百九十二　浙敦 002(浙圖 02)　浙藏敦煌文獻　p. 2
0205　大般若波羅蜜多經卷第三百九十五　敦研 289(582)　甘肅藏敦煌文獻第一卷　p. 260
0206　大般若波羅蜜多經卷第三百九十五　敦研 290(583)　甘肅藏敦煌文獻第一卷　p. 260
0207　大般若波羅蜜多經卷第三百九十五　敦研 291(584)　甘肅藏敦煌文獻第一卷　p. 261
0208　大般若波羅蜜多經卷第三百九十五　敦研 292(585)　甘肅藏敦煌文獻第一卷　p. 261
0209　大般若波羅蜜多經卷第三百九十八　津文 16　天津市文物公司藏敦煌寫經　p. 73
0210　大般若波羅蜜多經卷第三百九十九　甘博 061(10468)　甘肅藏敦煌文獻第五卷　p. 64
0211　大般若波羅蜜多經卷第四百一　甘圖 018　甘肅藏敦煌文獻第三卷　p. 130
0212　大般若波羅蜜多經卷第四百六　浙敦 151(浙博 126)　浙藏敦煌文獻　p. 217
0213　大般若波羅蜜多經卷第四百八第二分善現品　浙敦 181(浙博 156)　浙藏敦煌文獻　p. 226
0214　大般若波羅蜜多經卷第四百九　津藝 209(77・5・4548)　天津市藝術博物館藏敦煌文獻第四冊　p. 207
0215　大般若波羅蜜多經卷第四百十三　甘博 011(2392)　甘肅藏敦煌文獻第四卷　p. 80
0216　大般若波羅蜜多經卷第四百十三　甘博 067(13073)　甘肅藏敦煌文獻第五卷　p. 78
0217　大般若波羅蜜多經卷第四百十五　甘博 063(10421)　甘肅藏敦煌文獻第五卷　p. 70
0218　大般若波羅蜜多經卷第四百十五　津文 23　天津市文物公司藏敦煌寫經　p. 100
0219　大般若波羅蜜多經卷第四百十六第二分修治塋品第十八之二　津藝 153(77・5・4492)　天津市藝術博物館藏敦煌文獻第三冊　p. 162
0220　大般若波羅蜜多經卷第四百二十　甘博 052(10482)　甘肅藏敦煌文獻第五卷　p. 32
0221　大般若波羅蜜多經卷第四百二十二　中研院 15　臺北“中研院”傅斯年圖書館藏敦煌卷子題記　吴其昱先生八秩華誕敦煌學特刊　p. 369
0222　大般若波羅蜜多經卷第四百二十五　甘博 045(10580)　甘肅藏敦煌文獻第四卷　p. 344
0223　大般若波羅蜜多經卷第四百二十七第二分散花品　浙敦 031(浙博 06)　浙藏敦煌文獻　p. 148　附彩版 1、5
0224　大般若波羅蜜多經卷第四百三十一　上博 54(44959)　上海博物館藏敦煌吐魯番文獻第二冊　p. 76
0225　大般若波羅蜜多經卷第四百三十六第二分清淨品第四十　上圖 183B(824757)B　上海圖書館藏敦煌吐魯番文獻第四冊　p. 177
0226　大般若波羅蜜多經卷第四百三十六第二分無摽幟品第四十一　上圖 051(812458)　上海圖書館藏敦煌吐魯番文獻第二冊　p. 6
0227　大般若波羅蜜多經卷第四百四十六　甘圖 009　甘肅藏敦煌文獻第三卷　p. 91
0228　大般若波羅蜜多經卷第四百五十一　北大 D007　北京大學圖書館藏敦煌文獻第一冊　p. 32
0229　大般若波羅蜜多經卷第四百五十二第二分習近品第五十九　津藝 220(77・5・4559)　天津市藝術博物館藏敦煌文獻第四冊　p. 272

0230 大般若波羅蜜多經卷第四百五十二第二分增上慢品第六十 津藝161(77・5・4500) 天津市藝術博物館藏敦煌文獻第三册 p. 197
0231 大般若波羅蜜多經卷第四百七十三 酒博012(36) 甘肅藏敦煌文獻第二卷 p. 282
0232 大般若波羅蜜多經卷第四百八十七 上圖015(799226) 上海圖書館藏敦煌吐魯番文獻第一册 p. 112
0233 大般若波羅蜜多經卷第四百九十五 浙敦086(浙博61) 浙藏敦煌文獻 p. 199
0234 大般若波羅蜜多經卷第四百九十九 臺中圖038 臺灣"中央圖書館"藏敦煌卷子第一册 p. 339
0235 大般若波羅蜜多經卷第四百九十九 浙敦123(浙博98) 浙藏敦煌文獻 p. 210
0236 大般若波羅蜜多經卷第五百四 津圖081 天津圖書館藏敦煌遺書目錄 敦煌吐魯番研究第八卷 p. 330
0237 大般若波羅蜜多經卷第五百四 津藝160(77・5・4499) 天津市藝術博物館藏敦煌文獻第三册 p. 193
0238 大般若波羅蜜多經卷第五百二十一 津藝053(77・5・2312) 天津市藝術博物館藏敦煌文獻第一册 p. 298
0239 大般若波羅蜜多經卷第五百二十四 臺中圖039 臺灣"中央圖書館"藏敦煌卷子第一册 p. 341
0240 大般若波羅蜜多經卷第五百二十七 臺中圖046 臺灣"中央圖書館"藏敦煌卷子第一册 p. 401
0241 大般若波羅蜜多經卷第五百三十 浙敦098(浙博73) 浙藏敦煌文獻 p. 203
0242 大般若波羅蜜多經卷第五百六十六 敦博046 甘肅藏敦煌文獻第六卷 p. 87
0243 大般若波羅蜜多經卷第五百七十 旅博6(20. 1544) 中国所藏"大谷收集品"概況 p. 6
0244 大般若波羅蜜多經卷第五百七十四 上博69(51612) 上海博物館藏敦煌吐魯番文獻第二册 p. 201
0245 大般若波羅蜜多經卷第五百七十七 甘圖027 甘肅藏敦煌文獻第三卷 p. 178
0246 大般若波羅蜜多經卷第五百七十八 浙敦058(浙博33) 浙藏敦煌文獻 p. 170
0247 大般若波羅蜜多經卷第五百七十八 浙敦059(浙博34) 浙藏敦煌文獻 p. 170
0248 大般若波羅蜜多經卷第五百八十 津藝187(77・5・4526) 天津市藝術博物館藏敦煌文獻第四册 p. 42 附彩版2
0249 大般若波羅蜜多經卷第五百八十二 津藝218(77・5・4557) 天津市藝術博物館藏敦煌文獻第四册 p. 265
0250 大般若波羅蜜多經卷第五百八十三 北大D008 北京大學圖書館藏敦煌文獻第一册 p. 39
0251 大般若波羅蜜多經卷第五百八十五 臺中圖041 臺灣"中央圖書館"藏敦煌卷子第一册 p. 357
0252 大般若波羅蜜多經卷第五百九十 酒博016(40) 甘肅藏敦煌文獻第二卷 p. 290
0253 大般若波羅蜜多經卷第五百九十八 甘博079(20943) 甘肅藏敦煌文獻第五卷 p. 105
0254 大般若波羅蜜多經卷第六百 湖北博15 湖北省博物館藏敦煌經卷概述 敦煌吐魯番研究第五卷 p. 273
0255 般若波羅蜜放光經卷第十四 北大D009 北京大學圖書館藏敦煌文獻第一册 p. 40
0256 摩訶般若波羅蜜放光經卷第十六 津藝295(77・5・4634) 天津市藝術博物館藏敦煌文獻第六册 p. 215 附彩版5
0257 光讚經 故宫新121249 王素、任昉、孟嗣徽提供目錄

0258　光讚經　故宫新139949　王素、任昉、孟嗣徽提供目錄

0259　光讚經卷第二　浙敦089　(浙博64)　浙藏敦煌文獻　p. 200

0260　光讚摩訶般若波羅蜜經卷第四　臺中圖045　臺灣"中央圖書館"藏敦煌卷子第一册　p. 387

0261　光讚經卷第八　津藝299(77・5・4638)　天津市藝術博物館藏敦煌文獻第六册　p. 238

0262　摩訶般若波羅蜜經　故宫新153367　王素、任昉、孟嗣徽提供目錄

0263　摩訶般若波羅蜜經　重博02　重慶市博物館藏敦煌吐魯番寫經目錄　敦煌研究1996年第一期　p. 121

0264　摩訶般若波羅蜜經　中研院24　臺北"中研院"傅斯年圖書館藏敦煌卷子題記　吴其昱先生八秩華誕敦煌學特刊　p. 375

0265　摩訶般若波羅蜜經卷第一　浙敦003(浙圖03)　浙藏敦煌文獻　p. 4

0266　摩訶般若波羅蜜經卷第一　津藝037(62・5・3016)　天津市藝術博物館藏敦煌文獻第一册　p. 240

0267　摩訶般若波羅蜜經卷第一　津圖002　天津圖書館藏敦煌遺書目錄　敦煌吐魯番研究第八卷　p. 313

0268　摩訶般若波羅蜜經卷第一　湖北博10　湖北省博物館藏敦煌經卷概述　敦煌吐魯番研究第五卷　p. 272

0269　摩訶般若波羅蜜經卷第一　臺中圖043　臺灣"中央圖書館"藏敦煌卷子第一册　p. 371

0270　摩訶般若波羅蜜經卷第二　津文01　天津市文物公司藏敦煌寫經　p. 2

0271　摩訶般若波羅蜜經卷第二卷第三　甘博028(13080)　甘肅藏敦煌文獻第四卷　p. 206

0272　摩訶般若波羅蜜經卷第三　上圖048(812455)　上海圖書館藏敦煌吐魯番文獻第一册　p. 372

0273　摩訶般若波羅蜜經卷第三　津圖048　天津圖書館藏敦煌遺書目錄　敦煌吐魯番研究第八卷　p. 323

0274　摩訶般若波羅蜜經卷第四　敦研326(676)　甘肅藏敦煌文獻第二卷　p. 32

0275　摩訶般若波羅蜜經卷第五　津藝263(77・5・4602)　天津市藝術博物館藏敦煌文獻第六册　p. 8

0276　摩訶般若波羅蜜經魔事品第十一至大如品第十五　津藝032(60・5・1708)　天津市藝術博物館藏敦煌文獻第一册　p. 198

注:首題下小字注:新小品卷第四,尾題:小品卷第四。相當於《大正藏》本卷第五卷第六。

0277　摩訶般若波羅蜜經卷第七　湖北博20　湖北省博物館藏敦煌經卷概述　敦煌吐魯番研究第五卷　p. 273

0278　摩訶般若波羅蜜經卷第七　臺中圖050　臺灣"中央圖書館"藏敦煌卷子第一册　p. 421

0279　摩訶般若波羅蜜經卷第七無生品第二十五　甘博020(13082)　甘肅藏敦煌文獻第四卷　p. 150

0280　摩訶般若波羅蜜經卷第七無生品第二十六　甘圖022　甘肅藏敦煌文獻第三卷　p. 147

0281　摩訶般若波羅蜜經卷第八散花品第二十九　敦研104(325)　甘肅藏敦煌文獻第一卷　p. 145

0282　摩訶般若波羅蜜經卷第十一　津圖159　天津圖書館藏敦煌遺書目錄　敦煌吐魯番研究第八卷　p. 354

0283　摩訶般若波羅蜜經卷第十三　湖北博05　湖北省博物館藏敦煌經卷概述　敦煌吐魯番研究第五卷　p. 271

0284　摩訶般若波羅蜜經卷第十三　津圖160　天津圖書館藏敦煌遺書目錄　敦煌吐魯番研究第八

卷　p. 354

0285　摩訶般若波羅蜜經卷第十三　津圖 161　天津圖書館藏敦煌遺書目錄　敦煌吐魯番研究第八卷　p. 354

0286　摩訶般若波羅蜜經卷第十四無作品第四十三　上圖 087（812534）　上海圖書館藏敦煌吐魯番文獻第二册　p. 331

0287　摩訶般若波羅蜜經卷第十四至十九　中研院 23　臺北“中研院”傅斯年圖書館藏敦煌卷子題記　吳其昱先生八秩華誕敦煌學特刊　p. 374

0288　摩訶般若波羅蜜經卷第十五　津藝 012（58・5・669）－3　天津市藝術博物館藏敦煌文獻第一册　p. 64

0289　摩訶般若波羅蜜經卷第十六　津藝 031（60・5・1707）　天津市藝術博物館藏敦煌文獻第一册　p. 189

0290　摩訶般若波羅蜜經卷第二十二　上圖 041（812448）　上海圖書館藏敦煌吐魯番文獻第一册　p. 297

0291　摩訶般若波羅蜜經卷第二十四　津藝 029（60・5・1705）　天津市藝術博物館藏敦煌文獻第一册　p. 166

0292　摩訶般若波羅蜜經卷第二十四四攝品　歷博晉唐寫經 42　中國歷史博物館藏法書大觀第十一卷　p. 217

0293　摩訶般若波羅蜜經卷第二十五　甘博 073（13069）　甘肅藏敦煌文獻第五卷　p. 89

0294　摩訶般若波羅蜜經卷第二十五燈炷品　浙敦 025（靈隱寺 01）　浙藏敦煌文獻　p. 85　附彩版 8、28

0295　摩訶般若波羅蜜經卷第二十五燈炷品第五十六　津藝 277（77・5・4616）　天津市藝術博物館藏敦煌文獻第六册　p. 74

0296　摩訶般若波羅蜜經卷第二十五燈炷品第五十六　上圖 167（822625）　上海圖書館藏敦煌吐魯番文獻第四册　p. 32

0297　摩訶般若波羅蜜經卷第二十六　上圖 178（826089）　上海圖書館藏敦煌吐魯番文獻第四册　p. 106　附彩版 4

0298　摩訶般若波羅蜜經卷第二十九　津藝 291（77・5・4630）　天津市藝術博物館藏敦煌文獻第六册　p. 178

0299　摩訶般若波羅蜜經卷第三十　北大 D010　北京大學圖書館藏敦煌文獻第一册　p. 50

0300　摩訶般若波羅蜜經卷第三十二　上圖 081（812528）　上海圖書館藏敦煌吐魯番文獻第二册　p. 293

0301　摩訶般若波羅蜜經卷第三十三　臺中圖 044　臺灣“中央圖書館”藏敦煌卷子第一册　p. 383

0302　摩訶般若波羅蜜經法施品第三十八　北大 D147　北京大學圖書館藏敦煌文獻第二册　p. 132

0303　摩訶般若波羅蜜經隨喜品第三十九　北大 D125　北京大學圖書館藏敦煌文獻第二册　p. 98

0304　摩訶般若波羅蜜品　故宫新 138351　王素、任昉、孟嗣徽提供目錄

注：原定名“唐人摩訶般若波羅蜜品第四十四卷”。首全尾殘，起“摩訶般若波羅蜜品第卌四”。

0305　摩訶般若波羅蜜經魔事品第四十五　上博 52（44957）　上海博物館藏敦煌吐魯番文獻第二册　p. 69

0306　摩訶般若波羅蜜經魔事品第四十五　臺北故宫 2　臺灣地區敦煌寫本的收藏與研究之考察　敦煌學第 21 輯　p. 94

注:尾題“摩訶般若波羅蜜經卷第二十”。

0307 摩訶般若波羅蜜經法上品第八十九　津藝 085(77·5·4428)　天津市藝術博物館藏敦煌文獻第二册　p. 121

0308 摩訶般若波羅蜜經薩陀波崙品之下　上圖 105－2(812555)　上海圖書館藏敦煌吐魯番文獻第三册　p. 2

0309 道行般若經卷第一道行品第一　敦研 103(324)　甘肅藏敦煌文獻第一卷　p. 145

0310 道行般若經卷第二功德品第三　敦研 168(391)　甘肅藏敦煌文獻第一卷　p. 182

0311 道行般若經卷第二功德品第三　敦研 186(409)　甘肅藏敦煌文獻第一卷　p. 194

0312 道行般若經卷第三漚惒拘舍羅勸助品第四　敦研 147(368)　甘肅藏敦煌文獻第一卷　p. 172

0313 道行般若經卷第四道行經覺品第九　敦研 138(359)　甘肅藏敦煌文獻第一卷　p. 167

0314 道行般若經卷第四道行經覺品第九　敦研 149(370)　甘肅藏敦煌文獻第一卷　p. 173

0315 道行般若經卷第四道行經覺品第九　敦研 151(372)　甘肅藏敦煌文獻第一卷　p. 174

0316 道行般若經卷第五照明品第四持品第八　敦博 007　甘肅藏敦煌文獻第六卷　p. 15

0317 道行般若經卷第五照明品第十　敦研 054(263)　甘肅藏敦煌文獻第一卷　p. 58

0318 道行般若經卷第五照明品第十　敦博 004　甘肅藏敦煌文獻第六卷　p. 3

0319 道行般若經卷第七遠離品第十八　敦研 034(243)　甘肅藏敦煌文獻第一卷　p. 45

0320 道行品般若經卷第九　甘博 136(20899)　甘肅藏敦煌文獻第五卷　p. 300

0321 道行般若經卷第十曇無竭菩薩品第二十九　敦研 219(443)　甘肅藏敦煌文獻第一卷　p. 211

0322 道行般若經卷第十曇無竭菩薩品第二十九　敦研 268(493)　甘肅藏敦煌文獻第一卷　p. 250

0323 小品般若波羅蜜經卷第一初品第一　甘博 077(13093)　甘肅藏敦煌文獻第五卷　p. 100

0324 小品般若波羅蜜經卷第五　津藝 100(77·5·4439)　天津市藝術博物館藏敦煌文獻第二册　p. 186

注:原著录爲“新道行經(小品般若波羅蜜經)卷第五”。

0325 小品般若波羅蜜經卷第九　敦研 279(504)　甘肅藏敦煌文獻第一卷　p. 255

0326 小品般若波羅蜜經卷第九稱揚菩薩品第二十三　敦研 118(339)　甘肅藏敦煌文獻第一卷　p. 156

0327 小品般若波羅蜜經卷第九稱揚菩薩品第二十三　敦研 306(653)　甘肅藏敦煌文獻第二卷　p. 5

0328 小品般若波羅蜜經卷第九囑累品第二十四　敦研 146(367)　甘肅藏敦煌文獻第一卷　p. 172

0329 小品般若波羅蜜經卷第九囑累品第二十四　敦研 170(393)　甘肅藏敦煌文獻第一卷　p. 183

0330 小品般若波羅蜜經卷第九囑累品第二十四　敦研 235(459)　甘肅藏敦煌文獻第一卷　p. 219

0331 小品摩訶般若波羅蜜經卷第九　敦博 019　甘肅藏敦煌文獻第六卷　p. 28

0332 小品摩訶般若波羅蜜經卷第九　敦博 025　甘肅藏敦煌文獻第六卷　p. 32

0333 小品摩訶般若波羅蜜經卷第九見阿閦佛品第二十五　敦博 027　甘肅藏敦煌文獻第六卷　p. 33

0334 小品般若波羅蜜經卷第十隨知品第二十六　敦研 150(371)　甘肅藏敦煌文獻第一卷

p. 174
0335　小品般若波羅蜜經卷第十隨知品第二十六　敦研 266（491）　甘肅藏敦煌文獻第一卷
p. 248
0336　勝天王般若波羅蜜經卷第一　北大 D011　北京大學圖書館藏敦煌文獻第一冊　p. 57
0337　勝天王般若波羅蜜經卷第三法性品第五　北大 D144　北京大學圖書館藏敦煌文獻第二冊
p. 123
0338　勝天王般若波羅蜜經卷第三法性品第五　北大 D145　北京大學圖書館藏敦煌文獻第二冊
p. 125
0339　勝天王般若波羅蜜經卷第三法性品第五　北大 D150　北京大學圖書館藏敦煌文獻第二冊
p. 137
0340　勝天王般若波羅蜜經卷第五證勸品第九　津藝 302（77・5・4641）　天津市藝術博物館藏敦煌文獻第六冊　p. 272
0341　勝天王般若波羅蜜經卷第七勸誡品第十三　北大 D012　北京大學圖書館藏敦煌文獻第一冊
p. 60
0342　文殊師利所說般若波羅蜜經　故宮新 153375　王素、任昉、孟嗣徽提供目錄
0343　金剛般若波羅蜜經　故宮新 21120　王素、任昉、孟嗣徽提供目錄
0344　金剛般若波羅蜜經　故宮新 184191　王素、任昉、孟嗣徽提供目錄
0345　金剛般若波羅蜜經　敦研 079（292）　甘肅藏敦煌文獻第一卷　p. 85
0346　金剛般若波羅蜜經　敦研 086（299）　甘肅藏敦煌文獻第一卷　p. 93
0347　金剛般若波羅蜜經　敦研 089（302）　甘肅藏敦煌文獻第一卷　p. 95
0348　金剛般若波羅蜜經　敦研 096（313）　甘肅藏敦煌文獻第一卷　p. 103　附彩版 5
0349　金剛般若波羅蜜經　敦研 323（673）　甘肅藏敦煌文獻第二卷　p. 16
0350　金剛般若波羅蜜經　敦研 377（612）　甘肅藏敦煌文獻第二卷　p. 175
0351　金剛般若波羅蜜經　酒博 003（27）　甘肅藏敦煌文獻第二卷　p. 247
0352　金剛般若波羅蜜經　酒博 006（30）　甘肅藏敦煌文獻第二卷　p. 257
0353　金剛般若波羅蜜經　酒博 010（34）　甘肅藏敦煌文獻第二卷　p. 278
0354　金剛般若波羅蜜經　甘圖 004　甘肅藏敦煌文獻第三卷　p. 36
0355　金剛般若波羅蜜經　甘博 018（20941）　甘肅藏敦煌文獻第四卷　p. 144
0356　金剛般若波羅蜜經　甘博 048（10487）　甘肅藏敦煌文獻第五卷　p. 1
0357　金剛般若波羅蜜經　甘博 086（10424）　甘肅藏敦煌文獻第五卷　p. 115
0358　金剛般若波羅蜜經　甘博 087（20946）　甘肅藏敦煌文獻第五卷　p. 116
0359　金剛般若波羅蜜經　甘博 094（10407）　甘肅藏敦煌文獻第五卷　p. 121
0360　金剛般若波羅蜜經　甘博 097（10411）　甘肅藏敦煌文獻第五卷　p. 124
0361　金剛般若波羅蜜經　甘博 099（10470）　甘肅藏敦煌文獻第五卷　p. 126
0362　金剛般若波羅蜜經　敦博 052　甘肅藏敦煌文獻第六卷　p. 122
0363　金剛般若波羅蜜經　敦博 053　甘肅藏敦煌文獻第六卷　p. 129
0364　金剛般若波羅蜜經　敦博 079　甘肅藏敦煌文獻第六卷　p. 279
0365　金剛般若波羅蜜經　上圖 105－10（812555）　上海圖書館藏敦煌吐魯番文獻第三冊　p. 6
0366　金剛般若波羅蜜經　上圖 174（826085）　上海圖書館藏敦煌吐魯番文獻第四冊　p. 86
0367　金剛般若波羅蜜經　津文 05　天津市文物公司藏敦煌寫經　p. 32
0368　金剛般若波羅蜜經　津文 06　天津市文物公司藏敦煌寫經　p. 36
0369　金剛般若波羅蜜經　浙敦 004（浙圖 04）　浙藏敦煌文獻　p. 7

0370　金剛般若波羅蜜經　浙敦 005（浙圖 05）　浙藏敦煌文獻　p. 8　附彩版 14
0371　金剛般若波羅蜜經　浙敦 006（浙圖 06）　浙藏敦煌文獻　p. 9
0372　金剛般若波羅蜜經　浙敦 033（浙博 08）　浙藏敦煌文獻　p. 159
0373　金剛般若波羅蜜經　浙敦 087（浙博 62）　浙藏敦煌文獻　p. 200　附彩版 15
0374　金剛般若波羅蜜經　津圖 005　天津圖書館藏敦煌遺書目錄　敦煌吐魯番研究第八卷　p. 313
0375　金剛般若波羅蜜經　津圖 007　天津圖書館藏敦煌遺書目錄　敦煌吐魯番研究第八卷　p. 314
0376　金剛般若波羅蜜經　津圖 011　天津圖書館藏敦煌遺書目錄　敦煌吐魯番研究第八卷　p. 315
0377　金剛般若波羅蜜經　津圖 020　天津圖書館藏敦煌遺書目錄　敦煌吐魯番研究第八卷　p. 316
0378　金剛般若波羅蜜經　津圖 028　天津圖書館藏敦煌遺書目錄　敦煌吐魯番研究第八卷　p. 318
0379　金剛般若波羅蜜經　津圖 055　天津圖書館藏敦煌遺書目錄　敦煌吐魯番研究第八卷　p. 325
0380　金剛般若波羅蜜經　津圖 080　天津圖書館藏敦煌遺書目錄　敦煌吐魯番研究第八卷　p. 330
0381　金剛般若波羅蜜經　津圖 091　天津圖書館藏敦煌遺書目錄　敦煌吐魯番研究第八卷　p. 333
0382　金剛般若波羅蜜經　津圖 099　天津圖書館藏敦煌遺書目錄　敦煌吐魯番研究第八卷　p. 337
0383　金剛般若波羅蜜經　津圖 100　天津圖書館藏敦煌遺書目錄　敦煌吐魯番研究第八卷　p. 337
0384　金剛般若波羅蜜經　津圖 102　天津圖書館藏敦煌遺書目錄　敦煌吐魯番研究第八卷　p. 337
0385　金剛般若波羅蜜經　津圖 103　天津圖書館藏敦煌遺書目錄　敦煌吐魯番研究第八卷　p. 337
0386　金剛般若波羅蜜經　津圖 105　天津圖書館藏敦煌遺書目錄　敦煌吐魯番研究第八卷　p. 339
0387　金剛般若波羅蜜經　津圖 119　天津圖書館藏敦煌遺書目錄　敦煌吐魯番研究第八卷　p. 342
0388　金剛般若波羅蜜經　津圖 129　天津圖書館藏敦煌遺書目錄　敦煌吐魯番研究第八卷　p. 345
0389　金剛般若波羅蜜經　津圖 144　天津圖書館藏敦煌遺書目錄　敦煌吐魯番研究第八卷　p. 349
0390　金剛般若波羅蜜經並序　高博 001（518）　甘肅藏敦煌文獻第六卷　p. 321
0391　金剛般若波羅蜜經一卷　津藝 213（77・5・4552）　天津市藝術博物館藏敦煌文獻第四冊　p. 226
0392　金剛般若波羅蜜經　北大 D013　北京大學圖書館藏敦煌文獻第一冊　p. 61
0393　金剛般若波羅蜜經　北大 D014　北京大學圖書館藏敦煌文獻第一冊　p. 63　附彩版 9
0394　金剛般若波羅蜜經　北大 D015　北京大學圖書館藏敦煌文獻第一冊　p. 67

0395　金剛般若波羅蜜經　北大 D016　北京大學圖書館藏敦煌文獻第一冊　p. 70
0396　金剛般若波羅蜜經　北大 D017　北京大學圖書館藏敦煌文獻第一冊　p. 76
0397　金剛般若波羅蜜經　北大 D018　北京大學圖書館藏敦煌文獻第一冊　p. 80
0398　金剛般若波羅蜜經　北大 D019　北京大學圖書館藏敦煌文獻第一冊　p. 80
0399　金剛般若波羅蜜經　北大 D020　北京大學圖書館藏敦煌文獻第一冊　p. 81
0400　金剛般若波羅蜜經一卷　北大 D021　北京大學圖書館藏敦煌文獻第一冊　p. 82
0401　金剛般若波羅蜜經　北大 D133　北京大學圖書館藏敦煌文獻第二冊　p. 107
0402　金剛般若波羅蜜經　北大 D140　北京大學圖書館藏敦煌文獻第二冊　p. 116
0403　金剛般若波羅蜜經　北大 D206　北京大學圖書館藏敦煌文獻第二冊　p. 228
0404　金剛般若波羅蜜經　北大附 C03　北京大學圖書館藏敦煌文獻第二冊　p. 307
0405　金剛般若波羅蜜經　上圖 020（812397）　上海圖書館藏敦煌吐魯番文獻第一冊　p. 133
0406　金剛般若波羅蜜經　上圖 026（812404）　上海圖書館藏敦煌吐魯番文獻第一冊　p. 186
0407　金剛般若波羅蜜經　上圖 083（812530）　上海圖書館藏敦煌吐魯番文獻第二冊　p. 318
0408　金剛般若波羅蜜經　上圖 102（812550）　上海圖書館藏敦煌吐魯番文獻第二冊　p. 395
0409　金剛般若波羅蜜經　上圖 105－8（812555）　上海圖書館藏敦煌吐魯番文獻第三冊　p. 5
0410　金剛般若波羅蜜經　上圖 105－10（812555）　上海圖書館藏敦煌吐魯番文獻第三冊　p. 6
0411　金剛般若波羅蜜經　上圖 105－12（812555）　上海圖書館藏敦煌吐魯番文獻第三冊　p. 9
0412　金剛般若波羅蜜經　上圖 124（812574）　上海圖書館藏敦煌吐魯番文獻第三冊　p. 181
0413　金剛般若波羅蜜經　上圖 181（826092）　上海圖書館藏敦煌吐魯番文獻第四冊　p. 125
0414　金剛般若波羅蜜經　上博 19（3323）　上海博物館藏敦煌吐魯番文獻第一冊　p. 180
0415　金剛般若波羅蜜經　上博 41（39643）　上海博物館藏敦煌吐魯番文獻第一冊　p. 325
0416　金剛般若波羅蜜經　上博 51（44956）　上海博物館藏敦煌吐魯番文獻第二冊　p. 58
0417　金剛般若波羅蜜經　上博 75（54863）　上海博物館藏敦煌吐魯番文獻第二冊　p. 235　附彩版 8
0418　金剛般若波羅蜜經　津藝 003（53・5・34）　天津市藝術博物館藏敦煌文獻第一冊　p. 11
0419　金剛般若波羅蜜經　津藝 042（77・5・2301）　天津市藝術博物館藏敦煌文獻第一冊　p. 287
0420　金剛般若波羅蜜經　津藝 044（77・5・2303）　天津市藝術博物館藏敦煌文獻第一冊　p. 289
0421　金剛般若波羅蜜經　津藝 050（77・5・2309）　天津市藝術博物館藏敦煌文獻第一冊　p. 293
0422　金剛般若波羅蜜經　津藝 057（77・5・2316）　天津市藝術博物館藏敦煌文獻第一冊　p. 301
0423　金剛般若波羅蜜經　津藝 059（77・5・2318）　天津市藝術博物館藏敦煌文獻第一冊　p. 303
0424　金剛般若波羅蜜經　津藝 062（77・5・4403）　天津市藝術博物館藏敦煌文獻第一冊　p. 312
0425　金剛般若波羅蜜經　津藝 065－8（77・5・4406）　天津市藝術博物館藏敦煌文獻第一冊　p. 319
0426　金剛般若波羅蜜經　津藝 077（77・5・4419）　天津市藝術博物館藏敦煌文獻第二冊　p. 50
0427　金剛般若波羅蜜經　津藝 086（77・5・4429）　天津市藝術博物館藏敦煌文獻第二冊　p. 125

0428　金剛般若波羅蜜經　津藝129(77·5·4468)　天津市藝術博物館藏敦煌文獻第三冊　p. 47
0429　金剛般若波羅蜜經　津藝130(77·5·4469)　天津市藝術博物館藏敦煌文獻第三冊　p. 52
0430　金剛般若波羅蜜經　津藝132(77·5·4471)　天津市藝術博物館藏敦煌文獻第三冊　p. 62
0431　金剛般若波羅蜜經　津藝133(77·5·4472)　天津市藝術博物館藏敦煌文獻第三冊　p. 65
0432　金剛般若波羅蜜經　津藝142(77·5·4481)　天津市藝術博物館藏敦煌文獻第三冊　p. 116
0433　金剛般若波羅蜜經　津藝143(77·5·4482)　天津市藝術博物館藏敦煌文獻第三冊　p. 119
0434　金剛般若波羅蜜經　津藝149(77·5·4488)　天津市藝術博物館藏敦煌文獻第三冊　p. 144
0435　金剛般若波羅蜜經　津藝150(77·5·4489)　天津市藝術博物館藏敦煌文獻第三冊　p. 147
0436　金剛般若波羅蜜經　津藝155(77·5·4494)　天津市藝術博物館藏敦煌文獻第三冊　p. 169
0437　金剛般若波羅蜜經　津藝170(77·5·4509)　天津市藝術博物館藏敦煌文獻第三冊　p. 265　附彩版7
0438　金剛般若波羅蜜經　津藝189(77·5·4528)　天津市藝術博物館藏敦煌文獻第四冊　p. 64
0439　金剛般若波羅蜜經　津藝195(77·5·4534)　天津市藝術博物館藏敦煌文獻第四冊　p. 103
0440　金剛般若波羅蜜經　津藝262(77·5·4601)　天津市藝術博物館藏敦煌文獻第六冊　p. 1
0441　金剛般若波羅蜜經　津藝280(77·5·4619)　天津市藝術博物館藏敦煌文獻第六冊　p. 91
0442　金剛般若波羅蜜經　津藝306(81·5·7229)　天津市藝術博物館藏敦煌文獻第六冊　p. 361
0443　金剛般若波羅蜜經　津藝310(13694)　天津市藝術博物館藏敦煌文獻第七冊　p. 12
0444　金剛般若波羅蜜經　津藝314(13699)　天津市藝術博物館藏敦煌文獻第七冊　p. 35
0445　金剛般若波羅蜜經　津藝315(13700)　天津市藝術博物館藏敦煌文獻第七冊　p. 39
0446　金剛般若波羅蜜經　津藝317(13702)　天津市藝術博物館藏敦煌文獻第七冊　p. 42
0447　金剛般若波羅蜜經　津藝319(13704)　天津市藝術博物館藏敦煌文獻第七冊　p. 44
0448　金剛般若波羅蜜經　臺中圖048　臺灣“中央圖書館”藏敦煌卷子第一冊　p. 411
0449　金剛般若波羅蜜經　臺中圖049　臺灣“中央圖書館”藏敦煌卷子第一冊　p. 415
0450　金剛般若波羅蜜經　南圖018　南京圖書館所藏敦煌遺書目錄　敦煌研究1998年第四期　p. 139
0451　金剛般若波羅蜜經　中研院46　臺北“中研院”傅斯年圖書館藏敦煌卷子題記　吳其昱先生八秩華誕敦煌學特刊　p. 391
0452　金剛般若波羅蜜經　中研院47　臺北“中研院”傅斯年圖書館藏敦煌卷子題記　吳其昱先生八秩華誕敦煌學特刊　p. 391
0453　佛說金剛般若波羅蜜經　臺中圖047　臺灣“中央圖書館”藏敦煌卷子第一冊　p. 403
0454　金剛般若波羅蜜多經　旅博7(20. 1545)　中国所藏“大谷收集品”概况　p. 6
0455　金剛經一卷　重博09　重慶市博物館藏敦煌吐魯番寫經目錄　敦煌研究1996年第一期　p. 123
0456　般若波羅蜜多心經　南圖017　南京圖書館所藏敦煌遺書目錄　敦煌研究1998年第四期　p. 138

0457 般若波羅蜜多心經一卷　北大 D024　北京大學圖書館藏敦煌文獻第一冊　p. 97
0458 般若波羅蜜多心經　北大 D025　北京大學圖書館藏敦煌文獻第一冊　p. 97
0459 般若波羅蜜多心經　北大 D026　北京大學圖書館藏敦煌文獻第一冊　p. 98
0460 般若波羅蜜多心經　北大 D053－2　北京大學圖書館藏敦煌文獻第一冊　p. 205
0461 般若波羅蜜多心經　津藝 283（77・5・4622）　天津市藝術博物館藏敦煌文獻第六冊　p. 119　附彩版 3
0462 般若波羅蜜多心經　上圖 074（12521）　上海圖書館藏敦煌吐魯番文獻第二冊　p. 241
0463 般若波羅蜜多心經　浙敦 051（浙博 26）　浙藏敦煌文獻　p. 168
0464 般若波羅蜜多心經　浙敦 187（浙博 162）　浙藏敦煌文獻　p. 227
0465 般若波羅蜜多心經　津圖 124　天津圖書館藏敦煌遺書目錄　敦煌吐魯番研究第八卷　p. 343
0466 般若波羅蜜多心經　津圖 136　天津圖書館藏敦煌遺書目錄　敦煌吐魯番研究第八卷　p. 346
0467 般若波羅蜜多心經　津圖 143　天津圖書館藏敦煌遺書目錄　敦煌吐魯番研究第八卷　p. 349
0468 般若波羅蜜多心經　重博 13　重慶市博物館藏敦煌吐魯番寫經目錄　敦煌研究 1996 年第一期　p. 124
0469 般若多心經一卷　津藝 190（77・5・4529）　天津市藝術博物館藏敦煌文獻第四冊　p. 69
0470 般若蜜多心經　北大 D023　北京大學圖書館藏敦煌文獻第一冊　p. 96
0471 佛說多心經　浙敦 134（浙博 109）　浙藏敦煌文獻　p. 213

四、法華部

0472 妙法蓮華經　故宮新 56454　王素、任昉、孟嗣徽提供目錄
0473 妙法蓮華經　故宮新 57488　王素、任昉、孟嗣徽提供目錄
0474 妙法蓮華經　故宮新 138354　王素、任昉、孟嗣徽提供目錄
0475 妙法蓮華經　故宮新 139950　王素、任昉、孟嗣徽提供目錄
0476 妙法蓮華經　故宮新 152093　王素、任昉、孟嗣徽提供目錄
0477 妙法蓮華經　故宮新 153379　王素、任昉、孟嗣徽提供目錄
0478 妙法蓮華經　故宮新 153381　王素、任昉、孟嗣徽提供目錄
0479 妙法蓮華經　故宮新 154415（1）　王素 任昉 孟嗣徽提供目錄
0480 妙法蓮華經　故宮新 155994　王素、任昉、孟嗣徽提供目錄
0481 妙法蓮華經　故宮新 166499　王素、任昉、孟嗣徽提供目錄
0482 妙法蓮華經　故宮新 187422　王素、任昉、孟嗣徽提供目錄
0483 妙法蓮華經　旅博 920. 15 47　中国所藏“大谷收集品”概況　p. 6
0484 妙法蓮華經卷第一　上圖 032（812438）　上海圖書館藏敦煌吐魯番文獻第一冊　p. 239　附彩版 12
0485 妙法蓮華經卷第一　津藝 073（77・5・4415）　天津市藝術博物館藏敦煌文獻第二冊　p. 17
0486 妙法蓮華經卷第一　津藝 225（77・5・4564）　天津市藝術博物館藏敦煌文獻第四冊　p. 318

0487 妙法蓮華經卷第一　津藝 282（77・5・4621）　天津市藝術博物館藏敦煌文獻第六冊 p. 109

0488 妙法蓮華經卷第一　津藝 293（77・5・4632）　天津市藝術博物館藏敦煌文獻第六冊 p. 198

0489 妙法蓮華經卷第一　上博 36（37497）　上海博物館藏敦煌吐魯番文獻第一冊　p. 294

0490 妙法蓮華經卷第一　上圖 063－1（812483）　上海圖書館藏敦煌吐魯番文獻第二冊　p. 45 附彩版 2

注：榮新江先生認爲此卷應爲傳世寫經，參見《評〈上海圖書館藏敦煌吐魯番文書〉》一文。

0491 妙法蓮華經卷第一　上圖 132（812582）　上海圖書館藏敦煌吐魯番文獻第三冊　p. 266

0492 妙法蓮華經卷第一　敦研 074（287）　甘肅藏敦煌文獻第一卷　綴合至 083 號

0493 妙法蓮華經卷第一　敦研 107（328）　甘肅藏敦煌文獻第一卷　p. 149

0494 妙法蓮華經卷第一　敦研 158（379）　甘肅藏敦煌文獻第一卷　綴合至 107 號

0495 妙法蓮華經卷第一　敦研 277（502）　甘肅藏敦煌文獻第一卷　p. 254

0496 妙法蓮華經卷第一　甘博 030（10454）　甘肅藏敦煌文獻第四卷　p. 227

0497 妙法蓮華經卷第一　敦博 048　甘肅藏敦煌文獻第六卷　p. 91

0498 妙法蓮華經卷第一　浙敦 007（浙圖 07）　浙藏敦煌文獻　p. 12

0499 妙法蓮華經卷第一　津文 09　天津市文物公司藏敦煌寫經　p. 56

0500 妙法蓮華經卷第一　重博 07　重慶市博物館藏敦煌吐魯番寫經目錄　敦煌研究 1996 年第一期　p. 122

0501 妙法蓮華經卷第一　津圖 014　天津圖書館藏敦煌遺書目錄　敦煌吐魯番研究第八卷 p. 315

0502 妙法蓮華經卷第一　津圖 015　天津圖書館藏敦煌遺書目錄　敦煌吐魯番研究第八卷 p. 315

0503 妙法蓮華經卷第一　津圖 024　天津圖書館藏敦煌遺書目錄　敦煌吐魯番研究第八卷 p. 317

0504 妙法蓮華經卷第一　津圖 030　天津圖書館藏敦煌遺書目錄　敦煌吐魯番研究第八卷 p. 318

0505 妙法蓮華經卷第一　津圖 045　天津圖書館藏敦煌遺書目錄　敦煌吐魯番研究第八卷 p. 322

0506 妙法蓮華經卷第一　津圖 065　天津圖書館藏敦煌遺書目錄　敦煌吐魯番研究第八卷 p. 326

0507 妙法蓮華經卷第一　津圖 069　天津圖書館藏敦煌遺書目錄　敦煌吐魯番研究第八卷 p. 328

0508 妙法蓮華經卷第一　津圖 118　天津圖書館藏敦煌遺書目錄　敦煌吐魯番研究第八卷 p. 342

0509 妙法蓮華經卷第一　津圖 155　天津圖書館藏敦煌遺書目錄　敦煌吐魯番研究第八卷 p. 353

0510 妙法蓮華經卷第一　津圖 157　天津圖書館藏敦煌遺書目錄　敦煌吐魯番研究第八卷 p. 353

0511 妙法蓮華經卷第一　津圖 168　天津圖書館藏敦煌遺書目錄　敦煌吐魯番研究第八卷 p. 356

0512 妙法蓮華經卷第一　臺中圖 053　臺灣“中央圖書館”藏敦煌卷子第二冊　p. 435

0513　妙法蓮華經卷第一　臺中圖 054　臺灣“中央圖書館”藏敦煌卷子第二冊　p. 449
0514　妙法蓮華經卷第一　臺中圖 055　臺灣“中央圖書館”藏敦煌卷子第二冊　p. 457
0515　妙法蓮華經卷第一　臺中圖 056　臺灣“中央圖書館”藏敦煌卷子第二冊　p. 475
0516　妙法蓮華經卷第一　臺中圖 057A　臺灣“中央圖書館”藏敦煌卷子第二冊　p. 479
0517　妙法蓮華經卷第一　臺中圖 058　臺灣“中央圖書館”藏敦煌卷子第二冊　p. 485
0518　妙法蓮華經卷第一序品第一　上圖 055－1（812462）　上海圖書館藏敦煌吐魯番文獻第二冊　p. 21
0519　妙法蓮華經卷第一序品第一　上圖 143（812593）　上海圖書館藏敦煌吐魯番文獻第三冊　p. 342
0520　妙法蓮華經卷第一序品第一　上博 77（69592）　上海博物館藏敦煌吐魯番文獻第二冊　p. 243　附彩版 9
0521　妙法蓮華經卷第一序品第一　北大 D036　北京大學圖書館藏敦煌文獻第一冊　p. 156
0522　妙法蓮華經卷第一序品第一　北大 D135　北京大學圖書館藏敦煌文獻第二冊　p. 109
0523　妙法蓮華經卷第一序品第一　津藝 123（77・5・4462）　天津市藝術博物館藏敦煌文獻第三冊　p. 12
0524　妙法蓮華經卷第一序品第一　津藝 146（77・5・4485）　天津市藝術博物館藏敦煌文獻第三冊　p. 133
0525　妙法蓮華經卷第一序品第一　津藝 320（13705）　天津市藝術博物館藏敦煌文獻第七冊　p. 46
0526　妙法蓮華經卷第一序品第一　敦博 029　甘肅藏敦煌文獻第六卷　p. 35
0527　妙法蓮華經卷第一序品第一　敦博 033　甘肅藏敦煌文獻第六卷　p. 38
0528　妙法蓮華經卷第一序品第一　甘博 089（10412）　甘肅藏敦煌文獻第五卷　p. 117
0529　妙法蓮華經卷第一序品第一　敦研 035（244）　甘肅藏敦煌文獻第一卷　p. 46
0530　妙法蓮華經卷第一序品第一　敦研 040（249）　甘肅藏敦煌文獻第一卷　綴合至 267 號
0531　妙法蓮華經卷第一序品第一　敦研 169（392）　甘肅藏敦煌文獻第一卷　p. 182
0532　妙法蓮華經卷第一序品第一　敦研 218（442）　甘肅藏敦煌文獻第一卷　綴合至 035 號
0533　妙法蓮華經卷第一序品第一　敦研 220（444）　甘肅藏敦煌文獻第一卷　p. 211
0534　妙法蓮華經卷第一序品第一　敦研 222（446）　甘肅藏敦煌文獻第一卷　綴合至 035 號
0535　妙法蓮華經卷第一序品第一　敦研 265（490）　甘肅藏敦煌文獻第一卷　綴合至 267 號
0536　妙法蓮華經卷第一序品第一　敦研 267（492）　甘肅藏敦煌文獻第一卷　p. 249
0537　妙法蓮華經卷第一序品第一　敦研 281（506）　甘肅藏敦煌文獻第一卷　p. 256
0538　妙法蓮華經卷第一序品第一　酒博 018（43）　甘肅藏敦煌文獻第二卷　p. 292
0539　妙法蓮華經卷第一序品第一　甘圖 015　甘肅藏敦煌文獻第三卷　p. 119
0540　妙法蓮華經卷第一序品第一　甘圖 029　甘肅藏敦煌文獻第三卷　p. 179
0541　妙法蓮華經卷第一序品第一方便品第二　敦研 111（332）　甘肅藏敦煌文獻第一卷　綴合至 277 號
0542　妙法蓮華經卷第一序品方便品　浙敦 030（浙博 05）　浙藏敦煌文獻　p. 136　附彩版 13
0543　妙法蓮華經卷第一方便品第二　敦研 038（247）　甘肅藏敦煌文獻第一卷　綴合至 175 號
0544　妙法蓮華經卷第一方便品第二　敦研 046（255）　甘肅藏敦煌文獻第一卷　綴合至 175 號
0545　妙法蓮華經卷第一方便品第二　敦研 083（296）　甘肅藏敦煌文獻第一卷　p. 89
0546　妙法蓮華經卷第一方便品第二　敦研 175（398）　甘肅藏敦煌文獻第一卷　p. 185
0547　妙法蓮華經卷第一方便品第二　敦研 226（450）　甘肅藏敦煌文獻第一卷　p. 214

0548　妙法蓮華經卷第一方便品第二　敦研 231(455)　甘肅藏敦煌文獻第一卷　p. 216
0549　妙法蓮華經卷第一方便品第二　北大 D121　北京大學圖書館藏敦煌文獻第二册　p. 91
0550　妙法蓮華經卷第一方便品第二　北大 D129　北京大學圖書館藏敦煌文獻第二册　p. 102
0551　妙法蓮華經卷第一方便品第二　津藝 124(77·5·4463)　天津市藝術博物館藏敦煌文獻第三册　p. 16
0552　妙法蓮華經卷第一方便品第二　津藝 197(77·5·4536)　天津市藝術博物館藏敦煌文獻第四册　p. 122
0553　妙法蓮華經卷第一至卷第五　津藝 111(77·5·4450)　天津市藝術博物館藏敦煌文獻第二册　p. 261
0554　妙法蓮華經卷第一方便品第二至普賢菩薩勸發品第二十八　津藝 112(77·5·4451)　天津市藝術博物館藏敦煌文獻第二册　p. 286　附彩版 5
0555　妙法蓮華經卷第二　故宫新 154423　王素、任昉、孟嗣徽提供目録
0556　妙法蓮華經卷第二　津圖 021　天津圖書館藏敦煌遺書目録　敦煌吐魯番研究第八卷　p. 317
0557　妙法蓮華經卷第二　津圖 043　天津圖書館藏敦煌遺書目録　敦煌吐魯番研究第八卷　p. 321
0558　妙法蓮華經卷第二　永博 001(589－1)　甘肅藏敦煌文獻第三卷　p. 304
0559　妙法蓮華經卷第二　永博 002(589－2)　甘肅藏敦煌文獻第三卷　p. 310
0560　妙法蓮華經卷第二　津藝 128(77·5·4467)　天津市藝術博物館藏敦煌文獻第三册　p. 38
0561　妙法蓮華經卷第二　津藝 300(77·5·4639)　天津市藝術博物館藏敦煌文獻第六册　p. 248
0562　妙法蓮華經卷第二　津藝 324(13709)　天津市藝術博物館藏敦煌文獻第七册　p. 73
0563　妙法蓮華經卷第二　上圖 001(29248)　上海圖書館藏敦煌吐魯番文獻第一册　p. 1
0564　妙法蓮華經卷第二　上圖 063－2(812484)　上海圖書館藏敦煌吐魯番文獻第二册　p. 59
注:榮新江先生認爲此卷應爲傳世寫經,參見《評〈上海圖書館藏敦煌吐魯番文書〉》一文。
0565　妙法蓮華經卷第二　上圖 133(812583)　上海圖書館藏敦煌吐魯番文獻第三册　p. 276
0566　妙法蓮華經卷第二　臺中圖 059　臺灣“中央圖書館”藏敦煌卷子第二册　p. 491
0567　妙法蓮華經卷第二　臺中圖 119AB　臺灣“中央圖書館”藏敦煌卷子第三册　p. 1117
0568　妙法蓮華經卷第二　上博 53(44958)　上海博物館藏敦煌吐魯番文獻第二册　p. 73　附彩版 3
0569　妙法蓮華經卷第二　南圖 015　南京圖書館所藏敦煌遺書目録　敦煌研究 1998 年第四期　p. 138
0570　妙法蓮華經卷第二譬喻品第三　津藝 052(77·5·2311)　天津市藝術博物館藏敦煌文獻第一册　p. 294
0571　妙法蓮華經卷第二譬喻品第三　津藝 145(77·5·4484)　天津市藝術博物館藏敦煌文獻第三册　p. 129
0572　妙法蓮華經卷第二譬喻品第三　上圖 047(812454)　上海圖書館藏敦煌吐魯番文獻第一册　p. 367
0573　妙法蓮華經卷第二譬喻品第三　上圖 150(812601)　上海圖書館藏敦煌吐魯番文獻第三册　p. 362
0574　妙法蓮華經卷第二譬喻品第三　敦研 071(282)　甘肅藏敦煌文獻第一卷　p. 80
0575　妙法蓮華經卷第二譬喻品第三　敦研 085(298)　甘肅藏敦煌文獻第一卷　p. 92

0576 妙法蓮華經卷第二譬喻品第三 敦研 337(705) 甘肅藏敦煌文獻第二卷 p. 85
0577 妙法蓮華經卷第二譬喻品第三 敦研 349(720) 甘肅藏敦煌文獻第二卷 p. 124
0578 妙法蓮華經卷第二譬喻品第三 敦研 363(726) 甘肅藏敦煌文獻第二卷 p. 151
0579 妙法蓮華經卷第二譬喻品第三 西北師大 014(013 –2) 甘肅藏敦煌文獻第三卷 p. 296
0580 妙法蓮華經卷第二譬喻品第三 甘博 065(16967) 甘肅藏敦煌文獻第五卷 p. 74
0581 妙法蓮華經卷第二信解品第四 甘圖 031 甘肅藏敦煌文獻第三卷 p. 182
0582 妙法蓮華經卷第二信解品第四 甘博 012(10467) 甘肅藏敦煌文獻第四卷 p. 92
0583 妙法蓮華經卷第二信解品第四 甘博 075(13131) 甘肅藏敦煌文獻第五卷 p. 95
0584 妙法蓮華經卷第二信解品第四 北大 D037 北京大學圖書館藏敦煌文獻第一册 p. 159
0585 妙法蓮華經卷第二信解品第四 中研院 19 臺北“中研院”傅斯年圖書館藏敦煌卷子題記 吳其昱先生八秩華誕敦煌學特刊 p. 372
0586 妙法蓮華經卷第二信解品殘卷 歷博晉唐寫經 43 中國歷史博物館藏法書大觀第十一卷 p. 217
0587 妙法蓮華經卷第二卷第三 甘圖 003 甘肅藏敦煌文獻第三卷 p. 23
0588 妙法蓮華經卷第三 津藝 078(77·5·4420) 天津市藝術博物館藏敦煌文獻第二册 p. 57
0589 妙法蓮華經卷第三 津藝 117(77·5·4456) 天津市藝術博物館藏敦煌文獻第二册 p. 335
0590 妙法蓮華經卷第三 津藝 292(77·5·4631) 天津市藝術博物館藏敦煌文獻第六册 p. 190
0591 妙法蓮華經卷第三 津藝 294(77·5·4633) 天津市藝術博物館藏敦煌文獻第六册 p. 204
0592 妙法蓮華經卷第三 上圖 039(812446) 上海圖書館藏敦煌吐魯番文獻第一册 p. 279
0593 妙法蓮華經卷第三 上圖 063 –3(812485) 上海圖書館藏敦煌吐魯番文獻第二册 p. 75

注:榮新江先生認爲此卷應爲傳世寫經,參見《評〈上海圖書館藏敦煌吐魯番文書〉》一文。

0594 妙法蓮華經卷第三 上圖 144(812594) 上海圖書館藏敦煌吐魯番文獻第三册 p. 343
0595 妙法蓮華經卷第三 上圖 145(812595) 上海圖書館藏敦煌吐魯番文獻第三册 p. 347
0596 妙法蓮華經卷第三 上博 17(3321) 上海博物館藏敦煌吐魯番文獻第一册 p. 164
0597 妙法蓮華經卷第三 敦研 379(634) 甘肅藏敦煌文獻第二卷 p. 176
0598 妙法蓮華經卷第三 甘圖 001 甘肅藏敦煌文獻第三卷 p. 1
0599 妙法蓮華經卷第三 永博 003(589 –3) 甘肅藏敦煌文獻第三卷 p. 313
0600 妙法蓮華經卷第三 張博 001(456) 甘肅藏敦煌文獻第三卷 p. 339
0601 妙法蓮華經卷第三 甘博 008(10464) 甘肅藏敦煌文獻第四卷 p. 56
0602 妙法蓮華經卷第三 高博 002 –519 甘肅藏敦煌文獻第六卷 p. 328
0603 妙法蓮華經卷第三 浙敦 094(浙博 69) 浙藏敦煌文獻 p. 201
0604 妙法蓮華經卷第三 浙敦 120(浙博 95) 浙藏敦煌文獻 p. 209
0605 妙法蓮華經卷第三 浙敦 149(浙博 124) 浙藏敦煌文獻 p. 217
0606 妙法蓮華經卷第三 津圖 040 天津圖書館藏敦煌遺書目錄 敦煌吐魯番研究第八卷 p. 320
0607 妙法蓮華經卷第三 津圖 041 天津圖書館藏敦煌遺書目錄 敦煌吐魯番研究第八卷 p. 321
0608 妙法蓮華經卷第三 津圖 042 天津圖書館藏敦煌遺書目錄 敦煌吐魯番研究第八卷 p. 321

0609 妙法蓮華經卷第三　津圖 079　天津圖書館藏敦煌遺書目錄　敦煌吐魯番研究第八卷　p. 330
0610 妙法蓮華經卷第三　津圖 116　天津圖書館藏敦煌遺書目錄　敦煌吐魯番研究第八卷　p. 342
0611 妙法蓮華經卷第三　津圖 121　天津圖書館藏敦煌遺書目錄　敦煌吐魯番研究第八卷　p. 343
0612 妙法蓮華經卷第三　津圖 130　天津圖書館藏敦煌遺書目錄　敦煌吐魯番研究第八卷　p. 345
0613 妙法蓮華經卷第三　津圖 151　天津圖書館藏敦煌遺書目錄　敦煌吐魯番研究第八卷　p. 352
0614 妙法蓮華經卷第三　津圖 153　天津圖書館藏敦煌遺書目錄　敦煌吐魯番研究第八卷　p. 352
0615 妙法蓮華經卷第三　津圖 169　天津圖書館藏敦煌遺書目錄　敦煌吐魯番研究第八卷　p. 356
0616 妙法蓮華經卷第三　津圖 170　天津圖書館藏敦煌遺書目錄　敦煌吐魯番研究第八卷　p. 356
0617 妙法蓮華經卷第三　臺中圖 057B　臺灣“中央圖書館”藏敦煌卷子第二冊　p. 479
0618 妙法蓮華經卷第三　臺中圖 060　臺灣“中央圖書館”藏敦煌卷子第二冊　p. 509
0619 妙法蓮華經卷第三　臺中圖 067　臺灣“中央圖書館”藏敦煌卷子第二冊　p. 581
0620 妙法蓮華經卷第三　南圖 006　南京圖書館所藏敦煌遺書目錄　敦煌研究 1998 年第四期　p. 135
0621 妙法蓮華經卷第三　南圖 008　南京圖書館所藏敦煌遺書目錄　敦煌研究 1998 年第四期　p. 136
0622 妙法蓮華經卷第三藥草喻品第五等殘片　北大 D244　北京大學圖書館藏敦煌文獻第二冊　p. 258
0623 妙法蓮華經卷第三藥草喻品第五　北大 D130　北京大學圖書館藏敦煌文獻第二冊　p. 104
0624 妙法蓮華經卷第三藥草喻品第五　西北師大 015(013－3)　甘肅藏敦煌文獻第三卷　p. 297
0625 妙法蓮華經卷第三藥草喻品授記品化城喻品　浙敦 008(浙圖 08)　浙藏敦煌文獻　p. 14
0626 妙法蓮華經卷第三授記品第六　上圖 089(812537)　上海圖書館藏敦煌吐魯番文獻第二冊　p. 339
0627 妙法蓮華經卷第三授記品第六　津藝 043(77・5・2302)　天津市藝術博物館藏敦煌文獻第一冊　p. 287
0628 妙法蓮華經卷第三授記品第六　津藝 055(77・5・2314)　天津市藝術博物館藏敦煌文獻第一冊　p. 300
0629 妙法蓮華經卷第三授記品第六　津藝 104(77・5・4443)　天津市藝術博物館藏敦煌文獻第二冊　p. 200
0630 妙法蓮華經卷第三授記品第六　津藝 186(77・5・4525)　天津市藝術博物館藏敦煌文獻第四冊　p. 39
0631 妙法蓮華經卷第三授記品第六　敦研 110(331)　甘肅藏敦煌文獻第一卷　綴合至 179 號
0632 妙法蓮華經卷第三化城喻品第七　中研院 18　臺北“中研院”傅斯年圖書館藏敦煌卷子題記　吴其昱先生八秩華誕敦煌學特刊　p. 371
0633 妙法蓮華經卷第三化城喻品第七　上博 30(36642)　上海博物館藏敦煌吐魯番文獻第一冊

p. 249
0634　妙法蓮華經卷第三化城喻品第七　上博 62(51081)　上海博物館藏敦煌吐魯番文獻第二册　p. 145
0635　妙法蓮華經卷第三化城喻品第七　北大 D038　北京大學圖書館藏敦煌文獻第一册　p. 164
0636　妙法蓮華經卷第三化城喻品第七　浙敦 032(浙博 07)　浙藏敦煌文獻　p. 157
0637　妙法蓮華經卷第三化城喻品第七　敦研 042(251)　甘肅藏敦煌文獻第一卷　p. 50
0638　妙法蓮華經卷第三化城喻品第七　敦研 206(429)　甘肅藏敦煌文獻第一卷　p. 205
0639　妙法蓮華經卷第三化城喻品第七　敦研 301(648)　甘肅藏敦煌文獻第二卷　p. 1
0640　妙法蓮華經卷第三化城喻品第七　甘圖 011　甘肅藏敦煌文獻第三卷　p. 104
0641　妙法蓮華經卷第三化城喻品第七　敦博 073　甘肅藏敦煌文獻第六卷　p. 218
0642　妙法蓮華經卷第四　津藝 002(53・5・17)　天津市藝術博物館藏敦煌文獻第一册　p. 2 附彩版 3
0643　妙法蓮華經卷第四　津藝 039(75・5・3862)　天津市藝術博物館藏敦煌文獻第一册　p. 265
0644　妙法蓮華經卷第四　津藝 137(77・5・4476)　天津市藝術博物館藏敦煌文獻第三册　p. 87
0645　妙法蓮華經卷第四　津藝 224(77・5・4563)　天津市藝術博物館藏敦煌文獻第四册　p. 313
0646　妙法蓮華經卷第四　津藝 230(77・5・4569)　天津市藝術博物館藏敦煌文獻第五册　p. 10
0647　妙法蓮華經卷第四　津藝 232(77・5・4571)　天津市藝術博物館藏敦煌文獻第五册　p. 32
0648　妙法蓮華經卷第四　津藝 248(77・5・4587)　天津市藝術博物館藏敦煌文獻第五册　p. 224
0649　妙法蓮華經卷第四　津藝 260(77・5・4598)　天津市藝術博物館藏敦煌文獻第五册　p. 354
0650　妙法蓮華經卷第四　津藝 261(77・5・4600)　天津市藝術博物館藏敦煌文獻第五册　p. 358
0651　妙法蓮華經卷第四　津藝 284(77・5・4623)　天津市藝術博物館藏敦煌文獻第六册　p. 120
0652　妙法蓮華經卷第四　津藝 296(77・5・4635)　天津市藝術博物館藏敦煌文獻第六册　p. 226
0653　妙法蓮華經卷第四　津藝 322(13707)　天津市藝術博物館藏敦煌文獻第七册　p. 48
0654　妙法蓮華經卷第四　津藝 326(13711)　天津市藝術博物館藏敦煌文獻第七册　p. 89
0655　妙法蓮華經卷第四　北大 D039　北京大學圖書館藏敦煌文獻第一册　p. 169
0656　妙法蓮華經卷第四　上圖 002(29254)　上海圖書館藏敦煌吐魯番文獻第一册　p. 10
0657　妙法蓮華經卷第四　上圖 043(812450)　上海圖書館藏敦煌吐魯番文獻第一册　p. 318
0658　妙法蓮華經卷第四　上圖 052(812459)　上海圖書館藏敦煌吐魯番文獻第二册　p. 9
0659　妙法蓮華經卷第四　上圖 063 –4(812486)　上海圖書館藏敦煌吐魯番文獻第二册　p. 89

注:榮新江先生認爲此卷應爲傳世寫經,參見《評〈上海圖書館藏敦煌吐魯番文書〉》一文。

0660　妙法蓮華經卷第四　上圖 069(812511)　上海圖書館藏敦煌吐魯番文獻第二册　p. 196
0661　妙法蓮華經卷第四　上圖 176(826087)　上海圖書館藏敦煌吐魯番文獻第四册　p. 93
0662　妙法蓮華經卷第四　上博 72(516175)　上海博物館藏敦煌吐魯番文獻第二册　p. 225
0663　妙法蓮華經卷第四　敦研 099(320)　甘肅藏敦煌文獻第一卷　p. 142
0664　妙法蓮華經卷第四　敦研 105(326)　甘肅藏敦煌文獻第一卷　p. 146

0665　妙法蓮華經卷第四　敦研 153(374)　甘肅藏敦煌文獻第一卷　綴合至 105 號
0666　妙法蓮華經卷第四　甘博 023(10451)　甘肅藏敦煌文獻第四卷　p. 177
0667　妙法蓮華經卷第四　甘博 024(10426)　甘肅藏敦煌文獻第四卷　p. 183
0668　妙法蓮華經卷第四　甘博 027(10442)　甘肅藏敦煌文獻第四卷　p. 205
0669　妙法蓮華經卷第四　敦博 042　甘肅藏敦煌文獻第六卷　p. 60
0670　妙法蓮華經卷第四　敦博 072　甘肅藏敦煌文獻第六卷　p. 209
0671　妙法蓮華經卷第四　津文 27　天津市文物公司藏敦煌寫經　p. 126
0672　妙法蓮華經卷第四　津圖 016　天津圖書館藏敦煌遺書目錄　敦煌吐魯番研究第八卷　p. 316
0673　妙法蓮華經卷第四　津圖 031　天津圖書館藏敦煌遺書目錄　敦煌吐魯番研究第八卷　p. 318
0674　妙法蓮華經卷第四　津圖 033　天津圖書館藏敦煌遺書目錄　敦煌吐魯番研究第八卷　p. 319
0675　妙法蓮華經卷第四　津圖 062　天津圖書館藏敦煌遺書目錄　敦煌吐魯番研究第八卷　p. 326
0676　妙法蓮華經卷第四　津圖 072　天津圖書館藏敦煌遺書目錄　敦煌吐魯番研究第八卷　p. 328
0677　妙法蓮華經卷第四　津圖 154　天津圖書館藏敦煌遺書目錄　敦煌吐魯番研究第八卷　p. 352
0678　妙法蓮華經卷第四　臺中圖 061　臺灣“中央圖書館”藏敦煌卷子第二冊　p. 517
0679　妙法蓮華經卷第四　上博 73(516176)　上海博物館藏敦煌吐魯番文獻第二冊　p. 231
0680　妙法蓮華經卷第四　南圖 010　南京圖書館所藏敦煌遺書目錄　敦煌研究 1998 年第四期　p. 137
0681　妙法蓮華經卷第四　南圖 012　南京圖書館所藏敦煌遺書目錄　敦煌研究 1998 年第四期　p. 137
0682　妙法蓮華經卷第四五百弟子授記品第八　北大 D151　北京大學圖書館藏敦煌文獻第二冊　p. 137
0683　妙法蓮華經卷第四五百弟子授記品第八　上圖 105－5(812555)　上海圖書館藏敦煌吐魯番文獻第三冊　p. 3
0684　妙法蓮華經卷第四五百弟子授記品第八　上圖 162(812613)　上海圖書館藏敦煌吐魯番文獻第四冊　p. 11
0685　妙法蓮華經卷第四五百弟子授記品第八　津藝 332(臨 1)　天津市藝術博物館藏敦煌文獻第七冊　p. 121
0686　妙法蓮華經卷第四五百弟子授記品第八　津藝 333(臨 2)　天津市藝術博物館藏敦煌文獻第七冊　p. 122
0687　妙法蓮華經卷第四授學無學人記品法師品見寶塔品提婆達多品勸持品　浙敦 194(浙博 169)　浙藏敦煌文獻　p. 241
0688　妙法蓮華經卷第四法師品第十　津藝 198(77・5・4537)　天津市藝術博物館藏敦煌文獻第四冊　p. 129
0689　妙法蓮華經卷第四法師品第十　敦研 179(402)　甘肅藏敦煌文獻第一卷　p. 188
0690　妙法蓮華經卷第四法師品第十　敦研 338(706)　甘肅藏敦煌文獻第二卷　p. 86
0691　妙法蓮華經卷第四見寶塔品第十一　浙敦 130(浙博 105)　浙藏敦煌文獻　p. 212

0692 妙法蓮華經卷第四見寶塔品提婆達多品勸持品　浙敦 193(浙博 168)　浙藏敦煌文獻 p. 230　附彩版 7
0693 妙法蓮華經卷第四見寶塔品第十一　北大 D041　北京大學圖書館藏敦煌文獻第一冊 p. 171
0694 妙法蓮華經卷第四見寶塔品第十一　北大 D218　北京大學圖書館藏敦煌文獻第二冊 p. 242
0695 妙法蓮華經卷第四見寶塔品第十一　津藝 136(77・5・4475)　天津市藝術博物館藏敦煌文獻第三冊　p. 83
0696 妙法蓮華經卷第四見寶塔品第十一　津藝 285(77・5・4624)　天津市藝術博物館藏敦煌文獻第六冊　p. 124
0697 妙法蓮華經卷第四見寶塔品第十一　津藝 316(13701)　天津市藝術博物館藏敦煌文獻第七冊　p. 42
0698 妙法蓮華經卷第四見寶塔品第十一　敦研 227(451)　甘肅藏敦煌文獻第一卷　綴合至 105 號
0699 妙法蓮華經卷第四見寶塔品第十一　敦研 240(465)　甘肅藏敦煌文獻第一卷　綴合至 105 號
0700 妙法蓮華經卷第四見寶塔品第十一　敦研 271(496)　甘肅藏敦煌文獻第一卷　p. 252
0701 妙法蓮華經卷第四見寶塔品第十一　敦研 273(498)　甘肅藏敦煌文獻第一卷　p. 252
0702 妙法蓮華經卷第四見寶塔品第十一　甘博 092(20944)　甘肅藏敦煌文獻第五卷　p. 120
0703 妙法蓮華經卷第四提婆達多品第十二　津藝 081(77・5・4423)　天津市藝術博物館藏敦煌文獻第二冊　p. 86
0704 妙法蓮華經卷第四提婆達多品第十二　北大 D040　北京大學圖書館藏敦煌文獻第一冊 p. 170
0705 妙法蓮華經卷第四提婆達多品第十二　浙敦 009(浙圖 09)　浙藏敦煌文獻　p. 29
0706 妙法蓮華經卷第四卷第五勸持第十三至從地踊出品第十五　上圖 011(799222)　上海圖書館藏敦煌吐魯番文獻第一冊　p. 88
0707 妙法蓮華經卷第五　津藝 069(77・5・4410)　天津市藝術博物館藏敦煌文獻第一冊 p. 356
0708 妙法蓮華經卷第五　津藝 177(77・5・4516)　天津市藝術博物館藏敦煌文獻第三冊 p. 349
0709 妙法蓮華經卷第五　津藝 185(77・5・4524)　天津市藝術博物館藏敦煌文獻第四冊　p. 30
0710 妙法蓮華經卷第五　津藝 196(77・5・4535)　天津市藝術博物館藏敦煌文獻第四冊 p. 111
0711 妙法蓮華經卷第五　津藝 245(77・5・4584)　天津市藝術博物館藏敦煌文獻第五冊 p. 195
0712 妙法蓮華經卷第五　津藝 290(77・5・4629)　天津市藝術博物館藏敦煌文獻第六冊 p. 172
0713 妙法蓮華經卷第五　上圖 063－5(812487)　上海圖書館藏敦煌吐魯番文獻第二冊　p. 106

注:榮新江先生認爲此卷應爲傳世寫經,參見《評〈上海圖書館藏敦煌吐魯番文書〉》一文。

0714 妙法蓮華經卷第五　上圖 109(812559)　上海圖書館藏敦煌吐魯番文獻第三冊　p. 35
0715 妙法蓮華經卷第五　上圖 134(812584)　上海圖書館藏敦煌吐魯番文獻第三冊　p. 290
0716 妙法蓮華經卷第五　上圖 186(858441)　上海圖書館藏敦煌吐魯番文獻第四冊　p. 195

0717　妙法蓮華經卷第五　上博 18(3322)　上海博物館藏敦煌吐魯番文獻第一冊　p. 176　附彩版 15
0718　妙法蓮華經卷第五　北大 D043　北京大學圖書館藏敦煌文獻第一冊　p. 176
0719　妙法蓮華經卷第五　北大 D044　北京大學圖書館藏敦煌文獻第一冊　p. 179
0720　妙法蓮華經卷第五　敦研 109　(330)　甘肅藏敦煌文獻第一卷　p. 151
0721　妙法蓮華經卷第五　甘圖 008　甘肅藏敦煌文獻第三卷　p. 76
0722　妙法蓮華經卷第五　甘博 009(12553)　甘肅藏敦煌文獻第四卷　p. 66
0723　妙法蓮華經卷第五　甘博 025(10432)　甘肅藏敦煌文獻第四卷　p. 190
0724　妙法蓮華經卷第五　高博 003(520)　甘肅藏敦煌文獻第六卷　p. 339
0725　妙法蓮華經卷第五　浙敦 085(浙博 60)　浙藏敦煌文獻　p. 199
0726　妙法蓮華經卷第五　浙敦 146(浙博 121)　浙藏敦煌文獻　p. 216
0727　妙法蓮華經卷第五　浙敦 147(浙博 122)　浙藏敦煌文獻　p. 216
0728　妙法蓮華經卷第五　浙敦 148(浙博 123)　浙藏敦煌文獻　p. 217　附彩版 29
0729　妙法蓮華經卷第五　津文 10　天津市文物公司藏敦煌寫經　p. 60
0730　妙法蓮華經卷第五　津圖 009　天津圖書館藏敦煌遺書目錄　敦煌吐魯番研究第八卷　p. 314
0731　妙法蓮華經卷第五　津圖 019　天津圖書館藏敦煌遺書目錄　敦煌吐魯番研究第八卷　p. 316
0732　妙法蓮華經卷第五　津圖 022　天津圖書館藏敦煌遺書目錄　敦煌吐魯番研究第八卷　p. 317
0733　妙法蓮華經卷第五　津圖 025　天津圖書館藏敦煌遺書目錄　敦煌吐魯番研究第八卷　p. 317
0734　妙法蓮華經卷第五　津圖 027　天津圖書館藏敦煌遺書目錄　敦煌吐魯番研究第八卷　p. 318
0735　妙法蓮華經卷第五　津圖 078　天津圖書館藏敦煌遺書目錄　敦煌吐魯番研究第八卷　p. 330
0736　妙法蓮華經卷第五　津圖 097　天津圖書館藏敦煌遺書目錄　敦煌吐魯番研究第八卷　p. 336
0737　妙法蓮華經卷第五　津圖 127　天津圖書館藏敦煌遺書目錄　敦煌吐魯番研究第八卷　p. 344
0738　妙法蓮華經卷第五　湖北博 12　湖北省博物館藏敦煌經卷概述　敦煌吐魯番研究第五卷　p. 272
0739　妙法蓮華經卷第五　臺中圖 057C　臺灣"中央圖書館"藏敦煌卷子第二冊　p. 479
0740　妙法蓮華經卷第五　臺中圖 062　臺灣"中央圖書館"藏敦煌卷子第二冊　p. 521
0741　妙法蓮華經卷第五　臺中圖 063　臺灣"中央圖書館"藏敦煌卷子第二冊　p. 541
0742　妙法蓮華經卷第五　臺中圖 064　臺灣"中央圖書館"藏敦煌卷子第二冊　p. 555
0743　妙法蓮華經卷第五　臺中圖 065　臺灣"中央圖書館"藏敦煌卷子第二冊　p. 561
0744　妙法蓮華經卷第五　臺中圖 068B、C、D　臺灣"中央圖書館"藏敦煌卷子第二冊　p. 593
0745　妙法蓮華經卷第五　南圖 011　南京圖書館所藏敦煌遺書目錄　敦煌研究 1998 年第四期　p. 137
0746　妙法蓮華經卷第五　南圖 027　南京圖書館所藏敦煌遺書目錄　敦煌研究 1998 年第四期　p. 141

0747 妙法蓮華經卷第五安樂行品第十四　北大 D042　北京大學圖書館藏敦煌文獻第一册 p. 174
0748 妙法蓮華經卷第五安樂行品第十四　津藝 080（77・5・4422）　天津市藝術博物館藏敦煌文獻第二册　p. 81
0749 妙法蓮華經卷第五安樂行品第十四　西北師大 013（013－1）　甘肅藏敦煌文獻第三卷 p. 294
注：原爲卷四，据《大正藏》内容改爲卷五。
0750 妙法蓮華經卷第五安樂行品第十四　西北師大 016（013－4）　甘肅藏敦煌文獻第三卷 p. 298
注：原爲卷四，据《大正藏》内容改爲卷五。
0751 妙法蓮華經卷第五安樂行品第十四　甘博 031（10450）　甘肅藏敦煌文獻第四卷　p. 237
注：原爲卷四，据《大正藏》内容改爲卷五。
0752 妙法蓮華經卷第五安樂行品第十四　甘博 091（20945）　甘肅藏敦煌文獻第五卷　p. 119
注：原爲卷四，据《大正藏》内容改爲卷五。
0753 妙法蓮華經卷第五安樂行品第十四　甘博 095（13105）　甘肅藏敦煌文獻第五卷　p. 122
注：原爲卷四，据《大正藏》内容改爲卷五。
0754 妙法蓮華經卷第五安樂行品第十四　甘博 131　（10410）　甘肅藏敦煌文獻第五卷　p. 293
注：原爲卷四，据《大正藏》内容改爲卷五。
0755 妙法蓮華經卷第五安樂行品第十四　臺北歷博 2　臺灣地區敦煌寫本的收藏與研究之考察　敦煌學第 21 輯　p. 94
0756 妙法蓮華經卷第五從地湧出品第十五　津藝 297（77・5・4636）　天津市藝術博物館藏敦煌文獻第六册　p. 229
0757 妙法蓮華經卷第五從地湧出品第十五　敦研 043（252）　甘肅藏敦煌文獻第一卷　p. 51
0758 妙法蓮華經卷第五從地湧出品第十五　敦研 165（388）　甘肅藏敦煌文獻第一卷　p. 179
0759 妙法蓮華經卷第五從地湧出品第十五　敦研 329（697）　甘肅藏敦煌文獻第二卷　p. 52
0760 妙法蓮華經卷第五從地湧出品第十五　津藝 167（77・5・4506）　天津市藝術博物館藏敦煌文獻第三册　p. 257　附彩版 5
0761 妙法蓮華經卷第五如來壽量品第十六　歷博晉唐寫經 41　中國歷史博物館藏法書大觀第十一卷　p. 217
0762 妙法蓮華經卷第五如來壽量品第十六　上博 79（69595）　上海博物館藏敦煌吐魯番文獻第二册　p. 251
0763 妙法蓮華經卷第五如來壽量品第十六　浙敦 011（浙圖 11）　浙藏敦煌文獻　p. 38
0764 妙法蓮華經卷第五如來壽量品第十六　北大 D142　北京大學圖書館藏敦煌文獻第二册 p. 121
0765 妙法蓮華經卷第五如來壽量品分別功德品　浙敦 010（浙圖 10）　浙藏敦煌文獻　p. 32
0766 妙法蓮華經卷第五分別功德品第十七　北大 D045　北京大學圖書館藏敦煌文獻第一册 p. 188
0767 妙法蓮華經卷第五分別功德品第十七　敦博 012　甘肅藏敦煌文獻第六卷　p. 23
0768 妙法蓮華經卷第六　津藝 010（58・5・669－1）　天津市藝術博物館藏敦煌文獻第一册 p. 60
0769 妙法蓮華經卷第六　津藝 046（77・5・2305）　天津市藝術博物館藏敦煌文獻第一册 p. 290

0770　妙法蓮華經卷第六　津藝083(77·5·4426)　天津市藝術博物館藏敦煌文獻第二冊　p. 99
0771　妙法蓮華經卷第六　津藝105(77·5·4444)　天津市藝術博物館藏敦煌文獻第二冊　p. 200
0772　妙法蓮華經卷第六　津藝120(77·5·4459)　天津市藝術博物館藏敦煌文獻第二冊　p. 370
0773　妙法蓮華經卷第六　津藝188(77·5·4527)　天津市藝術博物館藏敦煌文獻第四冊　p. 55
0774　妙法蓮華經卷第六　津藝223(77·5·4562)　天津市藝術博物館藏敦煌文獻第四冊　p. 301
0775　妙法蓮華經卷第六　津藝264(77·5·4603)　天津市藝術博物館藏敦煌文獻第六冊　p. 14
0776　妙法蓮華經卷第六　津藝266(77·5·4605)　天津市藝術博物館藏敦煌文獻第六冊　p. 32
0777　妙法蓮華經卷第六　津藝279(77·5·4618)　天津市藝術博物館藏敦煌文獻第六冊　p. 88
0778　妙法蓮華經卷第六　津藝327(13712)　天津市藝術博物館藏敦煌文獻第七冊　p. 97
0779　妙法蓮華經卷第六　上圖021(812399)　上海圖書館藏敦煌吐魯番文獻第一冊　p. 136　附彩版7
0780　妙法蓮華經卷第六　上圖027(812405)　上海圖書館藏敦煌吐魯番文獻第一冊　p. 192
0781　妙法蓮華經卷第六　上圖063－6(812488)　上海圖書館藏敦煌吐魯番文獻第二冊　p. 123

注:榮新江先生認爲此卷應爲傳世寫經,參見《評〈上海圖書館藏敦煌吐魯番文書〉》一文。

0782　妙法蓮華經卷第六　上圖082(812529)　上海圖書館藏敦煌吐魯番文獻第二冊　p. 305
0783　妙法蓮華經卷第六　上圖135(812585)　上海圖書館藏敦煌吐魯番文獻第三冊　p. 301
0784　妙法蓮華經卷第六　上圖136(812586)　上海圖書館藏敦煌吐魯番文獻第三冊　p. 316
0785　妙法蓮華經卷第六　上圖175(826086)　上海圖書館藏敦煌吐魯番文獻第四冊　p. 88
0786　妙法蓮華經卷第六　北大D047　北京大學圖書館藏敦煌文獻第一冊　p. 194
0787　妙法蓮華經卷第六　敦研101(322)　甘肅藏敦煌文獻第一卷　p. 144
0788　妙法蓮華經卷第六　甘博026(2381)　甘肅藏敦煌文獻第四卷　p. 198
0789　妙法蓮華經卷第六　敦博055　甘肅藏敦煌文獻第六卷　p. 145　附彩版6
0790　妙法蓮華經卷第六　湖北博17　湖北省博物館藏敦煌經卷概述　敦煌吐魯番研究第五卷　p. 273
0791　妙法蓮華經卷第六　津圖049　天津圖書館藏敦煌遺書目錄　敦煌吐魯番研究第八卷　p. 323
0792　妙法蓮華經卷第六　津圖088　天津圖書館藏敦煌遺書目錄　敦煌吐魯番研究第八卷　p. 333
0793　妙法蓮華經卷第六　津圖101　天津圖書館藏敦煌遺書目錄　敦煌吐魯番研究第八卷　p. 337
0794　妙法蓮華經卷第六　津圖145　天津圖書館藏敦煌遺書目錄　敦煌吐魯番研究第八卷　p. 349
0795　妙法蓮華經卷第六　津圖158　天津圖書館藏敦煌遺書目錄　敦煌吐魯番研究第八卷　p. 353
0796　妙法蓮華經卷第六　臺中圖052　臺灣"中央圖書館"藏敦煌卷子第二冊　p. 429
0797　妙法蓮華經卷第六　臺中圖066　臺灣"中央圖書館"藏敦煌卷子第二冊　p. 565
0798　妙法蓮華經卷第六　津藝015－1(58·5·669－6)　天津市藝術博物館藏敦煌文獻第一冊　p. 69
0799　妙法蓮華經卷第六等殘片　北大D243　北京大學圖書館藏敦煌文獻第二冊　p. 258

0800　妙法蓮華經卷第六隨喜功德品第十八　北大 D046　北京大學圖書館藏敦煌文獻第一冊 p. 193
0801　妙法蓮華經卷第六法師功德品第十九　北大 D230　北京大學圖書館藏敦煌文獻第二冊 p. 248
0802　妙法蓮華經卷第六常不輕菩薩品第二十　津藝 321(13706)　天津市藝術博物館藏敦煌文獻第七冊　p. 47
0803　妙法蓮華經卷第六常不輕菩薩品第二十　敦研 190(413)　甘肅藏敦煌文獻第一卷　p. 196
0804　妙法蓮華經卷第六常不輕菩薩品第二十　敦博 011　甘肅藏敦煌文獻第六卷　p. 20
0805　妙法蓮華經卷第六如來神力品第二十一　北大 D055　北京大學圖書館藏敦煌文獻第一冊 p. 209
0806　妙法蓮華經卷第六藥王菩薩本事品第二十三　北大附 C01　北京大學圖書館藏敦煌文獻第二冊　p. 307
0807　妙法蓮華經卷第六藥王菩薩本事品第二十三　敦研 080(293)　甘肅藏敦煌文獻第一卷 p. 86
0808　妙法蓮華經卷第六藥王菩薩本事品第二十三　甘圖 023　甘肅藏敦煌文獻第三卷　p. 149
0809　妙法蓮華經卷第七　津藝 008(58・5・667)　天津市藝術博物館藏敦煌文獻第一冊　p. 43
0810　妙法蓮華經卷第七　津藝 165(77・5・4504)　天津市藝術博物館藏敦煌文獻第三冊 p. 236
0811　妙法蓮華經卷第七　津藝 178(77・5・4517)　天津市藝術博物館藏敦煌文獻第三冊 p. 352
0812　妙法蓮華經卷第七　津藝 180(77・5・4519)　天津市藝術博物館藏敦煌文獻第三冊 p. 366
0813　妙法蓮華經卷第七　津藝 259(77・5・4598)　天津市藝術博物館藏敦煌文獻第五冊 p. 345
0814　妙法蓮華經卷第七　津藝 287(77・5・4626)　天津市藝術博物館藏敦煌文獻第六冊 p. 137　附彩版 4
0815　妙法蓮華經卷第七　津藝 307(13691)　天津市藝術博物館藏敦煌文獻第七冊　p. 1
0816　妙法蓮華經卷第七　上圖 010(799221)　上海圖書館藏敦煌吐魯番文獻第一冊　p. 82
0817　妙法蓮華經卷第七　上圖 034A(812440)A　上海圖書館藏敦煌吐魯番文獻第一冊　p. 248
0818　妙法蓮華經卷第七　上圖 063－7(812489)　上海圖書館藏敦煌吐魯番文獻第二冊　p. 138

注:榮新江先生認爲此卷應爲傳世寫經,參見《評〈上海圖書館藏敦煌吐魯番文書〉》一文。

0819　妙法蓮華經卷第七　上圖 098(812546)　上海圖書館藏敦煌吐魯番文獻第二冊　p. 385
0820　妙法蓮華經卷第七　上圖 187(858442)　上海圖書館藏敦煌吐魯番文獻第四冊　p. 212
0821　妙法蓮華經卷第七　上博 68(51611)　上海博物館藏敦煌吐魯番文獻第二冊　p. 192
0822　妙法蓮華經卷第七　北大 D049　北京大學圖書館藏敦煌文獻第一冊　p. 197
0823　妙法蓮華經卷第七　北大 D056　北京大學圖書館藏敦煌文獻第一冊　p. 212
0824　妙法蓮華經卷第七　定博 002(237－2)　甘肅藏敦煌文獻第六卷　p. 289
0825　妙法蓮華經卷第七　津文 11　天津市文物公司藏敦煌寫經　p. 63
0826　妙法蓮華經卷第七　津圖 050　天津圖書館藏敦煌遺書目錄　敦煌吐魯番研究第八卷 p. 324
0827　妙法蓮華經卷第七　津圖 077　天津圖書館藏敦煌遺書目錄　敦煌吐魯番研究第八卷 p. 330

0828 妙法蓮華經卷第七 津圖 123 天津圖書館藏敦煌遺書目錄 敦煌吐魯番研究第八卷 p. 343
0829 妙法蓮華經卷第七 津圖 133 天津圖書館藏敦煌遺書目錄 敦煌吐魯番研究第八卷 p. 346
0830 妙法蓮華經卷第七 臺中圖 068A 臺灣"中央圖書館"藏敦煌卷子第二冊 p. 593
0831 妙法蓮華經卷第七 臺中圖 069 臺灣"中央圖書館"藏敦煌卷子第二冊 p. 601
0832 妙法蓮華經卷第七 臺中圖 070 臺灣"中央圖書館"藏敦煌卷子第二冊 p. 617
0833 妙法蓮華經卷第七 臺中圖 071 臺灣"中央圖書館"藏敦煌卷子第二冊 p. 631
0834 妙法蓮華經卷第七 津圖 152 天津圖書館藏敦煌遺書目錄 敦煌吐魯番研究第八卷 p. 352
0835 妙法蓮華經卷第七 南圖 014 南京圖書館所藏敦煌遺書目錄 敦煌研究 1998 年第四期 p. 138
0836 妙法蓮華經卷第七藥王菩薩本事品第二十二 敦研 039(248) 甘肅藏敦煌文獻第一卷 p. 49
0837 妙法蓮華經卷第七妙音菩薩品第二十四 北大 D048 北京大學圖書館藏敦煌文獻第一冊 p. 196
0838 妙法蓮華經卷第七妙音菩薩品第二十四 上圖 105－3(812555) 上海圖書館藏敦煌吐魯番文獻第三冊 p. 2
0839 妙法蓮華經卷第七妙音菩薩品第二十四 敦研 006(136) 甘肅藏敦煌文獻第一卷 p. 5
0840 妙法蓮華經卷第七妙音菩薩品第二十四 敦研 087(300) 甘肅藏敦煌文獻第一卷 p. 94
0841 妙法蓮華經卷第七妙音菩薩品第二十四 甘博 084(10428) 甘肅藏敦煌文獻第五卷 p. 111
0842 妙法蓮華經卷第七妙音菩薩品第二十四 中研院 20 臺北"中研院"傅斯年圖書館藏敦煌卷子題記 吳其昱先生八秩華誕敦煌學特刊 p. 372
0843 妙法蓮華經卷第七妙音菩薩品第二十四 中研院 21 臺北"中研院"傅斯年圖書館藏敦煌卷子題記 吳其昱先生八秩華誕敦煌學特刊 p. 373
0844 妙法蓮華經卷第七妙音菩薩品第二十四 敦博 074 甘肅藏敦煌文獻第六卷 p. 220 附彩版 2
0845 妙法蓮華經卷第七觀世音菩薩普門品第二十五 津藝 013－2(58・5・669－4) 天津市藝術博物館藏敦煌文獻第一冊 p. 67
0846 妙法蓮華經卷第七觀世音菩薩普門品第二十五 北大 D050 北京大學圖書館藏敦煌文獻第一冊 p. 199
0847 妙法蓮華經卷第七觀世音菩薩普門品第二十五 北大 D051－1 北京大學圖書館藏敦煌文獻第一冊 p. 202
0848 妙法蓮華經卷第七觀世音菩薩普門品第二十五 北大 D052 北京大學圖書館藏敦煌文獻第一冊 p. 203
0849 妙法蓮華經卷第七觀世音菩薩普門品第二十五 北大 D057 北京大學圖書館藏敦煌文獻第一冊 p. 213
0850 妙法蓮華經卷第七觀世音菩薩普門品第二十五 上博 48(4)(41379) 上海博物館藏敦煌吐魯番文獻第二冊 p. 2
0851 妙法蓮華經卷第七觀世音菩薩普門品第二十五 敦研 189(412) 甘肅藏敦煌文獻第一卷 p. 195

0852 妙法蓮華經卷第七觀世音菩薩普門品第二十五　敦研 242(467)　甘肅藏敦煌文獻第一卷 p. 222
0853 妙法蓮華經卷第七觀世音菩薩普門品第二十五　敦研 246(471)　甘肅藏敦煌文獻第一卷 p. 224
0854 妙法蓮華經卷第七觀世音菩薩普門品第二十五　甘博 088(13107)　甘肅藏敦煌文獻第五卷 p. 117
0855 妙法蓮華經卷第七觀世音菩薩普門品第二十五　甘博 098(10409)　甘肅藏敦煌文獻第五卷 p. 125
0856 妙法蓮華經卷第七陀羅尼品第二十六　北大 D059　北京大學圖書館藏敦煌文獻第一冊 p. 215
0857 妙法蓮華經卷第七陀羅尼品第二十六　津藝 093(77・5・4434)　天津市藝術博物館藏敦煌文獻第二冊　p. 147
0858 妙法蓮華經卷第七陀羅尼品第二十六　甘圖 024　甘肅藏敦煌文獻第三卷　p. 152
0859 妙法蓮華經卷第七陀羅尼品第二十六　甘博 007(10478)　甘肅藏敦煌文獻第四卷　p. 53
0860 妙法蓮華經卷第七妙莊嚴王本事品第二十七　北大 D058　北京大學圖書館藏敦煌文獻第一冊　p. 214
0861 妙法蓮華經卷第七妙莊嚴王本事品普賢菩薩勸發品　浙敦 021(文保所 01)　浙藏敦煌文獻 p. 71
0862 妙法蓮華經卷第七普賢菩薩勸發品第二十八　津藝 047(77・5・2306)　天津市藝術博物館藏敦煌文獻第一冊　p. 291
0863 妙法蓮華經卷第七普賢菩薩勸發品第二十八　敦研 112(333)　甘肅藏敦煌文獻第一卷　綴合至 196 號
0864 妙法蓮華經卷第七普賢菩薩勸發品第二十八　敦研 196(419)　甘肅藏敦煌文獻第一卷 p. 199
0865 妙法蓮華經卷第七普賢菩薩勸發品第二十八　敦研 324(674)　甘肅藏敦煌文獻第二卷 p. 24
0866 妙法蓮華經卷第八　津藝 033(62・5・3012)　天津市藝術博物館藏敦煌文獻第一冊 p. 215
0867 妙法蓮華經卷第八　津藝 066(77・5・4407)　天津市藝術博物館藏敦煌文獻第一冊 p. 320
0868 妙法蓮華經卷第八　津藝 276(77・5・4615)　天津市藝術博物館藏敦煌文獻第六冊　p. 69 附彩版 2
0869 妙法蓮華經卷第二十五　旅博 320. 1540　中国所藏"大谷收集品"概況　p. 6

注:疑爲"二十五品"。

0870 妙法蓮華經節抄　敦博 054　甘肅藏敦煌文獻第六卷　p. 144
0871 正法華經卷第一　津圖 141　天津圖書館藏敦煌遺書目錄　敦煌吐魯番研究第八卷　p. 348
0872 正法華經卷第十七光世音普門品第二十三　敦研 061(272)　甘肅藏敦煌文獻第一卷　p. 66
0873 添品妙法蓮華經卷第一　津圖 086　天津圖書館藏敦煌遺書目錄　敦煌吐魯番研究第八卷 p. 332
0874 添品妙法蓮華經卷第六　津圖 039　天津圖書館藏敦煌遺書目錄　敦煌吐魯番研究第八卷 p. 320
0875 大乘方廣總持經一卷　甘博 022(13100)　甘肅藏敦煌文獻第四卷　p. 169

0876　佛說觀世音經　甘博 016G(2490)　甘肅藏敦煌文獻第四卷　p. 141
0877　佛說觀世音經　北大 D053－1　北京大學圖書館藏敦煌文獻第一冊　p. 204
0878　佛說觀世音經　北大 D054　北京大學圖書館藏敦煌文獻第一冊　p. 206
0879　佛說觀世音經　上圖 116(812566)　上海圖書館藏敦煌吐魯番文獻第三冊　p. 112
0880　觀世音經　臺中圖 109　臺灣“中央圖書館”藏敦煌卷子第三冊　p. 1061
0881　觀音經　臺中圖 108　臺灣“中央圖書館”藏敦煌卷子第三冊　p. 1059
0882　觀音經　南圖 025　南京圖書館所藏敦煌遺書目錄　敦煌研究 1998 年第四期　p. 141

五、華嚴部

0883　大方廣佛華嚴經　重博 12　重慶市博物館藏敦煌吐魯番寫經目錄　敦煌研究 1996 年第一期　p. 123
0884　大方廣佛華嚴經　故宮故 4774　王素、任昉、孟嗣徽提供目錄
0885　大方廣佛華嚴經　故宮新 74070　王素、任昉、孟嗣徽提供目錄
0886　大方廣佛華嚴經　故宮新 138352　王素、任昉、孟嗣徽提供目錄
0887　大方廣佛華嚴經　故宮新 138353　王素、任昉、孟嗣徽提供目錄
0888　大方廣佛華嚴經　故宮新 139508　王素、任昉、孟嗣徽提供目錄
0889　大方廣佛華嚴經　故宮新 184190　王素、任昉、孟嗣徽提供目錄
0890　大方廣佛華嚴經卷第二　上圖 077(812524)　上海圖書館藏敦煌吐魯番文獻第二冊　p. 255
0891　大方廣佛華嚴經卷第七　上圖 092(812540)　上海圖書館藏敦煌吐魯番文獻第二冊　p. 349　附彩版 6
0892　大方廣佛華嚴經卷第十一功德華聚菩薩十行品第十七之一　上圖 105－11(812555)　上海圖書館藏敦煌吐魯番文獻第三冊　p. 7
0893　大方廣佛華嚴經卷第十二　北大 D029　北京大學圖書館藏敦煌文獻第一冊　p. 103
0894　大方廣佛華嚴經卷第十四兜率天宮菩薩雲集偈讚佛品第二十　上博 37(37498)　上海博物館藏敦煌吐魯番文獻第一冊　p. 306
0895　大方廣佛華嚴經卷第十四　津藝 005(55・5・107)　天津市藝術博物館藏敦煌文獻第一冊　p. 20
0896　大方廣佛華嚴經卷第十四　上圖 022(812400)　上海圖書館藏敦煌吐魯番文獻第一冊　p. 151　附彩版 8
0897　大方廣佛華嚴經卷第十七　津藝 038(64・5・3631)　天津市藝術博物館藏敦煌文獻第一冊　p. 251
0898　大方廣佛華嚴經卷第二十六　湖北博 03　湖北省博物館藏敦煌經卷概述　敦煌吐魯番研究第五卷　p. 270
0899　大方廣佛華嚴經卷第二十九　湖北博 04　湖北省博物館藏敦煌經卷概述　敦煌吐魯番研究第五卷　p. 270
0900　大方廣佛華嚴經卷第二十九心王菩薩問阿僧祇品第二十五　敦研 319(666)　甘肅藏敦煌文獻第二卷　p. 12
0901　大方廣佛華嚴經卷第三十一　臺中圖 001　臺灣“中央圖書館”藏敦煌卷子第一冊　p. 1
0902　大方廣佛華嚴經卷第三十一　臺中圖 002　臺灣“中央圖書館”藏敦煌卷子第一冊　p. 7

0903　大方廣佛華嚴經卷第三十二寶王如来性起品　歷博晉唐寫經37　中國歷史博物館藏法書大觀第十一卷　p. 216
0904　大方廣佛華嚴經卷第三十二寶王如来性起品　歷博晉唐寫經40　中國歷史博物館藏法書大觀第十一卷　p. 217
0905　大方廣佛花嚴經卷第三十三　上圖067(812509)　上海圖書館藏敦煌吐魯番文獻第二冊　p. 181
0906　大方廣佛華嚴經卷第三十四　浙敦012(浙圖12)　浙藏敦煌文獻　p. 40
0907　大方廣佛華嚴經卷第三十四之三十七寶王如來性起品第三十二之三　北大D120　北京大學圖書館藏敦煌文獻第二冊　p. 90
0908　大方廣佛華嚴經卷第四十六　津藝065－7(77・5・4406)　天津市藝術博物館藏敦煌文獻第一冊　p. 318
0909　大方廣佛華嚴經卷第四十六　津圖114　天津圖書館藏敦煌遺書目錄　敦煌吐魯番研究第八卷　p. 341
0910　大方廣佛華嚴經卷第五十五卷第五十六　敦博005　甘肅藏敦煌文獻第六卷　p. 4
0911　大方廣佛華嚴經卷第五十七　臺中圖115　臺灣"中央圖書館"藏敦煌卷子第三冊　p. 1083
0912　大方廣佛華嚴經卷第五十九入法界品第三十四之十六　敦研063(274)　甘肅藏敦煌文獻第一卷　p. 69
0913　大方廣佛華嚴經卷第五十九入法界品第三十四之十六　敦研308(655)　甘肅藏敦煌文獻第二卷　p. 7
0914　大方廣佛華嚴經卷第六十入法界品第三十四之十七　北大D134　北京大學圖書館藏敦煌文獻第二冊　p. 108
0915　大方廣佛華嚴經卷第六十　津藝246(77・5・4585)　天津市藝術博物館藏敦煌文獻第五冊　p. 210
0916　大方廣佛華嚴經卷第十(八十卷本)　臺中圖003　臺灣"中央圖書館"藏敦煌卷子第一冊　p. 19
0917　大方廣佛華嚴經卷第二十三(八十卷本)　甘博072(10475)　甘肅藏敦煌文獻第五卷　p. 87
0918　大方廣佛華嚴經卷第三十七(八十卷本)　甘博035(10466)　甘肅藏敦煌文獻第四卷　p. 255
0919　大方廣佛華嚴經卷第六十六(八十卷本)　臺中圖004　臺灣"中央圖書館"藏敦煌卷子第一冊　p. 23
0920　菩薩十住行道品一卷　津藝172－3(77・5・4511)　天津市藝術博物館藏敦煌文獻第三冊　p. 297

六、寶積部

0921　大寶積經卷第八密迹金剛力士會第三之一　敦研048(257)　甘肅藏敦煌文獻第一卷　p. 55
0922　大寶積經卷第八密迹金剛力士會第三之一　敦研121(342)　甘肅藏敦煌文獻第一卷　p. 159
0923　大寶積經卷第十五淨居天子會第四之一　定博001(236－1)　甘肅藏敦煌文獻第六卷　p. 287

0924 大寶積經卷第四十一杝那波羅蜜品第六　甘博122(10476)　甘肅藏敦煌文獻第五卷　p. 266

0925 大寶積經卷第四十四卷第四十七　敦博057　甘肅藏敦煌文獻第六卷　p. 176

0926 大寶積經卷第七十七富樓那會第十七之一不退品第三　津藝172－2(77・5・4511)　天津市藝術博物館藏敦煌文獻第三冊　p. 297

0927 大寶積經卷第八十五授幻師跋陀羅記會第二十一　上圖076(812523)　上海圖書館藏敦煌吐魯番文獻第二冊　p. 243

0928 大寶積經卷第九十七　北大D027　北京大學圖書館藏敦煌文獻第一冊　p. 98

0929 大寶積經卷第一百十四蘭若比丘品第五　浙敦158(浙博133)　浙藏敦煌文獻　p. 218

0930 大寶積經卷第一百十六至一百十七　旅博120. 15 39　中国所藏“大谷收集品”概況　p. 6

0931 大方廣三戒經卷中　敦研173(396)　甘肅藏敦煌文獻第一卷　綴合至195號

0932 大方廣三戒經卷中　敦研195(418)　甘肅藏敦煌文獻第一卷　p. 198

0933 佛說幻士仁賢經　敦研178(401)　甘肅藏敦煌文獻第一卷　p. 187

0934 佛說須摩提菩薩經　敦研142(363)　甘肅藏敦煌文獻第一卷　p. 169

0935 佛說須摩提菩薩經　敦研192(415)　甘肅藏敦煌文獻第一卷　綴合至286號

0936 佛說須摩提菩薩經　敦研286(511)　甘肅藏敦煌文獻第一卷　p. 258

0937 佛說如幻三昧經卷下　臺中圖005　臺灣“中央圖書館”藏敦煌卷子第一冊　p. 37

0938 佛說慧上菩薩問大善權經　中研院03　臺北“中研院”傅斯年圖書館藏敦煌卷子題記　吳其昱先生八秩華誕敦煌學特刊　p. 359

0939 摩訶衍經卷第五十八　湖北博25　湖北省博物館藏敦煌經卷概述　敦煌吐魯番研究第五卷　p. 274

0940 摩訶衍經卷第九十　湖北博07　湖北省博物館藏敦煌經卷概述　敦煌吐魯番研究第五卷　p. 271

0941 佛說觀無量壽佛經　中研院04　臺北“中研院”傅斯年圖書館藏敦煌卷子題記　吳其昱先生八秩華誕敦煌學特刊　p. 359

0942 佛說觀無量壽佛經　上博20(2)(8918)2　上海博物館藏敦煌吐魯番文獻第一冊　p. 187

0943 佛說觀無量壽佛經　甘博040(20709)　甘肅藏敦煌文獻第四卷　p. 298

0944 佛說無量壽觀經一卷　津藝036(62・5・3015)　天津市藝術博物館藏敦煌文獻第一冊　p. 233

0945 佛說無量壽觀經一卷　津藝253(77・5・4592)　天津市藝術博物館藏敦煌文獻第五冊　p. 295

0946 佛說無量壽觀經一卷　津藝254(77・5・4593)　天津市藝術博物館藏敦煌文獻第五冊　p. 300

0947 佛說無量壽觀經　津藝074(77・5・4416)　天津市藝術博物館藏敦煌文獻第二冊　p. 31

0948 無量壽經卷上　北大D028　北京大學圖書館藏敦煌文獻第一冊　p. 100

0949 無量壽經卷下　上圖112(812562)　上海圖書館藏敦煌吐魯番文獻第三冊　p. 64

0950 佛說阿彌陀經　故宮新154415 (2)　王素、任昉、孟嗣徽提供目錄

0951 佛說阿彌陀經　臺中圖006　臺灣“中央圖書館”藏敦煌卷子第一冊　p. 49

0952 佛說阿彌陀經　津藝020(60・5・1695)　天津市藝術博物館藏敦煌文獻第一冊　p. 94

0953 佛說阿彌陀經　津藝049(77・5・2308)　天津市藝術博物館藏敦煌文獻第一冊　p. 292

0954 佛說阿彌陀經　津藝121(77・5・4460)　天津市藝術博物館藏敦煌文獻第三冊　p. 1

0955 佛說阿彌陀經　北大D070　北京大學圖書館藏敦煌文獻第一冊　p. 266

0956 佛說阿彌陀經　北大 D071　北京大學圖書館藏敦煌文獻第一冊　p. 267
0957 佛說阿彌陀經　北大 D072　北京大學圖書館藏敦煌文獻第一冊　p. 268
0958 佛說阿彌陀經　北大 D073　北京大學圖書館藏敦煌文獻第一冊　p. 270
0959 佛說阿彌陀經　北大 D074－1　北京大學圖書館藏敦煌文獻第一冊　p. 272
0960 佛說阿彌陀經　上圖 014(799225)　上海圖書館藏敦煌吐魯番文獻第一冊　p. 109
0961 佛說阿彌陀經　上圖 147(812597)　上海圖書館藏敦煌吐魯番文獻第三冊　p. 353
0962 佛說阿彌陀經　上圖 180(826091)　上海圖書館藏敦煌吐魯番文獻第四冊　p. 123
0963 佛說阿彌陀經　甘博 068(10444)　甘肅藏敦煌文獻第五卷　p. 81
0964 佛說阿彌陀經　津圖 010　天津圖書館藏敦煌遺書目錄　敦煌吐魯番研究第八卷　p. 314
0965 稱讚淨土佛攝受經　臺中圖 007　臺灣"中央圖書館"藏敦煌卷子第一冊　p. 51
0966 稱讚淨土佛攝受經　津圖 061　天津圖書館藏敦煌遺書目錄　敦煌吐魯番研究第八卷 p. 326

七、涅槃部

0967 大般涅槃經　故宮新 133894　王素、任昉、孟嗣徽提供目錄
0968 大般涅槃經　故宮新 133895　王素、任昉、孟嗣徽提供目錄
0969 大般涅槃經　故宮新 138350　王素、任昉、孟嗣徽提供目錄
0970 大般涅槃經　故宮新 139948　王素、任昉、孟嗣徽提供目錄
0971 大般涅槃經　故宮新 145420(2)　王素、任昉、孟嗣徽提供目錄
0972 大般涅槃經　故宮新 153366　王素、任昉、孟嗣徽提供目錄
0973 大般涅槃經　故宮新 153374　王素、任昉、孟嗣徽提供目錄
0974 大般涅槃經　故宮新 199431　王素、任昉、孟嗣徽提供目錄
0975 大般涅槃經卷第一　津藝 200(77・5・4539)　天津市藝術博物館藏敦煌文獻第四冊 p. 142
0976 大般涅槃經卷第一　甘圖 026　甘肅藏敦煌文獻第三卷　p. 166
0977 大般涅槃經卷第一　南圖 023　南京圖書館所藏敦煌遺書目錄　敦煌研究 1998 年第四期 p. 140
0978 大般涅槃經卷第一壽命品第一　敦研 053(262)　甘肅藏敦煌文獻第一卷　p. 57
0979 大般涅槃經卷第一壽命品第一　酒博 015(39、41)　甘肅藏敦煌文獻第二卷　p. 288
0980 大般涅槃經卷第一壽命品第一　甘博 138(38055)　甘肅藏敦煌文獻第五卷　p. 304
0981 大般涅槃經卷第一壽命品第一　敦博 014　甘肅藏敦煌文獻第六卷　p. 25
0982 大般涅槃經卷第一壽命品第一　北大 D030　北京大學圖書館藏敦煌文獻第一冊　p. 113
0983 大般涅槃經卷第一壽命品第一　北大 D128　北京大學圖書館藏敦煌文獻第二冊　p. 101
0984 大般涅槃經卷第二　上圖 165(820708)　上海圖書館藏敦煌吐魯番文獻第四冊　p. 15
0985 大般涅槃經卷第二壽命品第一之二　敦研 133　(354)　甘肅藏敦煌文獻第一卷　p. 164
0986 大般涅槃經卷第二壽命品第一之二　敦博 008　甘肅藏敦煌文獻第六卷　p. 16
0987 大般涅槃經卷第三壽命品第一之三　敦研 198(421)　甘肅藏敦煌文獻第一卷　p. 200
0988 大般涅槃經卷第四　津藝 022(60・5・1697)　天津市藝術博物館藏敦煌文獻第一冊 p. 104

0989　大般涅槃經卷第四　浙敦 090（浙博 65）　浙藏敦煌文獻　p. 201
0990　大般涅槃經卷第四如來性品第四之一　敦博 002　甘肅藏敦煌文獻第六卷　p. 2
0991　大般涅槃經卷第五　敦博 041　甘肅藏敦煌文獻第六卷　p. 47
0992　大般涅槃經卷第五　湖北博 16　湖北省博物館藏敦煌經卷概述　敦煌吐魯番研究第五卷　p. 273
0993　大般涅槃經卷第五　臺中圖 081　臺灣“中央圖書館”藏敦煌卷子第二冊　p. 745
0994　大般涅槃經卷第五　南圖 028　南京圖書館所藏敦煌遺書目錄　敦煌研究 1998 年第四期　p. 142
0995　大般涅槃經卷第五四相品　歷博晉唐寫經 44　中國歷史博物館藏法書大觀第十一卷　p. 217
0996　大般涅槃經卷第五如來性品第四之二　敦研 056（1）（265－1）　甘肅藏敦煌文獻第一卷　綴合至 125 號
0997　大般涅槃經卷第五如來性品第四之二　敦研 125（346）　甘肅藏敦煌文獻第一卷　p. 161
0998　大般涅槃經卷第六　上博 03（2416）　上海博物館藏敦煌吐魯番文獻第一冊　p. 60　附彩版 6
0999　大般涅槃經卷第六　臺中圖 073　臺灣“中央圖書館”藏敦煌卷子第二冊　p. 641
1000　大般涅槃經卷第六如來性品第四之三　敦研 020（228）　甘肅藏敦煌文獻第一卷　p. 20
1001　大般涅槃經卷第六如來性品第四之三　敦研 021（229）　甘肅藏敦煌文獻第一卷　p. 25
1002　大般涅槃經卷第六如來性品第四之三　敦研 127（348）　甘肅藏敦煌文獻第一卷　p. 162
1003　大般涅槃經卷第六如來性品第四之三　敦研 202（425）　甘肅藏敦煌文獻第一卷　p. 202
1004　大般涅槃經卷第六如來性品第四之三　敦研 211（435）　甘肅藏敦煌文獻第一卷　綴合至 216 號
1005　大般涅槃經卷第六如來性品第四之三　敦研 216（440）　甘肅藏敦煌文獻第一卷　p. 210
1006　大般涅槃經卷第六如來性品第四之三　敦研 243（468）　甘肅藏敦煌文獻第一卷　p. 222
1007　大般涅槃經卷第六如來性品第四之三　敦研 244（469）　甘肅藏敦煌文獻第一卷　p. 223
1008　大般涅槃經卷第六如來性品第四之三　甘博 055（10439）　甘肅藏敦煌文獻第五卷　p. 49
1009　大般涅槃經卷第六如來性品第四之三　中研院 16　臺北“中研院”傅斯年圖書館藏敦煌卷子題記　吳其昱先生八秩華誕敦煌學特刊　p. 370
1010　大般涅槃經卷第七　津藝 328（13713）　天津市藝術博物館藏敦煌文獻第七冊　p. 107
1011　大般涅槃經卷第七　津圖 164　天津圖書館藏敦煌遺書目錄　敦煌吐魯番研究第八卷　p. 355
1012　大般涅槃經卷第七如來性品第四之四　敦研 022（3）（230－3）　甘肅藏敦煌文獻第一卷　p. 28
1013　大般涅槃經卷第七如來性品第四之四　敦研 078（291）　甘肅藏敦煌文獻第一卷　p. 85
1014　大般涅槃經卷第七如來性品第四之四　敦研 315（662）　甘肅藏敦煌文獻第二卷　p. 10
1015　大般涅槃經卷第七如來性品第四之四　敦博 078　甘肅藏敦煌文獻第六卷　p. 278
1016　大般涅槃經卷第八　臺中圖 078　臺灣“中央圖書館”藏敦煌卷子第二冊　p. 697
1017　大般涅槃經卷第八　臺中圖 082　臺灣“中央圖書館”藏敦煌卷子第二冊　p. 767
1018　大般涅槃經卷第八　南圖 030　南京圖書館所藏敦煌遺書目錄　敦煌研究 1998 年第四期　p. 142
1019　大般涅槃經卷第八如來性品第四之五　敦研 019（227）　甘肅藏敦煌文獻第一卷　p. 18
1020　大般涅槃經卷第八如來性品第四之五　敦研 310（657）　甘肅藏敦煌文獻第二卷　p. 8
1021　大般涅槃經卷第八卷第九如來性品第四之五之六　敦研 031（240）　甘肅藏敦煌文獻第一卷

p. 39
1022 大般涅槃經卷第九　上博 04(2420)　上海博物館藏敦煌吐魯番文獻第一冊　p. 70
1023 大般涅槃經卷第九　上圖 106(812556)　上海圖書館藏敦煌吐魯番文獻第三冊　p. 10
1024 大般涅槃經卷第九如來性品第四之六　敦研 232(456)　甘肅藏敦煌文獻第一卷　p. 217
1025 大般涅槃經卷第九如來性品第四之六　敦研 236(460)　甘肅藏敦煌文獻第一卷　綴合至 232 號
1026 大般涅槃經卷第十　上圖 045(812452)　上海圖書館藏敦煌吐魯番文獻第一冊　p. 349
1027 大般涅槃經卷第十　津圖 034　天津圖書館藏敦煌遺書目錄　敦煌吐魯番研究第八卷 p. 319
1028 大般涅槃經卷第十　津圖 052　天津圖書館藏敦煌遺書目錄　敦煌吐魯番研究第八卷 p. 324
1029 大般涅槃經卷第十如來性品第四之七　敦研 174(397)　甘肅藏敦煌文獻第一卷　p. 184
1030 大般涅槃經卷第十如來性品中卷第十　敦研 106(327)　甘肅藏敦煌文獻第一卷　p. 148
1031 大般涅槃經卷第十如來性品中卷第十　敦研 163(386)　甘肅藏敦煌文獻第一卷　綴合至 106 號
1032 大般涅槃經卷第十一切大衆所問品第五　津藝 065－4(77・5・4406)　天津市藝術博物館藏敦煌文獻第一冊　p. 318
1033 大般涅槃經卷第十一切大衆所問品第五　津藝 278(77・5・4617)　天津市藝術博物館藏敦煌文獻第六冊　p. 80
1034 大般涅槃經卷第十一　上圖 107(812557)　上海圖書館藏敦煌吐魯番文獻第三冊　p. 14
1035 大般涅槃經卷第十一　浙敦 034(浙博 09)　浙藏敦煌文獻　p. 162
1036 大般涅槃經卷第十一現病品第六　敦研 041(250)　甘肅藏敦煌文獻第一卷　p. 49
1037 大般涅槃經卷第十一現病品第六　敦研 155(376)　甘肅藏敦煌文獻第一卷　p. 176
1038 大般涅槃經卷第十一現病品第六　敦研 161(383)　甘肅藏敦煌文獻第一卷　p. 178
1039 大般涅槃經卷第十一現病品第六　敦研 193(416)　甘肅藏敦煌文獻第一卷　p. 197
1040 大般涅槃經卷第十一現病品第六　敦研 213(437)　甘肅藏敦煌文獻第一卷　p. 209
1041 大般涅槃經卷第十二　津圖 037　天津圖書館藏敦煌遺書目錄　敦煌吐魯番研究第八卷 p. 320
1042 大般涅槃經卷第十二　臺中圖 074　臺灣“中央圖書館”藏敦煌卷子第二冊　p. 657
1043 大般涅槃經卷第十二聖行品第七之二　敦研 022(2)(230－2)　甘肅藏敦煌文獻第一卷 p. 28
1044 大般涅槃經卷第十二聖行品第七之二　敦研 152(373)　甘肅藏敦煌文獻第一卷　p. 175
1045 大般涅槃經卷第十二聖行品第七之二　敦研 157(378)　甘肅藏敦煌文獻第一卷　綴合至 152 號
1046 大般涅槃經卷第十三　臺中圖 083　臺灣“中央圖書館”藏敦煌卷子第二冊　p. 783
1047 大般涅槃經卷第十三　上圖 108(812558)　上海圖書館藏敦煌吐魯番文獻第三冊　p. 22
1048 大般涅槃經卷第十三　津藝 229(77・5・4568)　天津市藝術博物館藏敦煌文獻第五冊 p. 1
1049 大般涅槃經卷第十三　津圖 093　天津圖書館藏敦煌遺書目錄　敦煌吐魯番研究第八卷 p. 334
1050 大般涅槃經卷第十三聖行品第七之三　甘博 132(13098)　甘肅藏敦煌文獻第五卷　p. 294
1051 大般涅槃經卷第十四　北大 D031　北京大學圖書館藏敦煌文獻第一冊　p. 114

1052　大般涅槃經卷第十四聖行品第七之四　敦研022(1)(230－1)　甘肅藏敦煌文獻第一卷　p. 26　附彩版4
1053　大般涅槃經卷第十四聖行品第七之四　北大D136　北京大學圖書館藏敦煌文獻第二册　p. 109
1054　大般涅槃經卷第十四聖行品第七之四　上圖050(812457)　上海圖書館藏敦煌吐魯番文獻第二册　p. 4
1055　大般涅槃經卷第十四聖行品第七之四　上圖056(812463)　上海圖書館藏敦煌吐魯番文獻第二册　p. 25
1056　大般涅槃經卷第十四聖行品第七之四　上圖101(812549)　上海圖書館藏敦煌吐魯番文獻第二册　p. 391
1057　大般涅槃經卷第十五　湖北博18　湖北省博物館藏敦煌經卷概述　敦煌吐魯番研究第五卷　p. 273
1058　大般涅槃經卷第十五　旅博820. 15 46　中国所藏“大谷收集品”概况　p. 6
1059　大般涅槃經卷第十五　臺中圖084　臺灣“中央圖書館”藏敦煌卷子第二册　p. 799
1060　大般涅槃經卷第十五梵行品第八之一　敦研353(724)　甘肅藏敦煌文獻第二卷　p. 145
1061　大般涅槃經卷第十五卷第十六梵行品第八之一之二　敦研365(728)　甘肅藏敦煌文獻第二卷　p. 153
1062　大般涅槃經卷第十六　津藝206(77・5・4545)　天津市藝術博物館藏敦煌文獻第四册　p. 178
1063　大般涅槃經卷第十六　湖北博13　湖北省博物館藏敦煌經卷概述　敦煌吐魯番研究第五卷　p. 272
1064　大般涅槃經卷第十六梵行品第八之二　敦研274(499)　甘肅藏敦煌文獻第一卷　p. 252
1065　大般涅槃經卷第十六梵行品第八之二　敦博015　甘肅藏敦煌文獻第六卷　p. 26
1066　大般涅槃經卷第十七　津藝179(77・5・4518)　天津市藝術博物館藏敦煌文獻第三册　p. 359
1067　大般涅槃經卷第十七　津藝243(77・5・4582)　天津市藝術博物館藏敦煌文獻第五册　p. 163　附彩版20
1068　大般涅槃經卷第十七　臺中圖085　臺灣“中央圖書館”藏敦煌卷子第二册　p. 807
1069　大般涅槃經卷第十七　重博03　重慶市博物館藏敦煌吐魯番寫經目録　敦煌研究1996年第一期　p. 121
1070　大般涅槃經卷第十七梵行品第八之三　敦研209(433)　甘肅藏敦煌文獻第一卷　p. 207
1071　大般涅槃經卷第十七梵行品第八之三　敦研259(484)　甘肅藏敦煌文獻第一卷　綴合至209號
1072　大般涅槃經卷第十八　臺中圖086　臺灣“中央圖書館”藏敦煌卷子第二册　p. 823
1073　大般涅槃經卷第十八　津藝267(77・5・4606)　天津市藝術博物館藏敦煌文獻第六册　p. 33
1074　大般涅槃經卷第十八　上圖007(799218)　上海圖書館藏敦煌吐魯番文獻第一册　p. 72
1075　大般涅槃經卷第十八　甘博013(13071)　甘肅藏敦煌文獻第四卷　p. 94
1076　大般涅槃經號第十八　湖北博26　湖北省博物館藏敦煌經卷概述　敦煌吐魯番研究第五卷　p. 274

注:“號”疑為“卷”。

1077　大般涅槃經卷第十八　浙敦105(浙博80)　浙藏敦煌文獻　p. 204

1078 大般涅槃經卷第十八梵行品第八之四　敦研199(422)　甘肅藏敦煌文獻第一卷　p. 200
1079 大般涅槃經卷第十八梵行品第八之四　敦研212(436)　甘肅藏敦煌文獻第一卷　綴合至199號
1080 大般涅槃經卷第十八梵行品第八之四　甘博070(12552)　甘肅藏敦煌文獻第五卷　p. 84
1081 大般涅槃經卷第十八卷第十九梵行品第八之四之五　敦研183(406)　甘肅藏敦煌文獻第一卷　p. 191
1082 大般涅槃經卷第十八至二十　中研院07　臺北"中研院"傅斯年圖書館藏敦煌卷子題記　吳其昱先生八秩華誕敦煌學特刊　p. 361
1083 大般涅槃經卷第十九　臺中圖079　臺灣"中央圖書館"藏敦煌卷子第二冊　p. 711
1084 大般涅槃經卷第十九　津藝27277·5·4611　天津市藝術博物館藏敦煌文獻第六冊　p. 48
1085 大般涅槃經卷第十九　浙敦013(浙圖13)　浙藏敦煌文獻　p. 48
1086 大般涅槃經卷第十九　浙敦119(浙博94)　浙藏敦煌文獻　p. 209
1087 大般涅槃經卷第十九　津圖095　天津圖書館藏敦煌遺書目錄　敦煌吐魯番研究第八卷　p. 336
1088 大般涅槃經卷第十九　津圖134　天津圖書館藏敦煌遺書目錄　敦煌吐魯番研究第八卷　p. 346
1089 大般涅槃經卷第十九　津圖135　天津圖書館藏敦煌遺書目錄　敦煌吐魯番研究第八卷　p. 346
1090 大般涅槃經卷第十九　南圖029　南京圖書館所藏敦煌遺書目錄　敦煌研究1998年第四期　p. 142
1091 大般涅槃經卷第十九梵行品第八之四　敦研201(424)　甘肅藏敦煌文獻第一卷　綴合至183號
1092 大般涅槃經卷第十九梵行品第八之五　敦研134(355)　甘肅藏敦煌文獻第一卷　p. 165

注:原名為"大般涅槃經卷第二十梵行品第八之五",据《大正藏》改為"大般涅槃經卷第十九梵行品第八之五"。

1093 大般涅槃經卷第十九梵行品第八之五　敦研203(426)　甘肅藏敦煌文獻第一卷　p. 203
1094 大般涅槃經卷第十九梵行品第八之五　敦研204(427)　甘肅藏敦煌文獻第一卷　p. 204
1095 大般涅槃經卷第十九梵行品第八之五　敦研245(470)　甘肅藏敦煌文獻第一卷　p. 223
1096 大般涅槃經卷第十九梵行品第八之五　敦研263(488)　甘肅藏敦煌文獻第一卷　綴合至203號
1097 大般涅槃經卷第十九梵行品第八之五　敦研272(497)　甘肅藏敦煌文獻第一卷　p. 252
1098 大般涅槃經卷第十九梵行品第八之五　津藝102(77·5·4441)　天津市藝術博物館藏敦煌文獻第二冊　p. 198
1099 大般涅槃經卷第二十梵行品第八之六　敦研023(231)　甘肅藏敦煌文獻第一卷　p. 29
1100 大般涅槃經卷第二十梵行品第八之六　敦研091(304)　甘肅藏敦煌文獻第一卷　p. 97
1101 大般涅槃經卷第二十梵行品第八之六　敦研182(405)　甘肅藏敦煌文獻第一卷　p. 191
1102 大般涅槃經卷第二十梵行品第八之六　敦研191(414)　甘肅藏敦煌文獻第一卷　p. 196
1103 大般涅槃經卷第二十一　津圖165　天津圖書館藏敦煌遺書目錄　敦煌吐魯番研究第八卷　p. 355
1104 大般涅槃經卷第二十二　湖北博11　湖北省博物館藏敦煌經卷概述　敦煌吐魯番研究第五卷　p. 272
1105 大般涅槃經卷第二十二光明遍照高貴德王菩薩品第十之二　敦研154(375)　甘肅藏敦煌文

獻第一卷　p. 175
1106　大般涅槃經卷第二十三　上博 80(71558)　上海博物館藏敦煌吐魯番文獻第二册　p. 254
1107　大般涅槃經卷第二十三光明遍照高貴德王菩薩品第十之三　敦研 108(329)　甘肅藏敦煌文獻第一卷　p. 150
1108　大般涅槃經卷第二十三光明遍照高貴德王菩薩品第十之三　敦研 122(343)　甘肅藏敦煌文獻第一卷　綴合至 108 號
1109　大般涅槃經卷第二十三光明遍照高貴德王菩薩品第十之三　敦研 131(352)　甘肅藏敦煌文獻第一卷　p. 163
1110　大般涅槃經卷第二十三光明遍照高貴德王菩薩品第十之三　敦研 172(395)　甘肅藏敦煌文獻第一卷　p. 184
1111　大般涅槃經卷第二十三光明遍照高貴德王菩薩品第十之三　敦研 207(431)　甘肅藏敦煌文獻第一卷　p. 206　綴合至敦研 131 號、敦博 018 號
1112　大般涅槃經卷第二十三光明遍照高貴德王菩薩品第十之三　敦研 258　(483)　甘肅藏敦煌文獻第一卷　p. 246

注:原名為“大般涅槃經卷第二十五光明遍照高貴德王菩薩品第十之三”,据《大正藏》改為“大般涅槃經卷第二十三光明遍照高貴德王菩薩品第十之三”。

1113　大般涅槃經卷第二十三光明遍照高貴德王菩薩品第十之三　敦研 318(665)　甘肅藏敦煌文獻第二卷　p. 12
1114　大般涅槃經卷第二十三光明遍照高貴德王菩薩品第十之三　敦博 018　甘肅藏敦煌文獻第六卷　p. 28
1115　大般涅槃經卷第二十四　故宫新 153376　王素、任昉、孟嗣徽提供目錄
1116　大般涅槃經卷第二十四　津藝 201(77・5・4540)　天津市藝術博物館藏敦煌文獻第四册　p. 153
1117　大般涅槃經卷第二十四　津文 07　天津市文物公司藏敦煌寫經　p. 38
1118　大般涅槃經卷第二十四光明遍照高貴德王菩薩品第十之四　敦研 056(2)(265 - 3)　甘肅藏敦煌文獻第一卷　p. 60
1119　大般涅槃經卷第二十四光明遍照高貴德王菩薩品第十之四　敦研 160(382)　甘肅藏敦煌文獻第一卷　p. 177
1120　大般涅槃經卷第二十四光明遍照高貴德王菩薩品第十之四　敦研 373(788)　甘肅藏敦煌文獻第二卷　p. 170
1121　大般涅槃經卷第二十四光明遍照高貴德王菩薩品第十之四　敦博 001　甘肅藏敦煌文獻第六卷　p. 1　附彩版 1
1122　大般涅槃經卷第二十五　臺中圖 077　臺灣“中央圖書館”藏敦煌卷子第二册　p. 695
1123　大般涅槃經卷第二十五　津藝 274(77・5・4613)　天津市藝術博物館藏敦煌文獻第六册　p. 61
1124　大般涅槃經卷第二十五　上圖 037(812444)　上海圖書館藏敦煌吐魯番文獻第一册　p. 264
1125　大般涅槃經卷第二十五光明遍照高貴德王菩薩品第十之五　敦研 197(420)　甘肅藏敦煌文獻第一卷　綴合至 260 號
1126　大般涅槃經卷第二十五光明遍照高貴德王菩薩品第十之五　敦研 260(485)　甘肅藏敦煌文獻第一卷　p. 246
1127　大般涅槃經卷第二十五光明遍照高貴德王菩薩品第十之五　敦博 044　甘肅藏敦煌文獻第六卷　p. 84

1128 大般涅槃經卷第二十五光明遍照高貴德王菩薩品第十之五　中研院 17　臺北“中研院”傅斯年圖書館藏敦煌卷子題記　吳其昱先生八秩華誕敦煌學特刊　p. 370

1129 大般涅槃經卷第二十六　旅博 5(20. 1543)　中国所藏“大谷收集品”概況　p. 6

1130 大般涅槃經卷第二十六　上圖 172(826083)　上海圖書館藏敦煌吐魯番文獻第四冊　p. 73 附彩版 3

1131 大般涅槃經卷第二十六　津藝 323(13708)　天津市藝術博物館藏敦煌文獻第七冊　p. 62

1132 大般涅槃經卷第二十六光明遍照高貴德王菩薩品第十之五　敦研 081(294)　甘肅藏敦煌文獻第一卷　p. 87

1133 大般涅槃經卷第二十六光明遍照高貴德王菩薩品第十之六　中研院 48　臺北“中研院”傅斯年圖書館藏敦煌卷子題記　吳其昱先生八秩華誕敦煌學特刊　p. 392

1134 大般涅槃經卷第二十七　津藝 239(77・5・4578)　天津市藝術博物館藏敦煌文獻第五冊　p. 117

1135 大般涅槃經卷第二十七師子吼菩薩品第十一　北大 D119　北京大學圖書館藏敦煌文獻第二冊　p. 89

1136 大般涅槃經卷第二十七師子吼菩薩品第十一之一　敦研 082(295)　甘肅藏敦煌文獻第一卷　p. 88

1137 大般涅槃經卷第二十七師子吼菩薩品第十一之一　敦博 024　甘肅藏敦煌文獻第六卷　p. 31

注:原名為“大般涅槃經卷第二十八師子吼菩薩品第十五”,据《大正藏》改為“大般涅槃經卷第二十七師子吼菩薩品第十一之一”。

1138 大般涅槃經卷第二十七卷第二十八師子吼菩薩品　甘博 076(10419)　甘肅藏敦煌文獻第五卷　p. 99

1139 大般涅槃經卷第二十八　湖北博 08　湖北省博物館藏敦煌經卷概述　敦煌吐魯番研究第五卷　p. 271

1140 大般涅槃經卷第二十八師子吼菩薩品第十一之二　敦研 200(423)　甘肅藏敦煌文獻第一卷　p. 201

1141 大般涅槃經卷第二十八師子吼菩薩品第十一之二　敦研 210(434)　甘肅藏敦煌文獻第一卷　p. 208

1142 大般涅槃經卷第二十八師子吼菩薩品第十一之二　敦研 229(453)　甘肅藏敦煌文獻第一卷　p. 215

1143 大般涅槃經卷第三十　津藝 007(58・5・656)　天津市藝術博物館藏敦煌文獻第一冊　p. 39

1144 大般涅槃經卷第三十　上博 58(47259)　上海博物館藏敦煌吐魯番文獻第二冊　p. 104　附彩版 6

1145 大般涅槃經卷第三十　上博 63(51089)　上海博物館藏敦煌吐魯番文獻第二冊　p. 151

1146 大般涅槃經卷第三十　津圖 036　天津圖書館藏敦煌遺書目錄　敦煌吐魯番研究第八卷　p. 320

1147 大般涅槃經卷第三十　津圖 171　天津圖書館藏敦煌遺書目錄　敦煌吐魯番研究第八卷　p. 356

1148 大般涅槃經卷第三十師子吼菩薩品第十一之四　甘圖 021　甘肅藏敦煌文獻第三卷　p. 146

1149 大般涅槃經卷第三十一　北大 D032　北京大學圖書館藏敦煌文獻第一冊　p. 128

1150 大般涅槃經卷第三十一　津藝 331(13716)　天津市藝術博物館藏敦煌文獻第七冊　p. 111

1151 大般涅槃經卷第三十一　湖北博 02　湖北省博物館藏敦煌經卷概述　敦煌吐魯番研究第五

卷　p. 270
1152　大般涅槃經卷第三十一師子吼菩薩品第十一之五　敦研 278(503)　甘肅藏敦煌文獻第一卷　綴合至 282 號
1153　大般涅槃經卷第三十一師子吼菩薩品第十一之五　敦研 282(507)　甘肅藏敦煌文獻第一卷　p. 256
1154　大般涅槃經卷第三十二　津藝 318(13703)　天津市藝術博物館藏敦煌文獻第七冊　p. 44
1155　大般涅槃經卷第三十三卷第三十四　敦博 050　甘肅藏敦煌文獻第六卷　p. 103　附彩版 5
1156　大般涅槃經卷第三十四　臺中圖 087　臺灣"中央圖書館"藏敦煌卷子第二冊　p. 839
1157　大般涅槃經卷第三十四卷第三十五迦葉菩薩品第十二之二、之三　酒博 001(25)　甘肅藏敦煌文獻第二卷　p. 229
1158　大般涅槃經卷第三十五　津圖 176　天津圖書館藏敦煌遺書目錄　敦煌吐魯番研究第八卷　p. 357
1159　大般涅槃經卷第三十五　津圖 177　天津圖書館藏敦煌遺書目錄　敦煌吐魯番研究第八卷　p. 358
1160　大般涅槃經卷第三十六　津藝 238(77·5·4577)　天津市藝術博物館藏敦煌文獻第五冊　p. 108
1161　大般涅槃經卷第三十六迦葉菩薩品之四　津藝 126(77·5·4465)　天津市藝術博物館藏敦煌文獻第三冊　p. 27
1162　大般涅槃經卷第三十六迦葉菩薩品第十二之四　津藝 101(77·5·4440)　天津市藝術博物館藏敦煌文獻第二冊　p. 197
1163　大般涅槃經卷第三十六迦葉菩薩品第十二之四　敦研 056(3)(265－4)　甘肅藏敦煌文獻第一卷　p. 61
1164　大般涅槃經卷第三十六迦葉菩薩品第十二之四　敦研 130(351)　甘肅藏敦煌文獻第一卷　綴合至 305 號
1165　大般涅槃經卷第三十六迦葉菩薩品第十二之四　敦研 177(400)　甘肅藏敦煌文獻第一卷　p. 187
1166　大般涅槃經卷第三十六迦葉菩薩品第十二之四　敦研 305(652)　甘肅藏敦煌文獻第二卷　p. 4
1167　大般涅槃經卷第三十六迦葉菩薩品第十二之四　敦研 352(723)　甘肅藏敦煌文獻第二卷　p. 134
1168　大般涅槃經卷第三十七　北大 D033　北京大學圖書館藏敦煌文獻第一冊　p. 138
1169　大般涅槃經卷第三十七　湖北博 21　湖北省博物館藏敦煌經卷概述　敦煌吐魯番研究第五卷　p. 274
1170　大般涅槃經卷第三十七　臺中圖 075　臺灣"中央圖書館"藏敦煌卷子第二冊　p. 669
1171　大般涅槃經卷第三十七　南圖 031　南京圖書館所藏敦煌遺書目錄　敦煌研究 1998 年第四期　p. 143
1172　大般涅槃經卷第三十七　南圖 032　南京圖書館所藏敦煌遺書目錄　敦煌研究 1998 年第四期　p. 143
1173　大般涅槃經卷第三十七迦葉菩薩品第十二之五　敦研 128(349)　甘肅藏敦煌文獻第一卷　p. 162
1174　大般涅槃經卷第三十七迦葉菩薩品第十二之五　敦研 205(428)　甘肅藏敦煌文獻第一卷　p. 204

1175 大般涅槃經卷第三十七迦葉菩薩品第十二之五　敦研 214（438）　甘肅藏敦煌文獻第一卷 綴合至 233 號

1176 大般涅槃經卷第三十七迦葉菩薩品第十二之五　敦研 225（449）　甘肅藏敦煌文獻第一卷 p. 214

1177 大般涅槃經卷第三十七迦葉菩薩品第十二之五　敦研 233（457）　甘肅藏敦煌文獻第一卷 p. 218

1178 大般涅槃經卷第三十七迦葉菩薩品第十二之五　敦研 283（508）　甘肅藏敦煌文獻第一卷 p. 257

1179 大般涅槃經卷第三十七迦葉菩薩品第十二之五　敦研 371（786）　甘肅藏敦煌文獻第二卷 p. 169

1180 大般涅槃經卷第三十八　津藝 240（77・5・4579）　天津市藝術博物館藏敦煌文獻第五冊 p. 130

1181 大般涅槃經卷第三十八　上圖 185（828026）　上海圖書館藏敦煌吐魯番文獻第四冊　p. 183

1182 大般涅槃經卷第三十八迦葉菩薩品第十二之六　敦研 374（789）　甘肅藏敦煌文獻第二卷 p. 171

1183 大般涅槃經卷第三十八迦葉菩薩品第十二之六　敦博 006　甘肅藏敦煌文獻第六卷　p. 14

1184 大般涅槃經卷第三十九　南圖 002　南京圖書館所藏敦煌遺書目錄　敦煌研究 1998 年第四期　p. 134

1185 大般涅槃經卷第三十九　臺中圖 076　臺灣"中央圖書館"藏敦煌卷子第二冊　p. 685

1186 大般涅槃經卷第三十九　北大 D034　北京大學圖書館藏敦煌文獻第一冊　p. 139

1187 大般涅槃經卷第三十九憍陳如品第十三之一　敦研 029（238）　甘肅藏敦煌文獻第一卷 p. 38

1188 大般涅槃經卷第三十九憍陳如品第十三之一　敦研 033（242）　甘肅藏敦煌文獻第一卷 p. 43

1189 大般涅槃經卷第三十九憍陳如品第十三之一　敦研 056（4）（265－5）　甘肅藏敦煌文獻第一卷　p. 62

1190 大般涅槃經卷第三十九憍陳如品第十三之一　敦研 234（458）　甘肅藏敦煌文獻第一卷 p. 219

1191 大般涅槃經卷第三十九憍陳如品第十三之一　敦博 017　甘肅藏敦煌文獻第六卷　p. 27

1192 大般涅槃經卷第四十　上博 39（37903）　上海博物館藏敦煌吐魯番文獻第一冊　p. 313

1193 大般涅槃經卷第四十　浙敦 093（浙博 68）　浙藏敦煌文獻　p. 201

1194 大般涅槃經卷第四十　津文 08　天津市文物公司藏敦煌寫經　p. 47

1195 大般涅槃經卷第四十　浙敦 014（浙圖 14）　浙藏敦煌文獻　p. 49

1196 大般涅槃經卷第四十　湖北博 06　湖北省博物館藏敦煌經卷概述　敦煌吐魯番研究第五卷 p. 271

1197 大般涅槃經卷第四十　湖北博 19　湖北省博物館藏敦煌經卷概述　敦煌吐魯番研究第五卷 p. 273

1198 大般涅槃經卷第四十憍陳如品餘之三（三十六卷本）　津藝 216（77・5・4555）　天津市藝術博物館藏敦煌文獻第四冊　p. 249

注：據包首、首題定名，相當於《大正藏》第 12 冊第 375 號《大般涅槃經》卷 36 第 846—850 頁內容。

1199 大般涅槃經卷第四十一遺教品、應盡還源品　臺北故宮 1　臺灣地區敦煌寫本的收藏與研究

之考察　敦煌學第 21 輯　p. 94

注：尾题“大般涅槃經卷第四十一”。

1200 大般涅槃經卷第九（三十六卷本）　上博 05（3260）　上海博物館藏敦煌吐魯番文獻第一冊　p. 79　附彩版 6

1201 大般涅槃經卷第九菩薩品第十六（三十六卷本）　上博 61（51033）　上海博物館藏敦煌吐魯番文獻第二冊　p. 134

1202 大般涅槃經卷第十一（三十六卷本）　臺中圖 080　臺灣“中央圖書館”藏敦煌卷子第二冊　p. 733

1203 大般涅槃經卷第十二（三十六卷本）　甘博 014（10431）　甘肅藏敦煌文獻第四卷　p. 105

1204 大般涅槃經卷第十四（三十六卷本）　津圖 163　天津圖書館藏敦煌遺書目錄　敦煌吐魯番研究第八卷　p. 355

1205 大般涅槃經卷第二十五（三十六卷本）　津藝 152（77・5・4491）　天津市藝術博物館藏敦煌文獻第三冊　p. 157

1206 大般涅槃經卷第三十一（三十六卷本）　津藝 082 – 1（77・5・4424）　天津市藝術博物館藏敦煌文獻第二冊　p. 90

1207 大般涅槃經卷第三十二（三十六卷本）　上圖 080（812527）　上海圖書館藏敦煌吐魯番文獻第二冊　p. 280

1208 大般涅槃經卷第三十二迦葉菩薩品之二（三十六卷本）　甘博 006（10465）　甘肅藏敦煌文獻第四卷　p. 38　附彩版 5

1209 大般涅槃經卷第三十二迦葉菩薩品之三（三十六卷本）　津藝 151（77・5・4490）　天津市藝術博物館藏敦煌文獻第三冊　p. 150

1210 大般涅槃經後分卷上　湖北博 30　湖北省博物館藏敦煌經卷概述　敦煌吐魯番研究第五卷　p. 275

1211 大般涅槃經後分卷上　北大 D035　北京大學圖書館藏敦煌文獻第一冊　p. 151

1212 大般涅槃經後分卷上遺教品第一　津藝 082 – 2（77・5・4424）　天津市藝術博物館藏敦煌文獻第二冊　p. 97

1213 大般涅槃經後分卷下　津文 19　天津市文物公司藏敦煌寫經　p. 81

1214 大般涅槃經後分卷下　津藝 166（77・5・4505）　天津市藝術博物館藏敦煌文獻第三冊　p. 245　附彩版 4

1215 大般涅槃經後分卷第四十二　上博 64（51106）　上海博物館藏敦煌吐魯番文獻第二冊　p. 164

1216 大般涅槃經後分卷第四十二　甘博 029（2481）　甘肅藏敦煌文獻第四卷　p. 216　附彩版 8

1217 大般涅槃經後分卷第四十二　臺北歷博 1　臺灣地區敦煌寫本的收藏與研究之考察　敦煌學第 21 輯　p. 94

注：首题“大般涅槃經聖軀廓閏品”。

1218 七佛弟子名　浙敦 076（浙博 51）　浙藏敦煌文獻　p. 197

1219 阿難問事佛吉凶經　甘博 071（10406）　甘肅藏敦煌文獻第五卷　p. 86

1220 菩薩處胎經卷第三　湖北博 24　湖北省博物館藏敦煌經卷概述　敦煌吐魯番研究第五卷　p. 274

1221 大方等無想經大雲卷第三　上博 34（37495）　上海博物館藏敦煌吐魯番文獻第一冊　p. 280

1222 佛垂般涅槃略說教誡經　津文 22　天津市文物公司藏敦煌寫經　p. 98

八、經集部

1223 大方等大集經 故宮新166500 王素、任昉、孟嗣徽提供目錄
1224 大方等大集經卷第四 津藝141（77·5·4480） 天津市藝術博物館藏敦煌文獻第三冊 p. 104 附彩版3
1225 大集經卷第五卷第六 甘博010（10481） 甘肅藏敦煌文獻第四卷 p. 70
1226 大方等大集經卷第六寶女品第三之二 敦研017（224-1） 甘肅藏敦煌文獻第一卷 p. 16 附彩版3
1227 大方等大集經卷第六寶女品第三之二 敦研024（232） 甘肅藏敦煌文獻第一卷 p. 30
1228 大方等大集經卷第六寶女品第三之二 敦研051（260） 甘肅藏敦煌文獻第一卷 p. 56
1229 大方等大集經卷第十二 臺中圖013 臺灣"中央圖書館"藏敦煌卷子第一冊 p. 71
1230 大方等大集經卷第三十三 中研院12 臺北"中研院"傅斯年圖書館藏敦煌卷子題記 吳其昱先生八秩華誕敦煌學特刊 p. 367
1231 大方等大集經卷第四十三 重博04 重慶市博物館藏敦煌吐魯番寫經目錄 敦煌研究1996年第一期 p. 122
1232 大方等大集經節抄 甘博110（12554） 甘肅藏敦煌文獻第五卷 p. 225
1233 大方等大集經月藏分中魔王波旬詣佛所品第二 津藝076（77·5·4418） 天津市藝術博物館藏敦煌文獻第二冊 p. 45
1234 大方等大集經賢護分卷第四稱讚功德品卷第八 西北師大018（014-2） 甘肅藏敦煌文獻第三卷 p. 302
1235 大方等大集經賢護分卷第四稱讚功德品卷第八 甘博082（13092） 甘肅藏敦煌文獻第五卷 p. 107
1236 大方廣十輪經 浙敦022（文保所02） 浙藏敦煌文獻 p. 76
1237 佛說大方廣十輪經卷第七 臺中圖014 臺灣"中央圖書館"藏敦煌卷子第一冊 p. 85
1238 自在王菩薩經卷上 敦研016（223） 甘肅藏敦煌文獻第一卷 p. 15
1239 佛說地藏菩薩經 上圖062（812481） 上海圖書館藏敦煌吐魯番文獻第二冊 p. 45
1240 佛說地藏菩薩經一卷 甘博016B（2490） 甘肅藏敦煌文獻第四卷 p. 137
1241 佛說地藏菩薩經 上博48（16）（41379） 上海博物館藏敦煌吐魯番文獻第二冊 p. 21
1242 賢護菩薩所問經卷第一 津藝034（62·5·3013） 天津市藝術博物館藏敦煌文獻第一冊 p. 221
1243 僧伽吒經卷第一 津藝027（60·5·1703） 天津市藝術博物館藏敦煌文獻第一冊 p. 155
1244 佛說佛名經 臺中圖072 臺灣"中央圖書館"藏敦煌卷子第二冊 p. 639
1245 佛說佛名經 津藝016（58·5·669-7） 天津市藝術博物館藏敦煌文獻第一冊 p. 72
1246 佛說佛名經 津藝017（58·5·669-8） 天津市藝術博物館藏敦煌文獻第一冊 p. 75 附彩版4
1247 佛說佛名經 津藝064（77·5·4405） 天津市藝術博物館藏敦煌文獻第一冊 p. 315
1248 佛說佛名經 津藝065-1（77·5·4406） 天津市藝術博物館藏敦煌文獻第一冊 p. 317
1249 佛說佛名經 津藝106（77·5·4445） 天津市藝術博物館藏敦煌文獻第二冊 p. 201
1250 佛說佛名經卷第一 津藝257（77·5·4596） 天津市藝術博物館藏敦煌文獻第五冊

p. 321　附彩版 5
1251 佛說佛名經　上圖 086(812533)　上海圖書館藏敦煌吐魯番文獻第二冊　p. 331　附彩版 5
1252 佛說佛名經　上博 23(19714)　上海博物館藏敦煌吐魯番文獻第一冊　p. 192　附彩版 19
1253 佛說佛名經　西北師大 007(7)　甘肅藏敦煌文獻第三卷　p. 270
1254 佛說佛名經　敦博 070　甘肅藏敦煌文獻第六卷　p. 203　附彩版 3
1255 佛說佛名經　浙敦 075(浙博 50)　浙藏敦煌文獻　p. 197
1256 佛說佛名經　浙敦 077(浙博 52)　浙藏敦煌文獻　p. 198
1257 佛說佛名經　浙敦 096(浙博 71)　浙藏敦煌文獻　p. 202
1258 佛說佛名經　浙敦 097(浙博 72)　浙藏敦煌文獻　p. 202
1259 佛說佛名經　浙敦 107(浙博 82)　浙藏敦煌文獻　p. 204
1260 佛說佛名經　浙敦 125(浙博 100)　浙藏敦煌文獻　p. 211
1261 佛說佛名經　浙敦 144(浙博 119)　浙藏敦煌文獻　p. 216
1262 佛說佛名經　浙敦 145(浙博 120)　浙藏敦煌文獻　p. 216
1263 佛說佛名經　浙敦 166(浙博 141)　浙藏敦煌文獻　p. 220
1264 佛說佛名經　浙敦 189(浙博 164)　浙藏敦煌文獻　p. 228
1265 佛說佛名經　重博 01　重慶市博物館藏敦煌吐魯番寫經目錄　敦煌研究 1996 年第一期　p. 121
1266 佛說佛名經　津文 26　天津市文物公司藏敦煌寫經　p. 125
1267 佛名經　中研院 25　臺北“中研院”傅斯年圖書館藏敦煌卷子題記　吳其昱先生八秩華誕敦煌學特刊　p. 376
1268 佛名經卷第二　上圖 044(812451)　上海圖書館藏敦煌吐魯番文獻第一冊　p. 332
1269 佛說佛名經卷第三　浙敦 080(浙博 55)　浙藏敦煌文獻　p. 198
1270 佛說佛名經卷第三　上圖 012(799223)　上海圖書館藏敦煌吐魯番文獻第一冊　p. 97
1271 佛說佛名經卷第三　北大 D114　北京大學圖書館藏敦煌文獻第二冊　p. 83
1272 佛說佛名經卷第四　臺中圖 015　臺灣“中央圖書館”藏敦煌卷子第一冊　p. 89
1273 佛說佛名經卷第五　甘博 104(10420)　甘肅藏敦煌文獻第五卷　p. 147
1274 佛說佛名經卷第六　上圖 031(812437)　上海圖書館藏敦煌吐魯番文獻第一冊　p. 223
1275 佛說佛名經卷第六　上博 25(25644)　上海博物館藏敦煌吐魯番文獻第一冊　p. 206　附彩版 22
1276 佛說佛名經卷第六　甘博 103(20896)　甘肅藏敦煌文獻第五卷　p. 142
1277 佛說佛名經卷第六　浙敦 191(浙博 166)　浙藏敦煌文獻　p. 229
1278 佛說佛名經卷第六　津圖 038　天津圖書館藏敦煌遺書目錄　敦煌吐魯番研究第八卷　p. 320(十二卷本)
1279 佛說佛名經卷第六　津圖 051　天津圖書館藏敦煌遺書目錄　敦煌吐魯番研究第八卷　p. 324(十二卷本)
1280 佛說佛名經卷第六　津圖 147　天津圖書館藏敦煌遺書目錄　敦煌吐魯番研究第八卷　p. 351(十二卷本)
1281 佛說佛名經卷第六　津圖 150　天津圖書館藏敦煌遺書目錄　敦煌吐魯番研究第八卷　p. 351(十二卷本)
1282 佛說佛名經卷第六卷第七　甘博 021(10427)　甘肅藏敦煌文獻第四卷　p. 159
1283 佛說佛名經卷第七　臺中圖 016　臺灣“中央圖書館”藏敦煌卷子第一冊　p. 101
1284 佛說佛名經卷第七　敦研 378(633)　甘肅藏敦煌文獻第二卷　p. 176

1285 佛說佛名經卷第八　津圖 148　天津圖書館藏敦煌遺書目録　敦煌吐魯番研究第八卷 p. 351（十二卷本）
1286 佛說佛名經卷第八　津藝 309（13693）　天津市藝術博物館藏敦煌文獻第七冊　p. 10
1287 佛說佛名經卷第九　津藝 249（77・5・4588）　天津市藝術博物館藏敦煌文獻第五冊 p. 239
1288 佛說佛名經卷第十　北大 D182　北京大學圖書館藏敦煌文獻第二冊　p. 197
1289 佛說佛名經卷第十一　津圖 128　天津圖書館藏敦煌遺書目録　敦煌吐魯番研究第八卷 p. 344（三十卷本）
1290 佛說佛名經卷第十二　浙敦 111（浙博 86）　浙藏敦煌文獻　p. 205
1291 佛說佛名經卷第十四　敦研 005（132）　甘肅藏敦煌文獻第一卷　p. 4
1292 佛說佛名經卷第十四　津藝 067（77・5・4408）　天津市藝術博物館藏敦煌文獻第一冊 p. 327　附彩版 15
1293 佛說佛名經卷第十五　浙敦 192（浙博 167）　浙藏敦煌文獻　p. 229
1294 佛說佛名經卷第十八　故宫新 176123　王素、任昉、孟嗣徽提供目録
1295 佛說佛名經卷第二十一　津圖 149　天津圖書館藏敦煌遺書目録　敦煌吐魯番研究第八卷 p. 351（三十卷本）
1296 現在賢劫千佛名經　津藝 065－2（77・5・4406）　天津市藝術博物館藏敦煌文獻第一冊 p. 317　附彩版 14
1297 現在賢劫千佛名經　浙敦 078（浙博 53）　浙藏敦煌文獻　p. 198
1298 現在賢劫千佛名經　浙敦 128（浙博 103）　浙藏敦煌文獻　p. 211
1299 賢劫千佛名　故宫新 153380　王素、任昉、孟嗣徽提供目録
1300 賢劫千佛名一卷　津藝 041（77・5・2300）　天津市藝術博物館藏敦煌文獻第一冊　p. 283 附彩版 10
1301 賢劫千佛名卷上　北大 D079　北京大學圖書館藏敦煌文獻第一冊　p. 284　附彩版 10
1302 藥師琉璃光如來本願功德經　津藝 147（77・5・4486）　天津市藝術博物館藏敦煌文獻第三冊　p. 137
1303 藥師琉璃光如來本願功德經　津藝 148（77・5・4487）　天津市藝術博物館藏敦煌文獻第三冊　p. 140
1304 藥師琉璃光如來本願功德經等　津藝 168（77・5・4507）　天津市藝術博物館藏敦煌文獻第三冊　p. 261
1305 藥師琉璃光如來本願功德經　津藝 268（77・5・4607）　天津市藝術博物館藏敦煌文獻第六冊　p. 35
1306 藥師琉璃光如來本願功德經　津藝 269（77・5・4608）　天津市藝術博物館藏敦煌文獻第六冊　p. 37
1307 藥師琉璃光如來本願功德經　津藝 298（77・5・4637）　天津市藝術博物館藏敦煌文獻第六冊　p. 233
1308 藥師琉璃光如來本願功德經　上圖 099（812547）　上海圖書館藏敦煌吐魯番文獻第二冊 p. 386
1309 藥師琉璃光如來本願功德經　上圖 104（812554）　上海圖書館藏敦煌吐魯番文獻第三冊 p. 1　附彩版 1
1310 藥師琉璃光如來本願功德經　上圖 149（812600）　上海圖書館藏敦煌吐魯番文獻第三冊 p. 358

1311　藥師琉璃光如來本願功德經　北大 D068　北京大學圖書館藏敦煌文獻第一冊　p. 263
1312　藥師琉璃光如來本願功德經　北大 D069　北京大學圖書館藏敦煌文獻第一冊　p. 264
1313　藥師琉璃光如來本願功德經　酒博 008(32)　甘肅藏敦煌文獻第二卷　p. 271
1314　藥師琉璃光如來本願功德經　永博 004(589－4)　甘肅藏敦煌文獻第三卷　p. 323
1315　藥師琉璃光如來本願功德經　敦博 049　甘肅藏敦煌文獻第六卷　p. 96
1316　藥師琉璃光如來本願功德經　津圖 004　天津圖書館藏敦煌遺書目錄　敦煌吐魯番研究第八卷　p. 313
1317　藥師琉璃光如來本願功德經　津圖 059　天津圖書館藏敦煌遺書目錄　敦煌吐魯番研究第八卷　p. 325
1318　藥師琉璃光如來本願功德經　津圖 060　天津圖書館藏敦煌遺書目錄　敦煌吐魯番研究第八卷　p. 325
1319　藥師琉璃光如來本願功德經　津圖 073　天津圖書館藏敦煌遺書目錄　敦煌吐魯番研究第八卷　p. 329
1320　藥師琉璃光如來本願功德經　津圖 075　天津圖書館藏敦煌遺書目錄　敦煌吐魯番研究第八卷　p. 329
1321　藥師琉璃光如來本願功德經　津圖 120　天津圖書館藏敦煌遺書目錄　敦煌吐魯番研究第八卷　p. 343
1322　藥師琉璃光如來本願功德經　津圖 172　天津圖書館藏敦煌遺書目錄　敦煌吐魯番研究第八卷　p. 357
1323　藥師琉璃光如來本願功德經　臺中圖 102　臺灣“中央圖書館”藏敦煌卷子第三冊　p. 1021
1324　佛說藥師經　上圖 071(812516)　上海圖書館藏敦煌吐魯番文獻第二冊　p. 212
1325　佛說藥師經一卷　津藝 313(13698)　天津市藝術博物館藏敦煌文獻第七冊　p. 27
1326　佛說觀彌勒菩薩上生兜率天經　上圖 004－2(795017)　上海圖書館藏敦煌吐魯番文獻第一冊　p. 39
1327　佛說彌勒菩薩上生兜率天經　北大 D075　北京大學圖書館藏敦煌文獻第一冊　p. 274
1328　觀彌勒菩薩上生兜率天經　津圖 106　天津圖書館藏敦煌遺書目錄　敦煌吐魯番研究第八卷　p. 339
1329　佛說彌勒下生成佛經　上圖 004－3(795017)　上海圖書館藏敦煌吐魯番文獻第一冊　p. 43
1330　維摩詰經(上中下)　津藝 110(77・5・4449)　天津市藝術博物館藏敦煌文獻第二冊　p. 244
1331　維摩詰經(上中下)　津藝 162(77・5・4501)　天津市藝術博物館藏敦煌文獻第三冊　p. 200
1332　維摩詰經(上中下)　津藝 163(77・5・4502)　天津市藝術博物館藏敦煌文獻第三冊　p. 213
1333　維摩詰經(中下)　津藝 164(77・5・4503)　天津市藝術博物館藏敦煌文獻第三冊　p. 225
1334　維摩詰經卷上　上圖 035(812441)　上海圖書館藏敦煌吐魯番文獻第一冊　p. 250　附彩版 14
1335　維摩詰經卷上　上圖 126(812576)　上海圖書館藏敦煌吐魯番文獻第三冊　p. 207
1336　維摩詰經卷第一　上圖 072(812517)　上海圖書館藏敦煌吐魯番文獻第二冊　p. 221
1337　維摩詰所說經　故宮新 63334　王素、任昉、孟嗣徽提供目錄
1338　維摩詰所說經　故宮新 154415(4)　王素、任昉、孟嗣徽提供目錄
1339　維摩詰所說經卷上　津圖 006　天津圖書館藏敦煌遺書目錄　敦煌吐魯番研究第八卷

p. 313
1340 維摩詰所說經卷上 津圖 057 天津圖書館藏敦煌遺書目錄 敦煌吐魯番研究第八卷 p. 325
1341 維摩詰所說經卷上 津圖 166 天津圖書館藏敦煌遺書目錄 敦煌吐魯番研究第八卷 p. 355
1342 維摩詰所說經卷上 臺中圖 020 臺灣"中央圖書館"藏敦煌卷子第一冊 p. 155
1343 維摩詰所說經卷上 中研院 33 臺北"中研院"傅斯年圖書館藏敦煌卷子題記 吳其昱先生八秩華誕敦煌學特刊 p. 384
1344 維摩詰所說經卷上 上圖 128(812578) 上海圖書館藏敦煌吐魯番文獻第三冊 p. 235
1345 佛說維摩詰經卷上 上博 01(2405) 上海博物館藏敦煌吐魯番文獻第一冊 p. 1 附彩版 3
1346 維摩詰所說經卷上 北大 D060 北京大學圖書館藏敦煌文獻第一冊 p. 216
1347 維摩詰所說經卷上佛國品第一 上圖 105 - 6(812555) 上海圖書館藏敦煌吐魯番文獻第三冊 p. 4
1348 維摩詰所說經卷上佛國品第一 浙敦 056(浙博 31) 浙藏敦煌文獻 p. 169
1349 維摩詰所說經卷上佛國品第一至菩薩品第四 中研院 32 臺北"中研院"傅斯年圖書館藏敦煌卷子題記 吳其昱先生八秩華誕敦煌學特刊 p. 383
1350 維摩詰所說經卷上弟子品第三 津藝 061A(77·5·4402 - 1) 天津市藝術博物館藏敦煌文獻第一冊 p. 305
1351 維摩詰所說經卷上弟子品第三 津藝 061A. F(77·5·4402) 天津市藝術博物館藏敦煌文獻第一冊 p. 311
1352 維摩詰所說經卷上弟子品第三 津藝 061F(77·5·4402 - 6) 天津市藝術博物館藏敦煌文獻第一冊 p. 309
1353 維摩詰所說經卷上弟子品第三 敦研 148(369) 甘肅藏敦煌文獻第一卷 p. 173
1354 維摩詰所說經卷上弟子品第三 敦研 159(380) 甘肅藏敦煌文獻第一卷 p. 177
1355 維摩詰所說經卷上弟子品第三 敦研 285(510) 甘肅藏敦煌文獻第一卷 p. 258
1356 維摩詰所說經卷上弟子品第三 敦研 288(565) 甘肅藏敦煌文獻第一卷 p. 259
1357 維摩詰所說經卷上弟子品第三 敦博 031 甘肅藏敦煌文獻第六卷 p. 36
1358 維摩詰所說經卷上菩薩品第四 敦研 117(338) 甘肅藏敦煌文獻第一卷 p. 155
1359 維摩詰所說經卷上菩薩品第四 敦研 176(399) 甘肅藏敦煌文獻第一卷 p. 186
1360 維摩詰所說經卷上菩薩品第四 敦研 302(649) 甘肅藏敦煌文獻第二卷 p. 2
1361 維摩詰所說經卷中 浙敦 198(浙博 173) 浙藏敦煌文獻 p. 258
1362 維摩詰所說經卷中 津藝 079(77·5·4421) 天津市藝術博物館藏敦煌文獻第二冊 p. 69
1363 維摩詰所說經卷中 津藝 084(77·5·4427) 天津市藝術博物館藏敦煌文獻第二冊 p. 108
1364 維摩詰所說經卷中 津藝 135(77·5·4474) 天津市藝術博物館藏敦煌文獻第三冊 p. 76 附彩版 2
1365 維摩詰所說經卷中 津藝 157(77·5·4496) 天津市藝術博物館藏敦煌文獻第三冊 p. 178
1366 維摩詰所說經卷中 上博 71(51614) 上海博物館藏敦煌吐魯番文獻第二冊 p. 219
1367 維摩詰所說經卷中 津圖 064 天津圖書館藏敦煌遺書目錄 敦煌吐魯番研究第八卷 p. 326
1368 維摩詰所說經卷中 津圖 076 天津圖書館藏敦煌遺書目錄 敦煌吐魯番研究第八卷

p. 329
1369 維摩詰所說經卷中　津圖 082　天津圖書館藏敦煌遺書目錄　敦煌吐魯番研究第八卷 p. 331
1370 維摩詰經卷中　津藝 122(77・5・4461)　天津市藝術博物館藏敦煌文獻第三冊　p. 4
1371 維摩詰經卷中　津藝 194(77・5・4533)　天津市藝術博物館藏敦煌文獻第四冊　p. 93
1372 維摩詰經卷中　津藝 222(77・5・4561)　天津市藝術博物館藏敦煌文獻第四冊　p. 286
1373 維摩詰經卷中　上圖 127(812577)　上海圖書館藏敦煌吐魯番文獻第三冊　p. 220
1374 維摩詰經卷中　上博 45(40794)　上海博物館藏敦煌吐魯番文獻第一冊　p. 341
1375 維摩詰所說經卷中文殊師利問疾品第五　北大 D207　北京大學圖書館藏敦煌文獻第二冊 p. 230
1376 維摩詰所說經卷中不思益品第六　北大 D061　北京大學圖書館藏敦煌文獻第一冊　p. 226
1377 維摩詰所說經卷中不思益品第六　津藝 286(77・5・4625)　天津市藝術博物館藏敦煌文獻第六冊　p. 128
1378 維摩詰所說經卷中觀衆生品第七　甘博 078(13099)　甘肅藏敦煌文獻第五卷　p. 102
1379 維摩詰所說經卷下　津藝 134(77・5・4473)　天津市藝術博物館藏敦煌文獻第三冊　p. 69
1380 維摩詰所說經卷下　津藝 288(77・5・4627)　天津市藝術博物館藏敦煌文獻第六冊 p. 144
1381 維摩詰所說經卷下　津圖 047　天津圖書館藏敦煌遺書目錄　敦煌吐魯番研究第八卷 p. 323
1382 維摩詰所說經卷下　津圖 053　天津圖書館藏敦煌遺書目錄　敦煌吐魯番研究第八卷 p. 324
1383 維摩詰所說經卷下　津圖 054　天津圖書館藏敦煌遺書目錄　敦煌吐魯番研究第八卷 p. 324
1384 維摩詰所說經卷下　津圖 092　天津圖書館藏敦煌遺書目錄　敦煌吐魯番研究第八卷 p. 334
1385 維摩詰所說經卷下　津圖 096　天津圖書館藏敦煌遺書目錄　敦煌吐魯番研究第八卷 p. 336
1386 維摩詰所說經卷下　浙敦 152(浙博 127)　浙藏敦煌文獻　p. 217
1387 維摩詰所說經卷下　浙敦 153(浙博 128)　浙藏敦煌文獻　p. 218
1388 維摩詰經卷下觀人物品第七　敦研 008(215)　甘肅藏敦煌文獻第一卷　p. 6
1389 維摩詰所說經卷下香積佛品第十　甘中醫學院 003(3)　甘肅藏敦煌文獻第三卷　p. 338
1390 維摩詰所說經卷下香積佛品第十　津藝 139(77・5・4478)　天津市藝術博物館藏敦煌文獻第三冊　p. 98
1391 維摩詰所說經卷下菩薩行品第十一　津藝 065－9(77・5・4406)　天津市藝術博物館藏敦煌文獻第一冊　p. 319
1392 維摩詰經卷下　津藝 221(77・5・4560)　天津市藝術博物館藏敦煌文獻第四冊　p. 277
1393 維摩詰經卷下　津藝 231(77・5・4570)　天津市藝術博物館藏敦煌文獻第五冊　p. 25
1394 維摩詰經卷下　上圖 153(812604)　上海圖書館藏敦煌吐魯番文獻第三冊　p. 380
1395 維摩詰經卷下　上圖 168(822626)　上海圖書館藏敦煌吐魯番文獻第四冊　p. 39
1396 維摩詰經卷下　上圖 177(826088)　上海圖書館藏敦煌吐魯番文獻第四冊　p. 98
1397 維摩詰經卷下　甘博 054(20951)　甘肅藏敦煌文獻第五卷　p. 40
1398 維摩詰經卷下　津藝 025(60・5・1701)　天津市藝術博物館藏敦煌文獻第一冊　p. 133

1399 維摩詰經卷下　北大 D062　北京大學圖書館藏敦煌文獻第一冊　p. 227
1400 持世經卷第三　上博 57(44962)　上海博物館藏敦煌吐魯番文獻第二冊　p. 93
1401 採華違王上佛授決號妙華經　敦研 340(709)　甘肅藏敦煌文獻第二卷　p. 97
1402 佛說辯義長者子經　敦研 185(408)　甘肅藏敦煌文獻第一卷　p. 193
1403 佛說辯義長者子經　敦研 254(479)　甘肅藏敦煌文獻第一卷　p. 242
1404 辯義長者子經　敦博 021　甘肅藏敦煌文獻第六卷　p. 29
1405 佛說菴提遮女經一卷　北大 D116　北京大學圖書館藏敦煌文獻第二冊　p. 84
1406 佛說無垢賢女經　敦研 072(283)　甘肅藏敦煌文獻第一卷　p. 80
1407 佛說無垢賢女經　敦研 269(494)　甘肅藏敦煌文獻第一卷　p. 250
1408 佛說長者女菴提遮師子吼了義經　浙敦 164(浙博 139)　浙藏敦煌文獻　p. 219
1409 長者女菴提遮師子吼了義經　津圖 110　天津圖書館藏敦煌遺書目錄　敦煌吐魯番研究第八卷　p. 340
1410 長者女菴提遮師子吼了義經　津圖 111　天津圖書館藏敦煌遺書目錄　敦煌吐魯番研究第八卷　p. 340
1411 長者女菴提遮師子吼了義經　津圖 113　天津圖書館藏敦煌遺書目錄　敦煌吐魯番研究第八卷　p. 341
1412 思益梵天所問經　故宮新 153371　王素、任昉、孟嗣徽提供目錄
1413 思益梵天所問經　故宮新 155688　王素、任昉、孟嗣徽提供目錄
1414 思益梵天所問經　津藝 071(77・5・4412)　天津市藝術博物館藏敦煌文獻第二冊　p. 1
1415 思益梵天所問經卷第一　甘博 105(10429)　甘肅藏敦煌文獻第五卷　p. 155
1416 思益梵天所問經卷第一卷第二　甘博 106(10430)　甘肅藏敦煌文獻第五卷　p. 162
1417 思益梵天所問經卷第二難問品第五　敦研 123(344)　甘肅藏敦煌文獻第一卷　p. 159
1418 思益經卷第二　甘圖 012　甘肅藏敦煌文獻第三卷　p. 111
1419 思益梵天所問經卷第三　津藝 068(77・5・4409)　天津市藝術博物館藏敦煌文獻第一冊　p. 345
1420 思益梵天所問經卷第三　津圖 071　天津圖書館藏敦煌遺書目錄　敦煌吐魯番研究第八卷　p. 328
1421 思益梵天所問經卷第三　津文 20　天津市文物公司藏敦煌寫經　p. 86
1422 思益梵天所問經卷第三　津藝 237(77・5・4576)　天津市藝術博物館藏敦煌文獻第五冊　p. 97
1423 思益梵天所問經卷第三談論品第七　敦研 140(361)　甘肅藏敦煌文獻第一卷　p. 168
1424 思益梵天所問經卷第三卷第四　中研院 22　臺北"中研院"傅斯年圖書館藏敦煌卷子題記　吳其昱先生八秩華誕敦煌學特刊　p. 374
1425 思益梵天所問經卷第四　津藝 242(77・5・4581)　天津市藝術博物館藏敦煌文獻第五冊　p. 151
1426 思益梵天所問經卷第四　敦研 047(256)　甘肅藏敦煌文獻第一卷　p. 54
1427 思益梵天所問經卷第四囑累品第十八　敦研 280(505)　甘肅藏敦煌文獻第一卷　p. 255
1428 思益經卷第四　甘博 050(10578)　甘肅藏敦煌文獻第五卷　p. 9
1429 思益經卷第四　上圖 129(812579)　上海圖書館藏敦煌吐魯番文獻第三冊　p. 242
1430 佛說天請問經　津藝 193－4(77・5・4532)　天津市藝術博物館藏敦煌文獻第四冊　p. 91 附彩版 5
1431 大安般守意經卷下　津圖 001　天津圖書館藏敦煌遺書目錄　敦煌吐魯番研究第八卷

p. 312
1432 佛藏經卷上念僧品第四　敦研 075(288)　甘肅藏敦煌文獻第一卷　p. 81
1433 佛說首楞嚴三昧經卷上　敦研 239(464)　甘肅藏敦煌文獻第一卷　p. 221
1434 佛說首楞嚴三昧經卷上　敦研 313(660)　甘肅藏敦煌文獻第二卷　p. 9
1435 佛說首楞嚴三昧經卷上　敦研 314(661)　甘肅藏敦煌文獻第二卷　p. 10
1436 佛說首楞嚴三昧經卷上　上圖 097(812545)　上海圖書館藏敦煌吐魯番文獻第二冊　p. 374 附彩版 8
1437 首楞嚴三昧經卷上　敦博 022　甘肅藏敦煌文獻第六卷　p. 30
1438 佛說首楞嚴三昧經卷下　敦研 116(337)　甘肅藏敦煌文獻第一卷　p. 155
1439 佛說首楞嚴三昧經卷下　敦研 126(347)　甘肅藏敦煌文獻第一卷　p. 161
1440 佛說首楞嚴三昧經卷下　敦研 132(353)　甘肅藏敦煌文獻第一卷　p. 164
1441 佛說首楞嚴三昧經卷下　敦研 137(358)　甘肅藏敦煌文獻第一卷　p. 166
1442 佛說首楞嚴三昧經卷下　敦研 156(377)　甘肅藏敦煌文獻第一卷　p. 176
1443 佛說首楞嚴三昧經卷下　敦研 230(454)　甘肅藏敦煌文獻第一卷　p. 216
1444 佛說首楞嚴三昧經卷下　敦研 238(462)　甘肅藏敦煌文獻第一卷　p. 220
1445 佛說首楞嚴三昧經卷下　上博 13(3314)　上海博物館藏敦煌吐魯番文獻第一冊　p. 111
1446 佛說觀佛三昧海經卷第一　上博 14(3315)　上海博物館藏敦煌吐魯番文獻第一冊　p. 113
1447 佛說觀佛三昧海經卷第三觀相品第三　敦博 009　甘肅藏敦煌文獻第六卷　p. 18
1448 觀佛三昧海經卷第三觀相品第三　北大 D155　北京大學圖書館藏敦煌文獻第二冊　p. 141
1449 觀佛三昧海經卷第三觀相品第三　敦研 294(620)　甘肅藏敦煌文獻第一卷　p. 262
1450 觀佛三昧海經卷第三觀相品第三　敦研 295(623)　甘肅藏敦煌文獻第一卷　p. 263
1451 佛說觀佛三昧海經卷第五　甘博 003(10563)　甘肅藏敦煌文獻第四卷　p. 13
1452 觀佛三昧海經卷第九　津圖 115　天津圖書館藏敦煌遺書目錄　敦煌吐魯番研究第八卷 p. 342
1453 惟教(務)三昧卷下　臺中圖 129　臺灣"中央圖書館"藏敦煌卷子第三冊　p. 1209
1454 菩薩瓔珞經卷第二法門品第五　津藝 172－6(77・5・4511)　天津市藝術博物館藏敦煌文獻第三冊　p. 302
1455 菩薩瓔珞經卷第四因響品第九　津藝 172－5(77・5・4511)　天津市藝術博物館藏敦煌文獻第三冊　p. 301
1456 菩薩瓔珞經卷第四因緣品第十　津藝 172－4(77・5・4511)　天津市藝術博物館藏敦煌文獻第三冊　p. 300
1457 菩薩瓔珞經卷第五生佛品第十四　津藝 172－8(77・5・4511)V　天津市藝術博物館藏敦煌文獻第三冊　p. 303
1458 菩薩瓔珞經卷第七隨行品第十九之餘　津藝 172－7(77・5・4511)　天津市藝術博物館藏敦煌文獻第三冊　p. 303
1459 金光明經卷第一　津圖 023　天津圖書館藏敦煌遺書目錄　敦煌吐魯番研究第八卷　p. 317
1460 金光明經卷第一　甘博 060(10413)　甘肅藏敦煌文獻第五卷　p. 62
1461 金光明經卷第一　上圖 024(812402)　上海圖書館藏敦煌吐魯番文獻第一冊　p. 171
1462 金光明經卷第一　上圖 040(812447)　上海圖書館藏敦煌吐魯番文獻第一冊　p. 291
1463 金光明經卷第一序品第一　敦研 062(273)　甘肅藏敦煌文獻第一卷　p. 68
1464 金光明經卷第一序品第一　敦研 098(319)　甘肅藏敦煌文獻第一卷　p. 141
1465 金光明經卷第一序品第一　敦研 312(659)　甘肅藏敦煌文獻第二卷　p. 9

1466 金光明經卷第一序品第一　甘博 083(10433)　甘肅藏敦煌文獻第五卷　p. 108
1467 金光明經卷第二　臺中圖 028　臺灣"中央圖書館"藏敦煌卷子第一冊　p. 235
1468 金光明經卷第二　津圖 013　天津圖書館藏敦煌遺書目錄　敦煌吐魯番研究第八卷　p. 315
1469 金光明經卷第二四天王品第六　敦研 088(301)　甘肅藏敦煌文獻第一卷　p. 94
1470 金光明經卷第二四天王品第六　敦研 115(336)　甘肅藏敦煌文獻第一卷　p. 154
1471 金光明經卷第二四天王品第六　敦研 129(350)　甘肅藏敦煌文獻第一卷　p. 163
1472 金光明經卷第二四天王品第六　敦研 135(356)　甘肅藏敦煌文獻第一卷　p. 165
1473 金光明經卷第二四天王品第六　敦研 136(357)　甘肅藏敦煌文獻第一卷　p. 166
1474 金光明經卷第二四天王品第六　敦研 217(441)　甘肅藏敦煌文獻第一卷　p. 210
1475 金光明經卷第二四天王品第六　敦研 307(654)　甘肅藏敦煌文獻第二卷　p. 6
1476 金光明經卷第二四天王品第六　甘圖 030　甘肅藏敦煌文獻第三卷　p. 180
1477 金光明經卷第二四天王品第六　敦博 026　甘肅藏敦煌文獻第六卷　p. 33
1478 金光明經卷第二四天王品第六　敦博 028　甘肅藏敦煌文獻第六卷　p. 34
1479 金光明經卷第二四天王品第六　浙敦 023(文保所 03)　浙藏敦煌文獻　p. 78
1480 金光明經卷第二堅牢地神品第九　敦研 206(501)　甘肅藏敦煌文獻第一卷　p. 253
1481 金光明經卷第二至四　臺中圖 023　臺灣"中央圖書館"藏敦煌卷子第一冊　p. 175
1482 金光明經卷第三　津圖 167　天津圖書館藏敦煌遺書目錄　敦煌吐魯番研究第八卷　p. 355
1483 金光明經卷第三　敦研 316(663)　甘肅藏敦煌文獻第二卷　p. 11
1484 金光明經卷第三　上圖 046(812453)　上海圖書館藏敦煌吐魯番文獻第一冊　p. 355
1485 金光明經卷第四　津圖 056　天津圖書館藏敦煌遺書目錄　敦煌吐魯番研究第八卷　p. 325
1486 金光明經卷第四　津圖 089　天津圖書館藏敦煌遺書目錄　敦煌吐魯番研究第八卷　p. 333
1487 金光明經卷第四捨身品第十七　敦研 036(245)　甘肅藏敦煌文獻第一卷　p. 47
1488 金光明經卷第五　上圖 093(812541)　上海圖書館藏敦煌吐魯番文獻第二冊　p. 360　附彩版 7
1489 合部金光明經　浙敦 124(浙博 99)　浙藏敦煌文獻　p. 210
1490 合部金光明經卷第一分別三身品第三　甘博 019(13087)　甘肅藏敦煌文獻第四卷　p. 145
1491 合部金光明經卷第二　南圖 026　南京圖書館所藏敦煌遺書目錄　敦煌研究 1998 年第四期　p. 141
1492 合部金光明經卷第三陀羅尼最淨地品第六　北大 D127　北京大學圖書館藏敦煌文獻第二冊　p. 100
1493 合部金光明經卷第三陀羅尼最淨地品第六　津藝 014(58・5・669－5)　天津市藝術博物館藏敦煌文獻第一冊　p. 68
1494 合部金光明經卷第三陀羅尼最淨地品第六　甘博 074(10440)　甘肅藏敦煌文獻第五卷　p. 94
1495 合部金光明經卷第五四天王品第十　甘博 124(10455)　甘肅藏敦煌文獻第五卷　p. 268
1496 合部金光明經卷第六正論品第十六　甘博 080(10471)　甘肅藏敦煌文獻第五卷　p. 106
1497 合部金光明經卷第七　臺中圖 029　臺灣"中央圖書館"藏敦煌卷子第一冊　p. 245
1498 合部金光明經卷第八捨身品第二十二　津藝 140(77・5・4479)　天津市藝術博物館藏敦煌文獻第三冊　p. 101
1499 金光明最勝王經　浙敦 024(文保所 04)　浙藏敦煌文獻　p. 84
1500 金光明最勝王經　浙敦 197(浙博 172)　浙藏敦煌文獻　p. 258
1501 金光明最勝王經　故宮新 153370　王素、任昉、孟嗣徽提供目錄

1502　金光明最勝王經卷第一　上圖 038(812445)　上海圖書館藏敦煌吐魯番文獻第一冊　p. 269
1503　金光明最勝王經卷第一　上博 20(4)(8918)4　上海博物館藏敦煌吐魯番文獻第一冊　p. 188
1504　金光明最勝王經卷第一　津圖 026　天津圖書館藏敦煌遺書目錄　敦煌吐魯番研究第八卷　p. 318
1505　金光明最勝王經卷第一　臺中圖 021　臺灣"中央圖書館"藏敦煌卷子第一冊　p. 167
1506　金光明最勝王經卷第一　臺中圖 022　臺灣"中央圖書館"藏敦煌卷子第一冊　p. 173
1507　金光明最勝王經卷第一如來壽量品第二　津藝 203(77・5・4542)　天津市藝術博物館藏敦煌文獻第四冊　p. 165
1508　金光明最勝王經卷第二　津圖 029　天津圖書館藏敦煌遺書目錄　敦煌吐魯番研究第八卷　p. 318
1509　金光明最勝王經卷第二　臺中圖 118　臺灣"中央圖書館"藏敦煌卷子第三冊　p. 1113
1510　金光明最勝王經卷第三　津藝 255(77・5・4594)　天津市藝術博物館藏敦煌文獻第五冊　p. 309　附彩版 4
1511　金光明最勝王經卷第三　津圖 122　天津圖書館藏敦煌遺書目錄　敦煌吐魯番研究第八卷　p. 343
1512　金光明最勝王經卷第四　津圖 175　天津圖書館藏敦煌遺書目錄　敦煌吐魯番研究第八卷　p. 357
1513　金光明最勝王經卷第四淨地陀羅尼品第六　甘博 057(10483)　甘肅藏敦煌文獻第五卷　p. 53
1514　金光明最勝王經卷第四最淨地陀羅尼品　浙敦 015(浙圖 15)　浙藏敦煌文獻　p. 53
1515　金光明最勝王經卷第四最淨地陀羅尼品第六　中研院 45　臺北"中研院"傅斯年圖書館藏敦煌卷子題記　吳其昱先生八秩華誕敦煌學特刊　p. 390
1516　金光明最勝王經卷第五　敦博 040　甘肅藏敦煌文獻第六卷　p. 46
1517　金光明最勝王經卷第五　津藝 118(77・5・4457)　天津市藝術博物館藏敦煌文獻第二冊　p. 360
1518　金光明最勝王經卷第五蓮華喻讚品第七　北大 D157　北京大學圖書館藏敦煌文獻第二冊　p. 148
1519　金光明最勝王經卷第六　臺中圖 024　臺灣"中央圖書館"藏敦煌卷子第一冊　p. 199
1520　金光明最勝王經卷第六　津藝 192(77・5・4531)　天津市藝術博物館藏敦煌文獻第四冊　p. 79
1521　金光明最勝王經卷第六　南圖 019　南京圖書館所藏敦煌遺書目錄　敦煌研究 1998 年第四期　p. 139
1522　金光明最勝王經卷第六四天王品護國品第十二　定博 004(239)　甘肅藏敦煌文獻第六卷　p. 298
1523　金光明最勝王經卷第六四天王品護國品第十二　定博 008(245－10a)　甘肅藏敦煌文獻第六卷　p. 320
1524　金光明最勝王經卷第六四天王品護國品第十二　歷博晉唐寫經 46　中國歷史博物館藏法書大觀第十一卷　p. 218
1525　金光明最勝王經卷第七　北大 D063　北京大學圖書館藏敦煌文獻第一冊　p. 233
1526　金光明最勝王經卷第七　北大 D064　北京大學圖書館藏敦煌文獻第一冊　p. 242
1527　金光明最勝王經卷第七大辯才天女品　浙敦 108(浙博 83)　浙藏敦煌文獻　p. 205
1528　金光明最勝王經卷第七大辯才天女品　浙敦 190(浙博 165)　浙藏敦煌文獻　p. 228

1529 金光明最勝王經卷第七大辯才天女品第十五之一　上博 48(10)(41379)　上海博物館藏敦煌吐魯番文獻第二册　p. 16
1530 金光明最勝王經卷第八　酒博 004(28)　甘肅藏敦煌文獻第二卷　p. 252
1531 金光明最勝王經卷第八　津文 24　天津市文物公司藏敦煌寫經　p. 102
1532 金光明最勝王經卷第八　臺中圖 026　臺灣“中央圖書館”藏敦煌卷子第一册　p. 227
1533 金光明最勝王經卷第八　臺中圖 027　臺灣“中央圖書館”藏敦煌卷子第一册　p. 231
1534 金光明最勝王經卷第八　津藝 308(13692)　天津市藝術博物館藏敦煌文獻第七册　p. 7
1535 金光明最勝王經卷第九　臺中圖 025　臺灣“中央圖書館”藏敦煌卷子第一册　p. 213
1536 金光明最勝王經卷第九　北大 D065　北京大學圖書館藏敦煌文獻第一册　p. 249
1537 金光明最勝王經卷第九　敦研 330(698)　甘肅藏敦煌文獻第二卷　p. 54
1538 金光明最勝王經卷第九　甘圖 017　甘肅藏敦煌文獻第三卷　p. 124
1539 金光明最勝王經卷第九授記品除病品　浙敦 016(浙圖 16)　浙藏敦煌文獻　p. 61
1540 金光明最勝王經卷第九善生品第二十一　甘圖 028　甘肅藏敦煌文獻第三卷　p. 178
1541 金光明最勝王經卷第十　酒博 009(33)　甘肅藏敦煌文獻第二卷　p. 274
1542 金光明最勝王經卷第十　上圖 148(812598)　上海圖書館藏敦煌吐魯番文獻第三册　p. 354
1543 金光明最勝王經卷第十捨身品第二十六　北大 D066　北京大學圖書館藏敦煌文獻第一册　p. 252
1544 金光明最勝王經卷第十捨身品第二十六　北大 D131　北京大學圖書館藏敦煌文獻第二册　p. 104
1545 大方等如來藏經　敦博 020　甘肅藏敦煌文獻第六卷　p. 29
1546 楞伽經卷第二　上博 59(47282)　上海博物館藏敦煌吐魯番文獻第二册　p. 116
1547 楞伽經卷第二　津藝 070(77・5・4411)　天津市藝術博物館藏敦煌文獻第一册　p. 368
1548 大乘入楞伽經　浙敦 122(浙博 97)　浙藏敦煌文獻　p. 210
1549 大乘入楞伽經卷第一羅婆那王勸請品　歷博晉唐寫經 45　中國歷史博物館藏法書大觀第十一卷　p. 218
1550 大乘入楞伽經卷第二集一切法品第二之一　北大 D158　北京大學圖書館藏敦煌文獻第二册　p. 149
1551 大乘入楞伽經卷第二集一切法品第二之一　北大 D216　北京大學圖書館藏敦煌文獻第二册　p. 241
1552 大乘入楞伽經卷第二集一切法品第二之三　津藝 127(77・5・4466)　天津市藝術博物館藏敦煌文獻第三册　p. 32
1553 大乘入楞伽經卷第三　津藝 219(77・5・4558)　天津市藝術博物館藏敦煌文獻第四册　p. 268
1554 大乘入楞伽經卷第三　浙敦 017(浙圖 17)　浙藏敦煌文獻　p. 63
1555 大乘入楞伽經卷第四　臺中圖 018　臺灣“中央圖書館”藏敦煌卷子第一册　p. 131
1556 大乘入楞伽經卷第四無常品第三之餘　上圖 100(812548)　上海圖書館藏敦煌吐魯番文獻第二册　p. 388
1557 大乘入楞伽經卷第五至六　臺中圖 019　臺灣“中央圖書館”藏敦煌卷子第一册　p. 143
1558 入楞伽經卷第五　北大 D067　北京大學圖書館藏敦煌文獻第一册　p. 254
1559 入楞伽經卷第八　浙敦 157(浙博 132)　浙藏敦煌文獻　p. 218
1560 入楞伽經卷第九　甘博 002(2482)　甘肅藏敦煌文獻第四卷　p. 3
1561 大乘同性經卷上　湖北博 23　湖北省博物館藏敦煌經卷概述　敦煌吐魯番研究第五卷

p. 274
1562 深密解脱經卷第三聖者彌勒菩薩問品第九　敦研 296(631)　甘肅藏敦煌文獻第一卷 p. 263
1563 深密解脱經卷第三聖者彌勒菩薩問品第九　敦研 297(632)　甘肅藏敦煌文獻第一卷 p. 264
1564 解深密經卷第三　津藝 228(77·5·4567)　天津市藝術博物館藏敦煌文獻第四冊　p. 349　附彩版 7
1565 解深密經卷第四地波羅蜜多品第七　敦博 047　甘肅藏敦煌文獻第六卷　p. 89
1566 大乘密嚴經卷上　故宫新 153372(2)　王素、任昉、孟嗣徽提供目録
1567 大乘密嚴經卷上並序　西北師大 004(4)　甘肅藏敦煌文獻第三卷　p. 237
1568 大乘密嚴經卷上　臺中圖 100　臺灣"中央圖書館"藏敦煌卷子第三冊　p. 1009
1569 大乘密嚴經卷上　津圖 085　天津圖書館藏敦煌遺書目録　敦煌吐魯番研究第八卷　p. 331
1570 大乘密嚴經卷上　津藝 154(77·5·4493)　天津市藝術博物館藏敦煌文獻第三冊　p. 167
1571 大乘密嚴經卷上蜜嚴會品第一　北大 D080－2　北京大學圖書館藏敦煌文獻第一冊　p. 298
1572 大乘密嚴經卷下　西北師大 001(1)　甘肅藏敦煌文獻第三卷　p. 204
1573 佛說諸德福田經一卷　津藝 125(77·5·4464)　天津市藝術博物館藏敦煌文獻第三冊 p. 23
1574 佛說大乘稻芊經　津藝 072(77·5·4414)　天津市藝術博物館藏敦煌文獻第二冊　p. 12
1575 佛說大乘稻芊經一卷　津藝 138(77·5·4477)　天津市藝術博物館藏敦煌文獻第三冊 p. 93
1576 佛說大乘稻芊經一卷　津藝 159(77·5·4498)　天津市藝術博物館藏敦煌文獻第三冊 p. 190
1577 佛說大乘稻芊經　津藝 271(77·5·4610)　天津市藝術博物館藏敦煌文獻第六冊　p. 42 附彩版 1
1578 大乘稻芊經　故宫新 153377　王素、任昉、孟嗣徽提供目録
1579 佛說五無返復經一卷　北大 D085　北京大學圖書館藏敦煌文獻第一冊　p. 307　附彩版 5
1580 大乘四法經一卷　北大 D081D105(1)　北京大學圖書館藏敦煌文獻第一冊　p. 299　附彩版 4
1581 大乘四法經　北大 D082－1　北京大學圖書館藏敦煌文獻第一冊　p. 300
1582 八大人覺經一卷　上博 48(20)(41379)　上海博物館藏敦煌吐魯番文獻第二冊　p. 25
1583 佛說孛經抄　敦研 184(407)　甘肅藏敦煌文獻第一卷　p. 192
1584 佛說孛經抄　敦研 261(486)　甘肅藏敦煌文獻第一卷　p. 247
1585 佛說時非時經　北大 D086　北京大學圖書館藏敦煌文獻第二冊　p. 1
1586 佛說無常經　津藝 193－1(77·5·4532)　天津市藝術博物館藏敦煌文獻第四冊　p. 83 附彩版 3
1587 佛說無常經　北大 D093　北京大學圖書館藏敦煌文獻第二冊　p. 39
1588 佛說無常三啓經　津藝 202－1(77·5·4541)　天津市藝術博物館藏敦煌文獻第四冊 p. 164
1589 佛說無常三啓經　酒博 013(37)　甘肅藏敦煌文獻第二卷　p. 283
1590 佛說無常三啓經　故宫新 151452　王素、任昉、孟嗣徽提供目録
1591 佛說出生菩提心經　浙敦 083(浙博 58)　浙藏敦煌文獻　p. 199

九、律部

1592 摩訶僧祇律　浙敦066(浙博41)　浙藏敦煌文獻　p. 194
1593 摩訶僧祇律　浙敦136(浙博111)　浙藏敦煌文獻　p. 214
1594 摩訶僧祇律　浙敦137(浙博112)　浙藏敦煌文獻　p. 214
1595 摩訶僧祇律卷第五　津圖126　天津圖書館藏敦煌遺書目錄　敦煌吐魯番研究第八卷　p. 344
1596 律藏第三分卷第十　湖北博01　湖北省博物館藏敦煌經卷概述　敦煌吐魯番研究第五卷　p. 269
1597 律藏第四分卷第十　湖北博29　湖北省博物館藏敦煌經卷概述　敦煌吐魯番研究第五卷　p. 275
1598 四分律卷第一　中研院09　臺北"中研院"傅斯年圖書館藏敦煌卷子題記　吳其昱先生八秩華誕敦煌學特刊　p. 363
1599 四分律藏卷第一　津藝182(77·5·4521)　天津市藝術博物館藏敦煌文獻第四冊　p. 1
1600 四分律藏卷第二十五　北大D087　北京大學圖書館藏敦煌文獻第二冊　p. 2
1601 四分律四波羅夷法之一　上圖054(812461)　上海圖書館藏敦煌吐魯番文獻第二冊　p. 18
1602 四分律比丘戒本　浙敦073(浙博48)　浙藏敦煌文獻　p. 196
1603 四分律比丘戒本　津圖132　天津圖書館藏敦煌遺書目錄　敦煌吐魯番研究第八卷　p. 345
1604 四分律卷第四十二藥揵度之一　敦研032(241)　甘肅藏敦煌文獻第一卷　p. 42
1605 四分律卷第四十八比丘尼揵度第十七　甘博039(21195)　甘肅藏敦煌文獻第四卷　p. 282
1606 四分律卷第五十八　中研院08　臺北"中研院"傅斯年圖書館藏敦煌卷子題記　吳其昱先生八秩華誕敦煌學特刊　p. 362
1607 比丘尼戒經一卷　上博02(2415)　上海博物館藏敦煌吐魯番文獻第一冊　p. 53　附彩版5
1608 四分比丘尼戒本　津藝236(77·5·4575)　天津市藝術博物館藏敦煌文獻第五冊　p. 78　附彩版1
1609 四分比丘尼戒本　津藝303(77·5·4642)　天津市藝術博物館藏敦煌文獻第六冊　p. 277
1610 四分比丘尼戒本　敦研090(303)　甘肅藏敦煌文獻第一卷　p. 96
1611 四分比丘尼戒本　敦研093(306)　甘肅藏敦煌文獻第一卷　p. 98
1612 四分比丘尼戒本　津文04　天津市文物公司藏敦煌寫經　p. 18
1613 四分比丘尼戒本　津圖070　天津圖書館藏敦煌遺書目錄　敦煌吐魯番研究第八卷　p. 328
1614 四分比丘尼戒本　津圖090　天津圖書館藏敦煌遺書目錄　敦煌吐魯番研究第八卷　p. 333
1615 四分尼戒本一卷　津藝087(77·5·4430)　天津市藝術博物館藏敦煌文獻第二冊　p. 128
1616 四分尼戒本並序　北大D088　北京大學圖書館藏敦煌文獻第二冊　p. 3
1617 四分尼戒本　上圖146(812596)　上海圖書館藏敦煌吐魯番文獻第三冊　p. 351
1618 比丘尼戒本　浙敦179(浙博154)　浙藏敦煌文獻　p. 225
1619 比丘尼四分戒本　津藝281(77·5·4620)　天津市藝術博物館藏敦煌文獻第六冊　p. 96
1620 四分戒本一卷　上圖122(812572)　上海圖書館藏敦煌吐魯番文獻第三冊　p. 154
1621 四分戒本　酒博007(31)　甘肅藏敦煌文獻第二卷　p. 262
1622 四分僧戒本　北大D124　北京大學圖書館藏敦煌文獻第二冊　p. 96

1623 十誦律卷第七　重博 11　重慶市博物館藏敦煌吐魯番寫經目錄　敦煌研究 1996 年第一期　p. 123
1624 十誦律第八誦第一　上圖 003(29286)　上海圖書館藏敦煌吐魯番文獻第一冊　p. 15
1625 十誦比丘尼波羅提木叉戒本　浙敦 112(浙博 87)　浙藏敦煌文獻　p. 206　附彩版 16
1626 根本薩婆多部律攝卷第十二　甘博 100(13106)　甘肅藏敦煌文獻第五卷　p. 127
1627 根本說一切有部毗奈耶雜事　浙敦 088(浙博 63)　浙藏敦煌文獻　p. 200
1628 根本說一切有部毗奈耶雜事　浙敦 195(浙博 170)　浙藏敦煌文獻　p. 253
1629 根本說一切有部毗奈耶頌卷第五　津藝 169(77・5・4508)　天津市藝術博物館藏敦煌文獻第三冊　p. 262
1630 佛說犯戒罪報輕重經一卷　上圖 009－2(799220)　上海圖書館藏敦煌吐魯番文獻第一冊　p. 80
1631 鼻奈耶律序　津藝 108－2(77・5・4447)　天津市藝術博物館藏敦煌文獻第二冊　p. 225
1632 沙彌威儀　北大 D165－1　北京大學圖書館藏敦煌文獻第二冊　p. 161
1633 梵網經序　津藝 172－1(77・5・4511)　天津市藝術博物館藏敦煌文獻第三冊　p. 297　附彩版 8
1634 梵網經盧舍那佛說菩薩心地戒品第十卷下　津藝 156(77・5・4495)　天津市藝術博物館藏敦煌文獻第三冊　p. 175
1635 梵網經盧舍那佛說菩薩心地戒品第十卷下　北大 D159　北京大學圖書館藏敦煌文獻第二冊　p. 150
1636 梵網經盧舍那佛說菩薩心地戒品第十卷下　北大 D164　北京大學圖書館藏敦煌文獻第二冊　p. 160
1637 梵網經盧舍那佛說菩薩心地戒品第十卷下　甘博 056(10435)　甘肅藏敦煌文獻第五卷　p. 51
1638 梵網經盧舍那佛說菩薩心地戒品第十卷下並序　甘圖 010　甘肅藏敦煌文獻第三卷　p. 102
1639 梵網經卷下　津文 12　天津市文物公司藏敦煌寫經　p. 68
1640 優婆塞戒經　甘圖 014　甘肅藏敦煌文獻第三卷　p. 118
1641 優婆塞戒經卷第一　津藝 018(58・5・669－9)　天津市藝術博物館藏敦煌文獻第一冊　p. 78
1642 優婆塞戒經卷第一集會品第一　敦研 100(321)　甘肅藏敦煌文獻第一卷　p. 143
1643 優婆塞戒經卷第二　北大 D083　北京大學圖書館藏敦煌文獻第一冊　p. 301　附彩版 2
1644 優婆塞戒經卷第三攝取品第十三　上圖 105－9(812555)　上海圖書館藏敦煌吐魯番文獻第三冊　p. 6
1645 優婆塞戒經卷第三攝取品第十三　敦研 221(445)　甘肅藏敦煌文獻第一卷　p. 212
1646 優婆塞戒經卷第三受戒品第十四　敦研 162(384)　甘肅藏敦煌文獻第一卷　p. 178
1647 優婆塞戒經卷第三受戒品第十四　敦研 208(432)　甘肅藏敦煌文獻第一卷　p. 206
1648 優婆塞戒經卷第三受戒品第十四　敦研 228(452)　甘肅藏敦煌文獻第一卷　p. 215
1649 優婆塞戒經卷第三受戒品第十四　敦研 262(487)　甘肅藏敦煌文獻第一卷　p. 247
1650 優婆塞戒經供養三寶品第十七尾段　中研院 05　臺北"中研院"傅斯年圖書館藏敦煌卷子題記　吳其昱先生八秩華誕敦煌學特刊　p. 360
1651 優婆塞戒經卷第四　敦研 027(236)　甘肅藏敦煌文獻第一卷　p. 34
1652 優婆塞戒經卷第四雜品第十九　敦研 028(237)　甘肅藏敦煌文獻第一卷　p. 36
1653 優婆塞戒經卷第四雜品第十九　上圖 091(812539)　上海圖書館藏敦煌吐魯番文獻第二冊

p. 340
1654 優婆塞戒經卷第七 甘博005(10456) 甘肅藏敦煌文獻第四卷 p. 32
1655 優婆塞戒經卷第七 臺中圖088 臺灣“中央圖書館”藏敦煌卷子第三冊 p. 849
1656 優婆塞戒經卷第七業品第二十四之餘 敦研004(130) 甘肅藏敦煌文獻第一卷 p. 3
1657 佛說舍利弗悔過經 敦研037(246) 甘肅藏敦煌文獻第一卷 p. 48
1658 佛說大藥善巧方便經卷上 敦研336(704) 甘肅藏敦煌文獻第二卷 p. 83
1659 佛說沙彌所應奉行誡 敦研059(269) 甘肅藏敦煌文獻第一卷 p. 65
1660 佛經戒律 敦研076(289) 甘肅藏敦煌文獻第一卷 p. 83
1661 佛經戒律 甘博090(10469) 甘肅藏敦煌文獻第五卷 p. 118
1662 毗尼心 臺中圖091 臺灣“中央圖書館”藏敦煌卷子第三冊 p. 893

十、論部

1663 大智度論 浙敦018(浙圖18) 浙藏敦煌文獻 p. 66
1664 大智度論 浙敦091(浙博66) 浙藏敦煌文獻 p. 201
1665 大智度論 故宮新71355 王素、任昉、孟嗣徽提供目錄
1666 大智度論 故宮新133893 王素 、任昉 、孟嗣徽提供目錄
1667 大智度論 故宮新137369 王素 任昉 孟嗣徽提供目錄
1668 大智度初敘品緣起義釋論第一 津藝013－1(58·5·669－4) 天津市藝術博物館藏敦煌文獻第一冊 p. 66
1669 大智度論釋初品中尸羅波羅蜜卷 歷博晉唐寫經39 中國歷史博物館藏法書大觀第十一卷 p. 216
1670 大智度論釋初品中尸羅波羅蜜義之餘 上圖115(812565) 上海圖書館藏敦煌吐魯番文獻第三冊 p. 97
1671 大智度釋初品中八念義三十六之餘大智度論初品中十想釋論第三十七 敦研331(699) 甘肅藏敦煌文獻第二卷 p. 62
1672 大智度初品中到彼岸釋論第四十 湖北博28 湖北省博物館藏敦煌經卷概述 敦煌吐魯番研究第五卷 p. 275
1673 大智度論卷第六大智度初品中十喻釋論第十一 敦研025(233) 甘肅藏敦煌文獻第一卷 p. 32
1674 大智度論卷第六大智度初品中十喻釋論第十一 敦研026(234) 甘肅藏敦煌文獻第一卷 p. 33
1675 大智度經卷第十二 津藝252(77·5·4591) 天津市藝術博物館藏敦煌文獻第五冊 p. 286
1676 大智度論卷第十六 津藝065－3(77·5·4406) 天津市藝術博物館藏敦煌文獻第一冊 p. 317
1677 大智度論卷第十九 津圖035 天津圖書館藏敦煌遺書目錄 敦煌吐魯番研究第八卷 p. 319
1678 大智度論卷第十九 津藝265(77·5·4604) 天津市藝術博物館藏敦煌文獻第六冊 p. 30
1679 大智度論卷第二十一 重博08 重慶市博物館藏敦煌吐魯番寫經目錄 敦煌研究1996年第

一期　p. 123
1680　大智度論卷第二十二釋初品中念義第三十六之餘　敦研 030(239)　甘肅藏敦煌文獻第一卷　p. 38
1681　大智度論卷第三十　津文 03　天津市文物公司藏敦煌寫經　p. 5
1682　大智度論卷第三十一　臺中圖 134　臺灣"中央圖書館"藏敦煌卷子第三冊　p. 1243
1683　大智度論卷第三十一釋初品中十八　敦研 120(341)　甘肅藏敦煌文獻第一卷　p. 158
1684　大智度論卷第三十三釋初品中到彼岸義第五十　敦研 052(261)　甘肅藏敦煌文獻第一卷　p. 57
1685　大智度論卷第三十三釋初品中到彼岸義第五十　敦研 143(364)　甘肅藏敦煌文獻第一卷　p. 170
1686　大智度論卷第三十三釋初品中到彼岸義第五十　敦研 171(394)　甘肅藏敦煌文獻第一卷　p. 183
1687　大智度論卷第三十三釋初品中到彼岸義第五十　敦研 224(448)　甘肅藏敦煌文獻第一卷　p. 213
1688　大智度論卷第三十三釋初品中到彼岸義第五十　敦研 264(489)　甘肅藏敦煌文獻第一卷　p. 248
1689　大智度論卷第三十四釋初品中信持無三毒義第五十二　敦研 303(650)　甘肅藏敦煌文獻第二卷　p. 3
1690　大智度論釋含受品卷　歷博晉唐寫經 38　中國歷史博物館藏法書大觀第十一卷　p. 216
1691　大智度論釋十無品第二十五　上圖 030(812408)　上海圖書館藏敦煌吐魯番文獻第一冊　p. 218
1692　大智度論釋照明品第八十一　津藝 241(77·5·4580)　天津市藝術博物館藏敦煌文獻第五冊　p. 139
1693　大智度論卷第六十三　臺中圖 095　臺灣"中央圖書館"藏敦煌卷子第三冊　p. 931
1694　大智度論卷第六十五　津文 02　天津市文物公司藏敦煌寫經　p. 4
1695　大智論釋卷第六十七第四十四品下　津藝 174(77·5·4513)　天津市藝術博物館藏敦煌文獻第三冊　p. 311　附彩版 9
1696　大智度論卷第七十二釋論　浙敦 028(浙博 03)　浙藏敦煌文獻　p. 123　附彩版 11
1697　大智度論卷第七十八　中研院 13　臺北"中研院"傅斯年圖書館藏敦煌卷子題記　吳其昱先生八秩華誕敦煌學特刊　p. 368
1698　大智度論卷第八十一　上圖 042(812449)　上海圖書館藏敦煌吐魯番文獻第一冊　p. 309
1699　大智度論卷第八十四　臺中圖 096　臺灣"中央圖書館"藏敦煌卷子第三冊　p. 947
1700　大智度論卷第八十五釋道樹品第七十一　敦研 223(447)　甘肅藏敦煌文獻第一卷　p. 213
1701　大智度論卷第八十五釋菩薩行品第七十二　敦研 064(275)　甘肅藏敦煌文獻第一卷　p. 70
1702　大智度論卷第九十　浙敦 027(浙博 02)　浙藏敦煌文獻　p. 106　附彩版 10
1703　大智度論卷第九十二　中研院 29　臺北"中研院"傅斯年圖書館藏敦煌卷子題記　吳其昱先生八秩華誕敦煌學特刊　p. 381
1704　大智度經卷第九十五　津藝 247(77·5·4586)　天津市藝術博物館藏敦煌文獻第五冊　p. 215
1705　大智度論抄本　浙敦 126(浙博 101)　浙藏敦煌文獻　p. 211
注:原爲"佛經殘片",宗舜法師擬定名"大智度論抄本"。
1706　金剛般若波羅蜜經論　浙敦 082(浙博 57)　浙藏敦煌文獻　p. 199

1707 金剛般若波羅蜜經論　浙敦138（浙博113）　浙藏敦煌文獻　p. 214
1708 金剛般若波羅蜜經論卷中　臺中圖116　臺灣“中央圖書館”藏敦煌卷子第三冊　p. 1095
1709 十地經論卷第七難勝地第五　上圖090（812538）　上海圖書館藏敦煌吐魯番文獻第二冊　p. 339
1710 十地論善慧地第九卷之十一　上博32（37493）　上海博物館藏敦煌吐魯番文獻第一冊　p. 259
1711 十地論卷第十　臺中圖098　臺灣“中央圖書館”藏敦煌卷子第三冊　p. 991
1712 大乘四法經釋　北大D082－2　北京大學圖書館藏敦煌文獻第一冊　p. 300
1713 阿毗曇心論卷第二　上圖110（812560）　上海圖書館藏敦煌吐魯番文獻第三冊　p. 39
1714 阿毗達磨俱舍論本頌　津藝075（77・5・4417）　天津市藝術博物館藏敦煌文獻第二冊　p. 40
1715 阿毗達磨俱舍論本頌分別界品第一　臺中圖032B　臺灣“中央圖書館”藏敦煌卷子第一冊　p. 277
1716 阿毗達磨俱舍論本頌科判分別界品第一　北大D231　北京大學圖書館藏敦煌文獻第二冊　p. 249
1717 阿毗達磨俱舍論本頌科判分別界品第一　北大D232　北京大學圖書館藏敦煌文獻第二冊　p. 249
1718 阿毗達磨俱舍論本頌科判分別根品第二　北大D235　北京大學圖書館藏敦煌文獻第二冊　p. 253
1719 俱舍論本頌卷第二　北大D223　北京大學圖書館藏敦煌文獻第二冊　p. 245
1720 中論卷第二觀行品第十三　敦研014（221）　甘肅藏敦煌文獻第一卷　p. 13
1721 中論卷第二觀行品第十三　敦研124（345）　甘肅藏敦煌文獻第一卷　p. 160
1722 中論卷第二卷第三　敦研013（220）　甘肅藏敦煌文獻第一卷　p. 12
1723 中論卷第三觀有無品第十五　敦研015（222）　甘肅藏敦煌文獻第一卷　p. 14
1724 瑜伽師地論　故宮新86979　王素、任昉、孟嗣徽提供目錄
1725 瑜伽師地論　故宮新104072　王素、任昉、孟嗣徽提供目錄
1726 瑜伽師地論　浙敦121（浙博96）　浙藏敦煌文獻　p. 210
1727 瑜伽師地論卷第七　津圖083　天津圖書館藏敦煌遺書目錄　敦煌吐魯番研究第八卷　p. 331
1728 瑜伽師地論卷第七　津藝113（77・5・4452）　天津市藝術博物館藏敦煌文獻第二冊　p. 318　附彩版6
1729 瑜伽師地論卷第九　敦研333（701）　甘肅藏敦煌文獻第二卷　p. 78
1730 瑜伽師地論卷第十二　上圖155（812606）　上海圖書館藏敦煌吐魯番文獻第三冊　p. 395　附彩版8
1731 瑜伽師地論卷第十九　浙敦170（浙博145）　浙藏敦煌文獻　p. 222

注：原爲“佛經殘片”，宗舜法師擬定名“瑜伽師地論卷第十九”。

1732 瑜伽師地論卷第十九　浙敦171（浙博146）　浙藏敦煌文獻　p. 222

注：原爲“佛經殘片”，宗舜法師擬定名“瑜伽師地論卷第十九”。

1733 瑜伽師地論卷第二十一　上圖171（826082）　上海圖書館藏敦煌吐魯番文獻第四冊　p. 68
1734 瑜伽師地論卷第二十三　甘圖006　甘肅藏敦煌文獻第三卷　p. 53
1735 瑜伽師地論卷第二十四彌勒菩薩說卷　歷博晉唐寫經48　中國歷史博物館藏法書大觀第十一卷　p. 219

1736　瑜伽師地論卷第二十八　上博 74（516177）　上海博物館藏敦煌吐魯番文獻第二冊　p. 232
1737　瑜伽論第三十六三十七分門記　定博 006（242 −7）　甘肅藏敦煌文獻第六卷　p. 308
1738　瑜伽師地論卷第三十八　西北師大 009（9）　甘肅藏敦煌文獻第三卷　p. 283
1739　辯中邊論卷第一　津圖 068　天津圖書館藏敦煌遺書目錄　敦煌吐魯番研究第八卷　p. 327
1740　大乘百法論　臺中圖 097　臺灣"中央圖書館"藏敦煌卷子第三冊　p. 965
1741　成唯識論　浙敦 161（浙博 136）　浙藏敦煌文獻　p. 219
1742　成唯識論卷第七　敦博 036　甘肅藏敦煌文獻第六卷　p. 41
1743　佛性觀　臺中圖 099　臺灣"中央圖書館"藏敦煌卷子第三冊　p. 1003
1744　菩薩地持經卷第十　津圖 108　天津圖書館藏敦煌遺書目錄　敦煌吐魯番研究第八卷　p. 339
1745　成實論　浙敦 019（浙圖 19）　浙藏敦煌文獻　p. 67
1746　成實論卷第十七　上圖 113（812563）　上海圖書館藏敦煌吐魯番文獻第三冊　p. 72
1747　緣生論　甘博 069（10438）　甘肅藏敦煌文獻第五卷　p. 83
1748　圓明論　中研院 10　臺北"中研院"傅斯年圖書館藏敦煌卷子題記　吳其昱先生八秩華誕敦煌學特刊　p. 366

十一、密教部

1749　金剛頂蓮華部心念誦儀軌　上圖 055 −2（812462）　上海圖書館藏敦煌吐魯番文獻第二冊　p. 24
1750　壇法儀則　甘博 015（10489）　甘肅藏敦煌文獻第四卷　p. 115
1751　大乘無量壽經　故宮新 121247　王素、任昉、孟嗣徽提供目錄
1752　大乘無量壽經　故宮新 154421　王素、任昉、孟嗣徽提供目錄
1753　大乘無量壽經　中研院 11　臺北"中研院"傅斯年圖書館藏敦煌卷子題記　吳其昱先生八秩華誕敦煌學特刊　p. 367
1754　大乘無量壽經　上博 44（39646）　上海博物館藏敦煌吐魯番文獻第一冊　p. 339
1755　大乘無量壽經　上博 65（51107）　上海博物館藏敦煌吐魯番文獻第二冊　p. 175
1756　大乘無量壽經　北大 D094　北京大學圖書館藏敦煌文獻第二冊　p. 40
1757　大乘無量壽經　上圖 058（812465）　上海圖書館藏敦煌吐魯番文獻第二冊　p. 30
1758　大乘無量壽經　上圖 137（812587）　上海圖書館藏敦煌吐魯番文獻第三冊　p. 328
1759　大乘無量壽經　上圖 154（812605）　上海圖書館藏敦煌吐魯番文獻第三冊　p. 393
1760　大乘無量壽經　津藝 023（60・5・1698）　天津市藝術博物館藏敦煌文獻第一冊　p. 114
1761　大乘無量壽經　敦研 327（690）　甘肅藏敦煌文獻第二卷　p. 45
1762　大乘無量壽經　敦研 339（1）（708 −1）　甘肅藏敦煌文獻第二卷　p. 87
1763　大乘無量壽經　敦研 339（2）（708 −2）　甘肅藏敦煌文獻第二卷　p. 90
1764　大乘無量壽經　敦研 339（3）（708 −3）　甘肅藏敦煌文獻第二卷　p. 93
1765　大乘無量壽經　敦研 339（4）（708 −4）　甘肅藏敦煌文獻第二卷　p. 94
1766　大乘無量壽經　敦研 339（5）（708 −5）　甘肅藏敦煌文獻第二卷　p. 96
1767　大乘無量壽經　敦研 344（714）　甘肅藏敦煌文獻第二卷　p. 105
1768　大乘無量壽經　酒博 002（26）　甘肅藏敦煌文獻第二卷　p. 242

1769　大乘無量壽經　甘圖 013　甘肅藏敦煌文獻第三卷　p. 113
1770　大乘無量壽經　甘博 111(20947)　甘肅藏敦煌文獻第五卷　p. 235
1771　大乘無量壽經　甘博 112(10415)　甘肅藏敦煌文獻第五卷　p. 237
1772　大乘無量壽經　甘博 113(10486)　甘肅藏敦煌文獻第五卷　p. 241
1773　大乘無量壽經　甘博 114(20940)　甘肅藏敦煌文獻第五卷　p. 244
1774　大乘無量壽經　甘博 115(20948)　甘肅藏敦煌文獻第五卷　p. 246
1775　大乘無量壽經　甘博 116(20949)　甘肅藏敦煌文獻第五卷　p. 249
1776　大乘無量壽經　甘博 117(10416)　甘肅藏敦煌文獻第五卷　p. 251
1777　大乘無量壽經　甘博 118(13077)　甘肅藏敦煌文獻第五卷　p. 253
1778　大乘無量壽經　甘博 119(13089)　甘肅藏敦煌文獻第五卷　p. 255
1779　大乘無量壽經　敦博 059　甘肅藏敦煌文獻第六卷　p. 178
1780　大乘無量壽經　敦博 060　甘肅藏敦煌文獻第六卷　p. 180
1781　大乘無量壽經　敦博 061　甘肅藏敦煌文獻第六卷　p. 181
1782　大乘無量壽經　敦博 062　甘肅藏敦煌文獻第六卷　p. 183
1783　大乘無量壽經　敦博 063　甘肅藏敦煌文獻第六卷　p. 186
1784　大乘無量壽經　敦博 064　甘肅藏敦煌文獻第六卷　p. 188
1785　大乘無量壽經　敦博 066　甘肅藏敦煌文獻第六卷　p. 193
1786　大乘無量壽經　敦博 068　甘肅藏敦煌文獻第六卷　p. 198
1787　大乘無量壽經　敦博 069　甘肅藏敦煌文獻第六卷　p. 201
1788　大乘無量壽經　敦博 075　甘肅藏敦煌文獻第六卷　p. 222
1789　大乘無量壽經　敦博 080　甘肅藏敦煌文獻第六卷　p. 282
1790　大乘無量壽經　定博 003(238－3)　甘肅藏敦煌文獻第六卷　p. 292
1791　大乘無量壽經　定博 005(240－5)　甘肅藏敦煌文獻第六卷　p. 303
1792　大乘無量壽經　臺中圖 008　臺灣“中央圖書館”藏敦煌卷子第一冊　p. 53
1793　大乘無量壽經　臺中圖 009　臺灣“中央圖書館”藏敦煌卷子第一冊　p. 59
1794　大乘無量壽宗要經　津文 17　天津市文物公司藏敦煌寫經　p. 78
1795　大乘無量壽宗要經　津文 18　天津市文物公司藏敦煌寫經　p. 80
1796　大乘無量壽宗要經　南圖 001　南京圖書館所藏敦煌遺書目錄　敦煌研究 1998 年第四期　p. 134
1797　佛說無量壽宗要經　津藝 088(77・5・4431)　天津市藝術博物館藏敦煌文獻第二冊　p. 139
1798　佛說無量壽宗要經　津藝 089(77・5・4432)　天津市藝術博物館藏敦煌文獻第二冊　p. 141
1799　佛說無量壽宗要經　臺中圖 010　臺灣“中央圖書館”藏敦煌卷子第一冊　p. 63
1800　佛說無量壽宗要經　臺中圖 011　臺灣“中央圖書館”藏敦煌卷子第一冊　p. 65
1801　佛說無量壽宗要經　臺中圖 012　臺灣“中央圖書館”藏敦煌卷子第一冊　p. 69
1802　佛說無量壽宗要經　北大 D095　北京大學圖書館藏敦煌文獻第二冊　p. 40
1803　無量壽宗要經　津藝 061D(77・5・4402－4)　天津市藝術博物館藏敦煌文獻第一冊　p. 307
1804　大佛頂如來放光悉怛多鉢怛囉陀羅尼釋文　浙敦 176　(浙博 151)　浙藏敦煌文獻　p. 223
注:原爲“佛經殘片”,宗舜法師擬定名“大佛頂如來放光悉怛多鉢怛囉陀羅尼釋文”。
1805　大佛頂萬行首楞嚴經卷第一　臺中圖 101　臺灣“中央圖書館”藏敦煌卷子第三冊　p. 1015

1806 大佛頂如來密因修正了義諸菩薩萬行首楞嚴經卷第一　津藝009(58・5・668)　天津市藝術博物館藏敦煌文獻第一冊　p. 53

1807 大佛頂如來密因修正了義諸菩薩萬行首楞嚴經卷第一　西北師大002(2)　甘肅藏敦煌文獻第三卷　p. 216

1808 大佛頂如來密因修正了義諸菩薩萬行首楞嚴經卷第二　上博35(37496)　上海博物館藏敦煌吐魯番文獻第一冊　p. 285

1809 首楞嚴經卷第三　津藝051(77・5・2310)　天津市藝術博物館藏敦煌文獻第一冊　p. 293

1810 大佛頂如來密因修正了義諸菩薩萬行首楞嚴經卷第三　津圖107　天津圖書館藏敦煌遺書目錄　敦煌吐魯番研究第八卷　p. 339

1811 大佛頂如來密因修正了義諸菩薩萬行首楞嚴經卷第三　上博67(51610)　上海博物館藏敦煌吐魯番文獻第二冊　p. 183

1812 大佛頂如來密因修正了義諸菩薩萬行首楞嚴經卷第四　西北師大008(8)　甘肅藏敦煌文獻第三卷　p. 280

1813 大佛頂如來密因修正了義諸菩薩萬行首楞嚴經卷第五　酒博017(42)　甘肅藏敦煌文獻第二卷　p. 291

1814 大佛頂如來密因修正了義諸菩薩萬行首楞嚴經卷第六　甘博058(20942)　甘肅藏敦煌文獻第五卷　p. 57

1815 大佛頂如來密因修正了義諸菩薩萬行首楞嚴經卷第六　上圖079(812526)　上海圖書館藏敦煌吐魯番文獻第二冊　p. 269

1816 大佛頂如來密因修正了義諸菩薩萬行首楞嚴經卷第七　津圖098　天津圖書館藏敦煌遺書目錄　敦煌吐魯番研究第八卷　p. 336

1817 大佛頂如來密因修正了義諸菩薩萬行首楞嚴經卷第九　上圖131(812581)　上海圖書館藏敦煌吐魯番文獻第三冊　p. 253

1818 大佛頂如來密因修正了義諸菩薩萬行首楞嚴經卷第十　上圖013(799224)　上海圖書館藏敦煌吐魯番文獻第一冊　p. 106

1819 大佛頂如來密因修正了義諸菩薩萬行首楞嚴經卷第十　上圖170(826028)　上海圖書館藏敦煌吐魯番文獻第四冊　p. 59

1820 大佛頂如來密因修正了義諸菩薩萬行首楞嚴經卷第十　上博70(51613)　上海博物館藏敦煌吐魯番文獻第二冊　p. 211

1821 大佛頂如來密因修正了義諸菩薩萬行首楞嚴經卷第十　敦博051　甘肅藏敦煌文獻第六卷　p. 114

1822 佛說大威德熾盛光如來吉祥陀羅尼經　上博48(18)(41379)　上海博物館藏敦煌吐魯番文獻第二冊　p. 24

1823 佛說熾盛光大威德消災吉祥陀羅尼經　甘博016H(2490)　甘肅藏敦煌文獻第四卷　p. 142

1824 佛頂尊勝陀羅尼經　上圖049(812456)　上海圖書館藏敦煌吐魯番文獻第二冊　p. 1　附彩版1

1825 佛頂尊勝陀羅尼經　上圖094(812542)　上海圖書館藏敦煌吐魯番文獻第二冊　p. 365

1826 佛頂尊勝陀羅尼經　上圖103(812551)　上海圖書館藏敦煌吐魯番文獻第二冊　p. 399

1827 佛頂尊勝陀羅尼經　臺中圖104　臺灣“中央圖書館”藏敦煌卷子第三冊　p. 1037

1828 佛頂尊勝陀羅尼經　上博48(9)(41379)　上海博物館藏敦煌吐魯番文獻第二冊　p. 11

1829 佛頂尊勝陀羅尼經　北大D076　北京大學圖書館藏敦煌文獻第一冊　p. 276

1830 佛頂尊勝陀羅尼經　北大D077　北京大學圖書館藏敦煌文獻第一冊　p. 277　附彩版3

1831 佛頂尊勝陀羅尼經　西北師大 010(10)　甘肅藏敦煌文獻第三卷　p. 290
1832 佛頂尊勝陀羅尼經　津文 15　天津市文物公司藏敦煌寫經　p. 72
1833 佛頂尊勝陀羅尼經　津圖 162　天津圖書館藏敦煌遺書目錄　敦煌吐魯番研究第八卷　p. 354
1834 佛頂尊勝陀羅尼經　湖北博 31　湖北省博物館藏敦煌經卷概述　敦煌吐魯番研究第五卷　p. 275
1835 大佛頂陀羅尼　敦博 071　甘肅藏敦煌文獻第六卷　p. 206
1836 尊勝陀羅尼經　浙敦 074(浙博 49)　浙藏敦煌文獻　p. 197
1837 佛頂尊勝咒　敦研 094(307)　甘肅藏敦煌文獻第一卷　p. 99
1838 佛說六字咒王經　北大 D078　北京大學圖書館藏敦煌文獻第一冊　p. 279
1839 佛說加句靈驗佛頂尊勝陀羅尼神妙章句真言　上博 48(7)(41379)　上海博物館藏敦煌吐魯番文獻第二冊　p. 11
1840 尊勝真言啓請　上博 48(6)(41379)　上海博物館藏敦煌吐魯番文獻第二冊　p. 10
1841 佛說回向輪經　甘博 128(10557)　甘肅藏敦煌文獻第五卷　p. 281
1842 藥師經心咒　上博 48(11)(41379)　上海博物館藏敦煌吐魯番文獻第二冊　p. 18
1843 千手千眼觀世音菩薩廣大圓滿無礙大悲心陀羅尼經　北大 D122　北京大學圖書館藏敦煌文獻第二冊　p. 93
1844 千手千眼觀世音菩薩廣大圓滿無礙大悲心陀羅尼經　敦研 350(721)　甘肅藏敦煌文獻第二卷　p. 125
1845 千手千眼觀世音菩薩廣大圓滿無礙大悲心陀羅尼經　浙敦 106(浙博 81)　浙藏敦煌文獻　p. 204

注:原爲“佛經殘片”,宗舜法師擬定名“千手千眼觀世音菩薩廣大圓滿無礙大悲心陀羅尼經”。

1846 千手千眼觀世音菩薩廣大圓滿無礙大悲心陀羅尼願　上圖 142-1(812592)　上海圖書館藏敦煌吐魯番文獻第三冊　p. 341
1847 千手千眼觀世音菩薩經卷上　津藝 305(77·5·4644)　天津市藝術博物館藏敦煌文獻第六冊　p. 350
1848 千手千眼觀世音菩薩姥陀羅尼身經　津圖 104　天津圖書館藏敦煌遺書目錄　敦煌吐魯番研究第八卷　p. 338
1849 佛說千手千眼菩薩經卷中　津藝 214(77·5·4553)　天津市藝術博物館藏敦煌文獻第四冊　p. 232
1850 千手千眼經卷下　津藝 204(77·5·4543)　天津市藝術博物館藏敦煌文獻第四冊　p. 170
1851 千眼菩薩總攝身印第一　津圖 066　天津圖書館藏敦煌遺書目錄　敦煌吐魯番研究第八卷　p. 327
1852 十一面神咒心經　西北師大 012(12)　甘肅藏敦煌文獻第三卷　p. 292
1853 十一面神咒心經　甘博 062(20829)　甘肅藏敦煌文獻第五卷　p. 66
1854 七俱胝佛母心大准提陀羅尼經　臺中圖 107　臺灣“中央圖書館”藏敦煌卷子第三冊　p. 1057
1855 七俱胝佛母准提大明陀羅尼經　津圖 125　天津圖書館藏敦煌遺書目錄　敦煌吐魯番研究第八卷　p. 344
1856 隨求即得大自在陀羅尼神咒經一卷　中研院 49　臺北“中研院”傅斯年圖書館藏敦煌卷子題記　吳其昱先生八秩華誕敦煌學特刊　p. 393

1857　佛說北方大聖毗沙門天王經　上博48(22)(41379)　上海博物館藏敦煌吐魯番文獻第二冊　p. 26

1858　毗沙門天王真言　上博48(24)(41379)　上海博物館藏敦煌吐魯番文獻第二冊　p. 31

1859　摩利支天經　上博48(19)(41379)　上海博物館藏敦煌吐魯番文獻第二冊　p. 24

1860　佛說摩利支天經　甘博016C(2490)　甘肅藏敦煌文獻第四卷　p. 138

1861　諸星母陀羅尼經　津藝061E(77・5・4402－5)　天津市藝術博物館藏敦煌文獻第一冊　p. 308

1862　諸星母陀羅尼經　津藝114(77・5・4453)　天津市藝術博物館藏敦煌文獻第二冊　p. 323

1863　諸星母陀羅尼經　津藝115(77・5・4454)　天津市藝術博物館藏敦煌文獻第二冊　p. 325

1864　諸星母陀羅尼經　甘博059(13096)　甘肅藏敦煌文獻第五卷　p. 59

1865　諸星母陀羅尼經　北大D126　北京大學圖書館藏敦煌文獻第二冊　p. 99

1866　諸星母陀羅尼經　臺中圖106　臺灣“中央圖書館”藏敦煌卷子第三冊　p. 1051

1867　諸星母陀羅尼經一卷　敦研346(716)　甘肅藏敦煌文獻第二卷　p. 113

1868　諸星母陀羅尼經一卷　甘圖019　甘肅藏敦煌文獻第三卷　p. 141

1869　諸星母陀羅尼經一卷　甘圖020　甘肅藏敦煌文獻第三卷　p. 144

1870　諸星母陀羅尼經一卷　津藝211(77・5・4550)　天津市藝術博物館藏敦煌文獻第四冊　p. 214

1871　諸星母陀羅尼經一卷　上圖121(812571)　上海圖書館藏敦煌吐魯番文獻第三冊　p. 152

1872　救拔焰口餓鬼陀羅尼經　津圖109　天津圖書館藏敦煌遺書目錄　敦煌吐魯番研究第八卷　p. 340

1873　救拔焰口餓鬼陀羅尼經　津圖112－2　天津圖書館藏敦煌遺書目錄　敦煌吐魯番研究第八卷　p. 341

1874　佛說灌頂經　故宫新179351　王素、任昉、孟嗣徽提供目錄

1875　大灌頂經卷第六　臺中圖105　臺灣“中央圖書館”藏敦煌卷子第三冊　p. 1043

1876　灌頂經卷第八　上博66(51108)　上海博物館藏敦煌吐魯番文獻第二冊　p. 177　附彩版7

1877　佛說灌頂經卷第十二　津藝270(77・5・4609)　天津市藝術博物館藏敦煌文獻第六冊　p. 39

1878　灌頂經卷第十二　臺中圖103　臺灣“中央圖書館”藏敦煌卷子第三冊　p. 1031

1879　佛說灌頂章句拔除過罪生死得度經卷第十二　津藝119(77・5・4458)　天津市藝術博物館藏敦煌文獻第二冊　p. 365

1880　佛說灌頂章句拔除過罪生死得度經卷第十二　敦研009(216)　甘肅藏敦煌文獻第一卷　p. 7

1881　佛說灌頂章句拔除過罪生死得度經卷第十二　敦研055(264)　甘肅藏敦煌文獻第一卷　p. 60

1882　佛說灌頂章句拔除過罪生死得度經卷第十二　敦研065(276)　甘肅藏敦煌文獻第一卷　p. 71

1883　佛說灌頂章句拔除過罪生死得度經卷第十二　敦研355(711)　甘肅藏敦煌文獻第二卷　p. 146

1884　灌頂拔除過罪生死得度經　津圖058　天津圖書館藏敦煌遺書目錄　敦煌吐魯番研究第八卷　p. 325

1885　佛說灌頂拔除過罪生死得度經　浙敦068(浙博43)　浙藏敦煌文獻　p. 194

注:原爲“佛經殘片”,宗舜法師擬定名爲“佛説灌頂拔除過罪生死得度經”。

1886 佛說灌頂拔除過罪生死得度經 浙敦084(浙博59) 浙藏敦煌文獻 p. 199

注:原爲"佛經殘片",宗舜法師擬定名爲"佛說灌頂拔除過罪生死得度經"。

1887 七佛所說神咒經卷第二 津藝215(77·5·4554) 天津市藝術博物館藏敦煌文獻第四冊 p. 239 附彩版6

1888 七佛神咒經卷第四 津藝301(77·5·4640) 天津市藝術博物館藏敦煌文獻第六冊 p. 262 附彩版6

1889 大方等陀羅尼經護戒分卷第四 西北師大017(014-1) 甘肅藏敦煌文獻第三卷 p. 300

1890 陀羅尼雜集卷第三 津圖063 天津圖書館藏敦煌遺書目錄 敦煌吐魯番研究第八卷 p. 326

1891 陀羅尼 北大D123 北京大學圖書館藏敦煌文獻第二冊 p. 95

1892 陀羅尼 北大D226 北京大學圖書館藏敦煌文獻第二冊 p. 246

1893 陀羅尼 敦研060(270) 甘肅藏敦煌文獻第一卷 p. 65

1894 陀羅尼 敦研360(271) 甘肅藏敦煌文獻第二卷 p. 149

1895 陀羅尼 敦研362(430) 甘肅藏敦煌文獻第二卷 p. 151

1896 藥師道場壇法 北大D180-2 北京大學圖書館藏敦煌文獻第二冊 p. 194

1897 慈悲水懺法 浙敦081(浙博56) 浙藏敦煌文獻 p. 198

注:原爲"佛經殘片",宗舜法師擬定名爲"慈悲水懺法"。

1898 佛經咒語 浙敦063(浙博38) 浙藏敦煌文獻 p. 177

1899 佛說檁特羅麻油述經 敦研010-1(217-1) 甘肅藏敦煌文獻第一卷 p. 7

1900 佛說祝毒經 敦研010-2(217-2) 甘肅藏敦煌文獻第一卷 p. 8

1901 悉曇字輪 北大D242 北京大學圖書館藏敦煌文獻第二冊 p. 257 附彩版16

1902 佛說灌頂隨願往生十方淨土經卷第十一 上圖105-4(812555) 上海圖書館藏敦煌吐魯番文獻第三冊 p. 3

1903 佛說八陽經心咒 上博48(12)(41379) 上海博物館藏敦煌吐魯番文獻第二冊 p. 18

1904 佛說普賢菩薩滅罪陀羅尼咒 上博48(26)(41379) 上海博物館藏敦煌吐魯番文獻第二冊 p. 31

1905 佛說除蓋障真言 上博48(8)(41379) 上海博物館藏敦煌吐魯番文獻第二冊 p. 11

1906 大隨求啓請 上博48(5)(41379) 上海博物館藏敦煌吐魯番文獻第二冊 p. 10

1907 護身真言 上博48(23)(41379) 上海博物館藏敦煌吐魯番文獻第二冊 p. 31

1908 吉祥天女真言 上博48(25)(41379) 上海博物館藏敦煌吐魯番文獻第二冊 p. 31

1909 觀世音菩薩說伏膏咒印藥法別卷 敦博071V(A) 甘肅藏敦煌文獻第六卷 p. 208

1910 金剛經陀羅尼神咒 津藝202-2(77·5·4541) 天津市藝術博物館藏敦煌文獻第四冊 p. 164

1911 金剛兒咒 敦博071V(C) 甘肅藏敦煌文獻第六卷 p. 208

1912 解一切咒陀羅尼 敦博071V(B) 甘肅藏敦煌文獻第六卷 p. 208

1913 淨三業真言 浙敦180(浙博155) 浙藏敦煌文獻 p. 225

1914 阿彌陀佛說咒 故宫新154415(3) 王素、任昉、孟嗣徽提供目錄

1915 佛說甚深大回向經 故宫新137371 王素、任昉、孟嗣徽提供目錄

十二、經疏部

1916 仁王般若經疏(?) 故宫新176121 王素、任昉、孟嗣徽提供目錄
1917 金剛般若經義疏卷第二 上圖125(812575) 上海圖書館藏敦煌吐魯番文獻第三册 p. 188 附彩版4
1918 金剛般若經疏 北大D022 北京大學圖書館藏敦煌文獻第一册 p. 87 附彩版7
1919 金剛般若經並注釋一卷 湖北博14 湖北省博物館藏敦煌經卷概述 敦煌吐魯番研究第五卷 p. 273
1920 金剛般若經旨讚 故宫新137370V 王素、任昉、孟嗣徽提供目錄
1921 金剛般若經旨讚 故宫新176124V 王素、任昉、孟嗣徽提供目錄
1922 金剛般若經旨讚卷上 敦博065 甘肅藏敦煌文獻第六卷 p. 191
1923 金剛般若經旨讚卷下 臺中圖140 臺灣"中央圖書館"藏敦煌卷子第三册 p. 1257
1924 金剛般若經旨讚卷下 南圖021 南京圖書館所藏敦煌遺書目錄 敦煌研究1998年第四期 p. 140
1925 金剛經注疏 浙敦095(浙博70) 浙藏敦煌文獻 p. 202
注:原爲"佛經注疏殘片",宗舜法師擬定名爲"金剛經注疏"。
1926 金剛經注疏 浙敦178(浙博153) 浙藏敦煌文獻 p. 224 附彩版18
注:原爲"佛經注疏殘片",宗舜法師擬定名爲"金剛經注疏"。
1927 金剛經注疏 敦研369V(784)V 甘肅藏敦煌文獻第二卷 p. 167
1928 金剛經注解 浙敦069(浙博44) 浙藏敦煌文獻 p. 194
注:原爲"佛教禪宗文稿",宗舜法師擬定名爲"金剛經注解"。
1929 金剛經注解 浙敦102(浙博77) 浙藏敦煌文獻 p. 204
注:原爲"佛教禪宗文稿",宗舜法師擬定名爲"金剛經注解"。
1930 金剛經注解 浙敦103(浙博78) 浙藏敦煌文獻 p. 204
注:原爲"佛教禪宗文稿",宗舜法師擬定名爲"金剛經注解"。
1931 金剛經要略 浙敦177(浙博152) 浙藏敦煌文獻 p. 224
注:原爲"佛教文稿殘片",宗舜法師擬定名爲"金剛經要略"。
1932 金剛經諸義 北大D139 北京大學圖書館藏敦煌文獻第二册 p. 114
1933 梁朝傅大士頌金剛經 上圖004－1(795017) 上海圖書館藏敦煌吐魯番文獻第一册 p. 29
1934 金剛般若波羅蜜經讚釋 津藝034V(62·5·3013V) 天津市藝術博物館藏敦煌文獻第一册 p. 230
1935 般若波羅蜜多心經疏 北大D201 北京大學圖書館藏敦煌文獻第二册 p. 221
1936 般若波羅蜜多心經注 津藝256(77·5·4595) 天津市藝術博物館藏敦煌文獻第五册 p. 314
1937 般若波羅蜜多心經注 津藝275(77·5·4614) 天津市藝術博物館藏敦煌文獻第六册 p. 66
1938 注波羅蜜多心經 敦博077F 甘肅藏敦煌文獻第六卷 p. 275
1939 妙法蓮華經玄讚 故宫新137368 王素、任昉、孟嗣徽提供目錄
1940 妙法蓮華經玄讚 故宫新138065 王素、任昉、孟嗣徽提供目錄

1941 妙法蓮華經玄讚　故宮新 150679　王素、任昉、孟嗣徽提供目録
1942 妙法蓮華經疏釋　上圖 183A(824757)A　上海圖書館藏敦煌吐魯番文獻第四册　p. 135
1943 妙法蓮華經疏　南圖 020　南京圖書館所藏敦煌遺書目録　敦煌研究 1998 年第四期　p. 139
1944 法華經文外義一卷　上博 15(3317)　上海博物館藏敦煌吐魯番文獻第一册　p. 118　附彩版 13
1945 法華經釋　北大 D143　北京大學圖書館藏敦煌文獻第二册　p. 122
1946 法華經釋　北大 D183V　北京大學圖書館藏敦煌文獻第二册　p. 199
1947 法華經義疏　津藝 304(77・5・4643)　天津市藝術博物館藏敦煌文獻第六册　p. 289　附彩版 7
1948 法華經疏　北大 D222　北京大學圖書館藏敦煌文獻第二册　p. 244
1949 法華經疏　津圖 044　天津圖書館藏敦煌遺書目録　敦煌吐魯番研究第八卷　p. 321
1950 法華經疏　津圖 046　天津圖書館藏敦煌遺書目録　敦煌吐魯番研究第八卷　p. 322
1951 法華經疏　津圖 094　天津圖書館藏敦煌遺書目録　敦煌吐魯番研究第八卷　p. 335
1952 法華經疏　津藝 244(77・5・4583)　天津市藝術博物館藏敦煌文獻第五册　p. 177
1953 法華經疏卷第二　上博 12(3303)　上海博物館藏敦煌吐魯番文獻第一册　p. 100
1954 法華義疏卷第三方便品第二之一　中研院 27　臺北"中研院"傅斯年圖書館藏敦煌卷子題記　吳其昱先生八秩華誕敦煌學特刊　p. 378
1955 法華義記　中研院 28　臺北"中研院"傅斯年圖書館藏敦煌卷子題記　吳其昱先生八秩華誕敦煌學特刊　p. 379
1956 華嚴經探玄記　故宮新 137370　王素、任昉、孟嗣徽提供目録
1957 華嚴經探玄記　故宮新 176124　王素、任昉、孟嗣徽提供目録
1958 大般涅槃經疏　上圖 064(812494)　上海圖書館藏敦煌吐魯番文獻第二册　p. 152
1959 維摩疏卷第一　上圖 111(812561)　上海圖書館藏敦煌吐魯番文獻第三册　p. 52　附彩版 2
1960 維摩疏卷第四　上圖 036(812443)　上海圖書館藏敦煌吐魯番文獻第一册　p. 259　附彩版 15
1961 維摩詰經注釋　北大 D162　北京大學圖書館藏敦煌文獻第二册　p. 154
1962 維摩詰經弟子品第三疏釋　敦研 066(277)　甘肅藏敦煌文獻第一卷　p. 72
1963 維摩詰經弟子品疏釋　敦研 375(790)　甘肅藏敦煌文獻第二卷　p. 173
1964 維摩詰經菩薩品第四疏釋　敦研 247(472)　甘肅藏敦煌文獻第一卷　p. 225
1965 維摩詰經文殊師利問疾品第五疏釋　敦研 067(278)　甘肅藏敦煌文獻第一卷　p. 75
1966 維摩詰經文殊師利問疾品第五疏釋　敦研 248(473)　甘肅藏敦煌文獻第一卷　p. 227
1967 維摩詰經觀衆生品第七疏釋　敦研 249(474)　甘肅藏敦煌文獻第一卷　p. 229
1968 維摩詰經佛道品第八疏釋　敦研 250(475)　甘肅藏敦煌文獻第一卷　p. 231
1969 維摩詰經入不二法門品第九香積佛品第十疏釋　敦研 251(476)　甘肅藏敦煌文獻第一卷　p. 235
1970 維摩詰經香積佛品第十菩薩行品第十一疏釋　敦研 252(477)　甘肅藏敦煌文獻第一卷　p. 239
1971 注維摩詰經序疏釋　北大 D245　北京大學圖書館藏敦煌文獻第二册　p. 259　附彩版 4
1972 注維摩詰經卷第三弟子品　甘博 129(10648)　甘肅藏敦煌文獻第五卷　p. 282
1973 注維摩詰經卷第五　臺中圖 126　臺灣"中央圖書館"藏敦煌卷子第三册　p. 1193
1974 維摩手記　中研院 30　臺北"中研院"傅斯年圖書館藏敦煌卷子題記　吳其昱先生八秩華誕敦煌學特刊　p. 382

1975 維摩釋前等小抄 中研院 31 臺北“中研院”傅斯年圖書館藏敦煌卷子題記 吳其昱先生八秩華誕敦煌學特刊 p. 383
1976 淨名經集解關中疏卷上 北大 D161 北京大學圖書館藏敦煌文獻第二冊 p. 152
1977 淨名經集解關中疏卷下 上圖 130(812580) 上海圖書館藏敦煌吐魯番文獻第三冊 p. 248 附彩版 5
1978 淨名經關中抄卷下 北大 D097 北京大學圖書館藏敦煌文獻第二冊 p. 42
1979 淨名經關中釋抄卷上 臺中圖 122 臺灣“中央圖書館”藏敦煌卷子第三冊 p. 1153
1980 淨名經關中釋抄卷上 臺中圖 123 臺灣“中央圖書館”藏敦煌卷子第三冊 p. 1157
1981 淨名經關中釋抄卷上 臺中圖 124 臺灣“中央圖書館”藏敦煌卷子第三冊 p. 1171
1982 淨名經關中疏卷上 臺中圖 121 臺灣“中央圖書館”藏敦煌卷子第三冊 p. 1137
1983 淨名經關中疏卷下 津藝 030(60・5・1706) 天津市藝術博物館藏敦煌文獻第一冊 p. 176 附彩版 9
1984 大乘稻芉經隨聽疏一卷 上博 43(39645) 上海博物館藏敦煌吐魯番文獻第一冊 p. 332
1985 大乘稻芉經隨聽疏卷第七 臺中圖 125 臺灣“中央圖書館”藏敦煌卷子第三冊 p. 1181
1986 大乘稻芉經隨聽手鏡記 北大 D115 北京大學圖書館藏敦煌文獻第二冊 p. 83
1987 大乘稻芉經隨聽手鏡記補記 北大 D115V 北京大學圖書館藏敦煌文獻第二冊 p. 84
1988 大乘稻芉經隨聽疏決 上圖 183AV(824757)AV 上海圖書館藏敦煌吐魯番文獻第四冊 p. 158 附彩版 5
1989 佛説觀無量壽佛經疏 甘博 101(22701) 甘肅藏敦煌文獻第五卷 p. 127
1990 盂蘭盆經讚述 上圖 068－1(812510) 上海圖書館藏敦煌吐魯番文獻第二冊 p. 190
1991 溫室經疏一卷 上圖 068－2(812510) 上海圖書館藏敦煌吐魯番文獻第二冊 p. 192
1992 大寶積經提要 北大 D027V 北京大學圖書館藏敦煌文獻第一冊 p. 99
1993 阿彌陀經釋 北大 D146 北京大學圖書館藏敦煌文獻第二冊 p. 130
1994 佛經疏釋 北大 D237 北京大學圖書館藏敦煌文獻第二冊 p. 254
1995 佛經論疏 津藝 103(77・5・4442) 天津市藝術博物館藏敦煌文獻第二冊 p. 199
1996 佛經疏 津藝 056(77・5・2315) 天津市藝術博物館藏敦煌文獻第一冊 p. 301
1997 佛經疏 津藝 063(77・5・4404) 天津市藝術博物館藏敦煌文獻第一冊 p. 313
1998 佛經注解 敦研 066V(277V) 甘肅藏敦煌文獻第一卷 p. 74
1999 佛經注解 敦研 067V(278V) 甘肅藏敦煌文獻第一卷 p. 76
2000 佛經注解 敦研 247V(472)V 甘肅藏敦煌文獻第一卷 p. 226
2001 佛經注解 敦研 248V(473)V 甘肅藏敦煌文獻第一卷 p. 228
2002 佛經注解 敦研 249V(474)V 甘肅藏敦煌文獻第一卷 p. 230
2003 佛經注解 敦研 250V(475)V 甘肅藏敦煌文獻第一卷 p. 233
2004 佛經注解 敦研 251V(476)V 甘肅藏敦煌文獻第一卷 p. 237
2005 佛經注解 敦研 252V(477)V 甘肅藏敦煌文獻第一卷 p. 241
2006 佛經注解 敦研 375V(790)V 甘肅藏敦煌文獻第二卷 p. 174
2007 南朝陳天嘉六年佛門問答 津藝 019(60・5・1694) 天津市藝術博物館藏敦煌文獻第一冊 p. 79 附彩版 5
2008 三佛五門義記 津藝 019V(60・5・1694V) 天津市藝術博物館藏敦煌文獻第一冊 p. 92 附彩版 6
2009 禪數雜事下 津藝 258(77・5・4597) 天津市藝術博物館藏敦煌文獻第五冊 p. 332 附彩版 6

2010　佛性海藏智慧解脱破心相經　甘博 130(23096)　甘肅藏敦煌文獻第五卷　p. 288

十三、律疏部

2011　四分律刪繁補闕行事抄卷上之餘　上圖 073(812520)　上海圖書館藏敦煌吐魯番文獻第二冊　p. 228
2012　四分律刪繁補闕行事抄結界方法篇第六　北大 D200　北京大學圖書館藏敦煌文獻第二冊　p. 219
2013　四分律刪補羯磨卷上　甘圖 007　甘肅藏敦煌文獻第三卷　p. 63
2014　四分律刪繁補闕行事抄　甘博 108(10488)　甘肅藏敦煌文獻第五卷　p. 186
2015　四分律刪繁補闕行事抄　甘博 109(10425)　甘肅藏敦煌文獻第五卷　p. 202
2016　四分戒本疏卷第一　上圖 123(812573)　上海圖書館藏敦煌吐魯番文獻第三冊　p. 164
2017　四分戒本疏卷第一　津藝 099(77・5・4437)　天津市藝術博物館藏敦煌文獻第二冊　p. 161
2018　四分戒本疏卷第二　北大 D166　北京大學圖書館藏敦煌文獻第二冊　p. 163
2019　四分戒本疏卷第三　臺中圖 128　臺灣“中央圖書館”藏敦煌卷子第三冊　p. 1207
2020　四分戒本疏卷第四　甘博 107(10579)　甘肅藏敦煌文獻第五卷　p. 173
2021　式叉摩那尼六法　臺中圖 090　臺灣“中央圖書館”藏敦煌卷子第三冊　p. 891
2022　式叉摩那文　南圖 007　南京圖書館所藏敦煌遺書目錄　敦煌研究 1998 年第四期　p. 136
2023　戒本含注一卷　北大 D168　北京大學圖書館藏敦煌文獻第二冊　p. 165
2024　比丘含注戒本並序　津文 25　天津市文物公司藏敦煌寫經　p. 103
2025　四分律比丘含注戒本　故宫新 152371　王素、任昉、孟嗣徽提供目錄
2026　四分律比丘含注戒本　敦研 342(712)　甘肅藏敦煌文獻第二卷　p. 101
2027　四分律比丘戒本注　北大 D167　北京大學圖書館藏敦煌文獻第二冊　p. 164
2028　四分尼戒本補記　北大 D088V　北京大學圖書館藏敦煌文獻第二冊　p. 22
2029　曇無德部四分律刪補隨機羯磨卷上　北大 D089　北京大學圖書館藏敦煌文獻第二冊　p. 22
2030　曇無德律部雜羯磨　敦研 084(297)　甘肅藏敦煌文獻第一卷　p. 92
2031　羯磨　臺中圖 089　臺灣“中央圖書館”藏敦煌卷子第三冊　p. 867
2032　羯磨一卷　津藝 251(77・5・4590)　天津市藝術博物館藏敦煌文獻第五冊　p. 266　附彩版 2
2033　僧羯磨　北大 D170　北京大學圖書館藏敦煌文獻第二冊　p. 183
2034　羯磨問答　北大 D169　北京大學圖書館藏敦煌文獻第二冊　p. 181
2035　大戒尼羯磨文　津藝 250(77・5・4589)　天津市藝術博物館藏敦煌文獻第五冊　p. 248
2036　羯磨疏　津藝 028(60・5・1704)　天津市藝術博物館藏敦煌文獻第一冊　p. 162　附彩版 8
2037　大德沙門百一羯磨法　敦研 070(281)　甘肅藏敦煌文獻第一卷　p. 79
2038　和菩薩戒文　浙敦 061(浙博 36)　浙藏敦煌文獻　p. 175
2039　和菩薩戒文　浙敦 062(浙博 37)　浙藏敦煌文獻　p. 176
2040　和菩薩戒文　浙敦 196(浙博 171)　浙藏敦煌文獻　p. 256　附彩版 19
注:原定名爲“懺悔歌辭”,宗舜法師考訂爲“和菩薩戒文”。
2041　和戒文一本　上圖 140(812590)　上海圖書館藏敦煌吐魯番文獻第三冊　p. 338

2042　八戒文　上博 48(40)(41379)　上海博物館藏敦煌吐魯番文獻第二册　p. 50
2043　比丘受戒文　敦博 010　甘肅藏敦煌文獻第六卷　p. 19
2044　受戒文　上博 48(38)(41379)　上海博物館藏敦煌吐魯番文獻第二册　p. 47
2045　沙彌五得十數文　上博 48(39)(41379)　上海博物館藏敦煌吐魯番文獻第二册　p. 50
2046　沙彌十戒　上博 48(41)(41379)　上海博物館藏敦煌吐魯番文獻第二册　p. 51
2047　沙彌十戒　上博 49A(2)(44057)　上海博物館藏敦煌吐魯番文獻第二册　p. 52

注:此據郝春文先生《〈上海博物館藏敦煌吐魯番文獻〉讀後》一文而分標題著錄。

2048　沙彌六念　上博 48(42)(41379)　上海博物館藏敦煌吐魯番文獻第二册　p. 51
2049　戒本雜抄　北大 D124V　北京大學圖書館藏敦煌文獻第二册　p. 97
2050　戒本疏　北大 D209　北京大學圖書館藏敦煌文獻第二册　p. 231
2051　梵網菩薩戒輕垢罪篇科文　浙敦 162(浙博 137)　浙藏敦煌文獻　p. 219

注:原爲"講經次第",宗舜法師擬定名"梵網菩薩戒輕垢罪篇科文"。

2052　四部律並論要用抄　臺中圖 094　臺灣"中央圖書館"藏敦煌卷子第三册　p. 905
2053　律疏　北大 D165V　北京大學圖書館藏敦煌文獻第二册　p. 162
2054　僧衹律疏　津藝 058(77・5・2317)　天津市藝術博物館藏敦煌文獻第一册　p. 302
2055　佛教戒律　上圖 009－3(799220)　上海圖書館藏敦煌吐魯番文獻第一册　p. 81
2056　律雜抄一卷　上圖 009－1(799220)　上海圖書館藏敦煌吐魯番文獻第一册　p. 78

十四、論疏部

2057　瑜伽師地論隨聽手記　上圖 117(812567)　上海圖書館藏敦煌吐魯番文獻第三册　p. 113　附彩版 3
2058　瑜伽師地論隨聽手記補記　上圖 117V2(812567)V2　上海圖書館藏敦煌吐魯番文獻第三册　p. 142
2059　瑜伽論手記卷第十至十一　臺中圖 127　臺灣"中央圖書館"藏敦煌卷子第三册　p. 1195
2060　瑜伽論第五十六卷手記　北大 D112　北京大學圖書館藏敦煌文獻第二册　p. 76
2061　瑜伽論第五十六卷手記補記　北大 D112V　北京大學圖書館藏敦煌文獻第二册　p. 78
2062　大乘百法明門論開宗義記　臺中圖 130　臺灣"中央圖書館"藏敦煌卷子第三册　p. 1221
2063　大乘百法明門論開宗義記　北大 D141　北京大學圖書館藏敦煌文獻第二册　p. 117
2064　大乘百法明門論開宗義記　上博 55(44960)　上海博物館藏敦煌吐魯番文獻第二册　p. 88
2065　大乘百法明門論開宗義記　津藝 098(77・5・4436)　天津市藝術博物館藏敦煌文獻第二册　p. 156
2066　大乘百法明門論開宗義記　津藝 107V(77・5・4446V)　天津市藝術博物館藏敦煌文獻第二册　p. 213　附彩版 2
2067　大乘百法明門論開宗義記　津藝 109(77・5・4448)　天津市藝術博物館藏敦煌文獻第二册　p. 228　附彩版 3
2068　大乘百法明門論開宗義記　上圖 066V(812501)V　上海圖書館藏敦煌吐魯番文獻第二册　p. 172
2069　大乘百法明門論開宗義記　敦研 348(719)　甘肅藏敦煌文獻第二卷　p. 122
2070　大乘百法明門論開宗義記補記　津藝 109V－1(77・5・4448V)　天津市藝術博物館藏敦煌

文獻第二冊　p. 238

2071　大乘百法明門論開宗義記釋　浙敦 099　（浙博 74）　浙藏敦煌文獻　p. 203

注：原爲"佛經注疏"（問答），宗舜法師擬定名"大乘百法明門論開宗義記釋"。

2072　百法述　上博 60（50677）　上海博物館藏敦煌吐魯番文獻第二冊　p. 130　附彩版 5

2073　大乘起信論廣釋卷第五　浙敦 199　（浙博 174）　浙藏敦煌文獻　p. 258

注：原名爲"佛經殘片"，宗舜法師擬定名爲"大乘起信論廣釋卷第五"。

2074　因緣心釋論開決記一卷　上圖 115V（812565）V　上海圖書館藏敦煌吐魯番文獻第三冊　p. 106

2075　因緣心釋論開決記　旅博 220. 15 40　中国所藏"大谷收集品"概況　p. 6

2076　因緣心論釋　北大 D096　北京大學圖書館藏敦煌文獻第二冊　p. 41

2077　中論疏　上圖 066（812501）　上海圖書館藏敦煌吐魯番文獻第二冊　p. 164

2078　論疏　北大 D217　北京大學圖書館藏敦煌文獻第二冊　p. 241

2079　成實論疏　津藝 024（60・5・1699）　天津市藝術博物館藏敦煌文獻第一冊　p. 117

2080　成實論義記卷中　臺中圖 131　臺灣"中央圖書館"藏敦煌卷子第三冊　p. 1225

2081　俱舍論頌疏　浙敦 049（浙博 24）　浙藏敦煌文獻　p. 167

注：原名爲"佛經殘片"，宗舜法師擬定名为"俱舍論頌疏"。

2082　俱舍論頌疏　浙敦 067（浙博 42）　浙藏敦煌文獻　p. 194

注：原名爲"佛經疏釋殘片"，宗舜法師擬定名为"俱舍論頌疏"。

2083　佛經論釋　上博 01V（2405）V　上海博物館藏敦煌吐魯番文獻第一冊　p. 28

2084　鞞婆沙論卷第十四中陰處第四十一　敦研 044（253）　甘肅藏敦煌文獻第一卷　p. 52

2085　鞞婆沙論卷第十四中陰處第四十一　敦研 321（668）　甘肅藏敦煌文獻第二卷　p. 13

十五、諸宗部

2086　歷代法寶記　津藝 103V（77・5・4442V）　天津市藝術博物館藏敦煌文獻第二冊　p. 199

2087　歷代法寶記　津藝 304V（77・5・4643V）　天津市藝術博物館藏敦煌文獻第六冊　p. 324　附彩版 8

2088　世祖偈子詩　津藝 061AV（77・5・4402）　天津市藝術博物館藏敦煌文獻第一冊　p. 311

2089　大乘卄二問本　上博 42（39644）　上海博物館藏敦煌吐魯番文獻第一冊　p. 327　附彩版 24

注：原爲"大小乘卄二問本"，参見榮新江《上海博物館藏敦煌吐魯番文獻》。

2090　大乘二十二問本　北大 D098　北京大學圖書館藏敦煌文獻第二冊　p. 44

2091　卄二問　上圖 028（812406）　上海圖書館藏敦煌吐魯番文獻第一冊　p. 199　附彩版 9

2092　佛教著作　上博 20（3）（8918）3　上海博物館藏敦煌吐魯番文獻第一冊　p. 188

2093　佛教論釋　上圖 164（820454）　上海圖書館藏敦煌吐魯番文獻第四冊　p. 13　附彩版 2

2094　四諦表解　北大 D234　北京大學圖書館藏敦煌文獻第二冊　p. 253

2095　佛教問答　上圖 138V（812588）V　上海圖書館藏敦煌吐魯番文獻第三冊　p. 333

2096　佛法問答　北大 D149　北京大學圖書館藏敦煌文獻第二冊　p. 133

2097　佛法問答　北大 D213　北京大學圖書館藏敦煌文獻第二冊　p. 237

2098　佛法問答補記　北大 D149V　北京大學圖書館藏敦煌文獻第二冊　p. 136

2099　大唐後三藏聖教序　北大 D080－1　北京大學圖書館藏敦煌文獻第一冊　p. 297　附彩版 6

2100 大唐中興三藏聖教序　北大 D111　北京大學圖書館藏敦煌文獻第二冊　p. 75

2101 唐中宗三藏聖教序　南圖 009　南京圖書館所藏敦煌遺書目錄　敦煌研究 1998 年第四期 p. 136

2102 三藏聖教序　故宮新 153372（1）　王素、任昉、孟嗣徽提供目錄

2103 禪源諸詮集都序卷下　臺中圖 133　臺灣“中央圖書館”藏敦煌卷子第三冊　p. 1237

2104 花嚴儀文序　北大 D236　北京大學圖書館藏敦煌文獻第二冊　p. 254

2105 天臺五時八教科判　北大 D233　北京大學圖書館藏敦煌文獻第二冊　p. 251

2106 判教文　北大 D132　北京大學圖書館藏敦煌文獻第二冊　p. 106

2107 禪門偈　臺中圖 132　臺灣“中央圖書館”藏敦煌卷子第三冊　p. 1233

2108 佛經偈語　敦研 141(362)　甘肅藏敦煌文獻第一卷　p. 169

2109 菩提達摩南宗定是非論　敦博 077A　甘肅藏敦煌文獻第六卷　p. 231

2110 南陽和尚頓教解脱禪門直了性壇語　敦博 077B　甘肅藏敦煌文獻第六卷　p. 246

2111 南宗定邪正五更轉　敦博 077C　甘肅藏敦煌文獻第六卷　p. 253

2112 南宗頓教最上大乘摩訶般若波羅蜜經六祖惠能大師於韶州大梵寺施法壇經一卷　敦博 077D　甘肅藏敦煌文獻第六卷　p. 254　附彩版 4

注：原名爲“新本六祖壇經”。

2113 涅槃無名論第四　敦研 008V(215)　甘肅藏敦煌文獻第一卷　p. 6

十六、念誦禮懺部

2114 雙林裏歌　上博 49A(V1)(44057)　上海博物館藏敦煌吐魯番文獻第二冊　p. 53

2115 禮無量壽佛求生彼國文　上博 16(1)(3318)　上海博物館藏敦煌吐魯番文獻第一冊　p. 160　附彩版 12

2116 禮三佛三寶文　北大 D104－2　北京大學圖書館藏敦煌文獻第二冊　p. 68

2117 十二月禮佛名　上博 48(33)(41379)　上海博物館藏敦煌吐魯番文獻第二冊　p. 41

2118 上皇勸善斷肉文　上博 48(34)(41379)　上海博物館藏敦煌吐魯番文獻第二冊　p. 42

2119 上皇勸善斷肉文　上圖 142－2(812592)　上海圖書館藏敦煌吐魯番文獻第三冊　p. 341

2120 玄奘法師十二月禮佛除罪文　上圖 141－1(812591)　上海圖書館藏敦煌吐魯番文獻第三冊 p. 340

2121 大悲觀世音菩薩至道禮文　臺中圖 138　臺灣“中央圖書館”藏敦煌卷子第三冊　p. 1253

2122 觀音證驗賦　上圖 105－14(812555)　上海圖書館藏敦煌吐魯番文獻第三冊　p. 9

2123 太平興國三年僧守秀等壹拾肆人寫大寶積經一部施永安寺題記　上圖 088V－1(812535)V　上海圖書館藏敦煌吐魯番文獻第二冊　p. 338

2124 依諸大乘經略發願法一卷　津藝 312(13697)　天津市藝術博物館藏敦煌文獻第七冊　p. 23

2125 開元皇帝勸十齋讃　上博 48(32)(41379)　上海博物館藏敦煌吐魯番文獻第二冊　p. 41

2126 法船樂讃　北大 D189　北京大學圖書館藏敦煌文獻第二冊　p. 208

2127 淨土五會念佛誦經觀行儀歸西方讃　北大 D190　北京大學圖書館藏敦煌文獻第二冊 p. 209

2128 大乘淨土讃　浙敦 079(浙博 54)　浙藏敦煌文獻　p. 198

2129 道安法師念佛讃文附入山讃　臺中圖 139　臺灣“中央圖書館”藏敦煌卷子第三冊　p. 1255

2130　高聲念佛讚　上博 48(1)(41379)　上海博物館藏敦煌吐魯番文獻第二冊　p. 1
2131　念佛之時得見佛讚　上博 48(2)(41379)　上海博物館藏敦煌吐魯番文獻第二冊　p. 2
2132　較量坐禪念佛讚　上博 48(3)(41379)　上海博物館藏敦煌吐魯番文獻第二冊　p. 2
2133　鳩摩羅什法師誦法　臺中圖 092　臺灣"中央圖書館"藏敦煌卷子第三冊　p. 895
2134　勸誡頌　北大 D172V　北京大學圖書館藏敦煌文獻第二冊　p. 186
2135　勸善文　上博 48(29)(41379)　上海博物館藏敦煌吐魯番文獻第二冊　p. 40
2136　勸善文　上圖 120(812570)　上海圖書館藏敦煌吐魯番文獻第三冊　p. 151
2137　每月十齋日　上博 48(31)　(41379)　上海博物館藏敦煌吐魯番文獻第二冊　p. 41

注:原名爲"每月十齋",郝春文先生《〈上海博物館藏敦煌吐魯番文獻〉讀後》一文中考訂爲"每月十齋日"。

2138　十直齋 十二月齋　北大 D074－2　北京大學圖書館藏敦煌文獻第一冊　p. 273　附彩版 8
2139　十二時普勸四衆依教修行　上博 48(28)(41379)　上海博物館藏敦煌吐魯番文獻第二冊　p. 33
2140　押座文　北大 D180V　北京大學圖書館藏敦煌文獻第二冊　p. 195
2141　開經文　北大 D221　北京大學圖書館藏敦煌文獻第二冊　p. 244
2142　禮懺文一本　上圖 118(812568)　上海圖書館藏敦煌吐魯番文獻第三冊　p. 146
2143　禮懺文　北大 D180－1　北京大學圖書館藏敦煌文獻第二冊　p. 194
2144　懺悔文　北大 D205　北京大學圖書館藏敦煌文獻第二冊　p. 226
2145　懺悔文　北大 D210　北京大學圖書館藏敦煌文獻第二冊　p. 233
2146　懺悔文　北大 D210V　北京大學圖書館藏敦煌文獻第二冊　p. 234
2147　禮佛懺悔文　浙敦 165(浙博 140)　浙藏敦煌文獻　p. 220
2148　受戒懺悔文　上博 49A(1)(44057)　上海博物館藏敦煌吐魯番文獻第二冊　p. 52
2149　發露懺悔文　北大 D211　北京大學圖書館藏敦煌文獻第二冊　p. 234
2150　願文　上圖 060－1(812479)　上海圖書館藏敦煌吐魯番文獻第二冊　p. 42
2151　願文　上圖 085－2(812532)　上海圖書館藏敦煌吐魯番文獻第二冊　p. 330
2152　願文　上圖 085V(812532)V　上海圖書館藏敦煌吐魯番文獻第二冊　p. 330
2153　發願文　上博 48(13)(41379)　上海博物館藏敦煌吐魯番文獻第二冊　p. 18
2154　懺悔發願文　北大 D183　北京大學圖書館藏敦煌文獻第二冊　p. 198
2155　結壇散食回向發願文　臺中圖 136　臺灣"中央圖書館"藏敦煌卷子第三冊　p. 1247
2156　轉經發願文　津藝 168V(77・5・4507V)　天津市藝術博物館藏敦煌文獻第三冊　p. 261　附彩版 6
2157　皇興二年康那造幡發願文　敦研 343(713)　甘肅藏敦煌文獻第二卷　p. 105
2158　清信弟子某乙施寫佛經發願文　上圖 088V－3(812535)V　上海圖書館藏敦煌吐魯番文獻第二冊　p. 338
2159　白衣弟子祀馬部司馬豐祖寫《十方佛名》一卷發願文　上博 16(2)(3318)　上海博物館藏敦煌吐魯番文獻第一冊　p. 160　附彩版 12

注:此據郝春文先生《〈上海博物館藏敦煌吐魯番文獻〉讀後》一文而分標題著錄。

2160　楊延光施捨發願疏　北大 D184　北京大學圖書館藏敦煌文獻第二冊　p. 200

注:原爲"楊延光發願疏",據劉屹《北京大學藏敦煌文獻》一文改擬。

2161　爲二太子中元盂蘭薦福文　臺中圖 135　臺灣"中央圖書館"藏敦煌卷子第三冊　p. 1245
2162　報恩金剛經文十二段　臺中圖 051　臺灣"中央圖書館"藏敦煌卷子第一冊　p. 423
2163　秀禪師勸人藥病偈　上圖 141－2(812591)　上海圖書館藏敦煌吐魯番文獻第三冊　p. 340

2164 上師讚禮偈　北大 D160B　北京大學圖書館藏敦煌文獻第二冊　p. 151
2165 寅捉禮　北大 D163　北京大學圖書館藏敦煌文獻第二冊　p. 160
2166 施食文　上圖 060V(812479)V　上海圖書館藏敦煌吐魯番文獻第二冊　p. 44
2167 亡文　上圖 060－2(812479)　上海圖書館藏敦煌吐魯番文獻第二冊　p. 42
2168 患文　上圖 085－1(812532)　上海圖書館藏敦煌吐魯番文獻第二冊　p. 330
2169 聲聞布薩文　北大 D191－1　北京大學圖書館藏敦煌文獻第二冊　p. 210
2170 唱道文　北大 D191－2　北京大學圖書館藏敦煌文獻第二冊　p. 210
2171 五德十數文　北大 D165－2　北京大學圖書館藏敦煌文獻第二冊　p. 161

十七、事彙部

2172 經緣略要　北大 D156　北京大學圖書館藏敦煌文獻第二冊　p. 141
2173 諸經要集卷第二　北大 D238　北京大學圖書館藏敦煌文獻第二冊　p. 255
注:原爲"佛經疏釋",林世田先生考訂爲"諸經要集卷第二"。
2174 一切經音義卷第二　敦研 357(129)　甘肅藏敦煌文獻第二卷　p. 148
注:原爲"字書殘段",張涌泉先生考訂爲"一切經音義卷第二"。

十八、目錄部

2175 五代藏經目　津藝 090(77·5·4433－1)　天津市藝術博物館藏敦煌文獻第二冊　p. 143 附彩版 16
2176 五代藏經目　津藝 091(77·5·4433－2)　天津市藝術博物館藏敦煌文獻第二冊　p. 146
2177 五代藏經目　津藝 092(77·5·4433－3)　天津市藝術博物館藏敦煌文獻第二冊　p. 146
2178 妙法蓮華經目錄　重博 06　重慶市博物館藏敦煌吐魯番寫經目錄　敦煌研究 1996 年第一期 p. 122
2179 目錄兩行　敦博 077E　甘肅藏敦煌文獻第六卷　p. 274
2180 三界寺藏內經論目錄　敦研 345(715)　甘肅藏敦煌文獻第二卷　p. 108

十九、史傳部

2181 釋迦譜　上博 55V(44960)V　上海博物館藏敦煌吐魯番文獻第二冊　p. 90
2182 阿恕伽王經卷第十一　上博 27(34666)　上海博物館藏敦煌吐魯番文獻第一冊　p. 224

二十、疑似部

2183　首羅比丘見五百仙人並見月光童子經　北大 D099　北京大學圖書館藏敦煌文獻第二冊　p. 51
2184　普賢菩薩說證明經　北大 D152　北京大學圖書館藏敦煌文獻第二冊　p. 138
2185　普賢菩薩說證明經　浙敦 026（浙博 01）　浙藏敦煌文獻　p. 94　附彩版 9
2186　普賢菩薩說證明經　上圖 084－1（812531）　上海圖書館藏敦煌吐魯番文獻第二冊　p. 322　附彩版 4
2187　普賢菩薩說證明經　津藝 181（77・5・4520）　天津市藝術博物館藏敦煌文獻第三冊　p. 373
2188　究竟大悲經　故宮新 153369　王素、任昉、孟嗣徽提供目錄
2189　究竟大悲經卷第二　甘圖 025　甘肅藏敦煌文獻第三卷　p. 156
2190　究竟大悲經卷第三　北大 D138　北京大學圖書館藏敦煌文獻第二冊　p. 111
2191　究竟大悲經卷第四　甘博 037（11712）　甘肅藏敦煌文獻第四卷　p. 266
2192　佛說香火本國經卷第二　臺中圖 111　臺灣“中央圖書館”藏敦煌卷子第三冊　p. 1067
2193　佛說父母恩重經　故宮新 121248　王素、任昉、孟嗣徽提供目錄
2194　佛說父母恩重經　臺中圖 031　臺灣“中央圖書館”藏敦煌卷子第一冊　p. 271
2195　佛說父母恩重經　北大 D100　北京大學圖書館藏敦煌文獻第二冊　p. 56
2196　佛說父母恩重經　上博 48（15）（41379）　上海博物館藏敦煌吐魯番文獻第二冊　p. 19
2197　佛說父母恩重經一卷　上博 56（44961）　上海博物館藏敦煌吐魯番文獻第二冊　p. 91　附彩版 4
2198　佛說父母恩重經　上圖 119（812569）　上海圖書館藏敦煌吐魯番文獻第三冊　p. 148
2199　父母恩重經一卷　北大 D101　北京大學圖書館藏敦煌文獻第二冊　p. 58
2200　佛說觀世音三昧經　臺中圖 110　臺灣“中央圖書館”藏敦煌卷子第三冊　p. 1067
2201　觀世音三昧經　甘博 032（21000）　甘肅藏敦煌文獻第四卷　p. 241
2202　佛說八陽神咒經一卷　北大 D102　北京大學圖書館藏敦煌文獻第二冊　p. 59
2203　佛說八陽神咒經一卷　津藝 210（77・5・4549）　天津市藝術博物館藏敦煌文獻第四冊　p. 210
2204　佛說八陽神咒經　浙敦 115（浙博 90）　浙藏敦煌文獻　p. 207　附彩版 20
2205　佛說八陽神咒經卷第四　臺中圖 017　臺灣“中央圖書館”藏敦煌卷子第一冊　p. 125
2206　天地八陽神咒經　津圖 131　天津圖書館藏敦煌遺書目錄　敦煌吐魯番研究第八卷　p. 345
2207　佛說天地八陽神咒經　敦研 354（725）　甘肅藏敦煌文獻第二卷　p. 145
2208　佛說天地八陽神咒經　浙敦 060（浙博 35）　浙藏敦煌文獻　p. 171
2209　佛說法句經　北大 D103　北京大學圖書館藏敦煌文獻第二冊　p. 61
2210　佛說法句經　臺中圖 119C　臺灣“中央圖書館”藏敦煌卷子第三冊　p. 1117
2211　法句經　津圖 067　天津圖書館藏敦煌遺書目錄　敦煌吐魯番研究第八卷　p. 327
2212　佛說七千佛神符經一卷　北大 D104－1　北京大學圖書館藏敦煌文獻第二冊　p. 68　附彩版 3
2213　三萬佛同根本神秘之印並法龍種上尊王佛法　北大 D113－1　北京大學圖書館藏敦煌文獻第

二冊　p. 80
2214　三萬佛同根本神秘之印並法龍種上尊王佛法補記　北大 D113V　北京大學圖書館藏敦煌文獻第二冊　p. 82
2215　普賢菩薩行願王經　北大 D081D105(2)　北京大學圖書館藏敦煌文獻第一冊　p. 299
2216　普賢菩薩行願王經　北大 D105　北京大學圖書館藏敦煌文獻第二冊　p. 69
2217　普賢菩薩行願王經　北大 D106　北京大學圖書館藏敦煌文獻第二冊　p. 70
2218　普賢菩薩行願王經一卷　重博 10　重慶市博物館藏敦煌吐魯番寫經目錄　敦煌研究 1996 年第一期　p. 123
2219　金有陀羅尼經　北大 D107　北京大學圖書館藏敦煌文獻第二冊　p. 72
2220　慈善孝子報恩成道經　故宮新 153378　王素、任昉、孟嗣徽提供目錄
2221　勸善經　故宮新 87164　王素、任昉、孟嗣徽提供目錄
2222　勸善經　北大 D109　北京大學圖書館藏敦煌文獻第二冊　p. 74
2223　勸善經　臺中圖 137　臺灣"中央圖書館"藏敦煌卷子第三冊　p. 1251
2224　勸善經　津圖 137　天津圖書館藏敦煌遺書目錄　敦煌吐魯番研究第八卷　p. 346
2225　勸善經一卷　甘博 016A(2490)　甘肅藏敦煌文獻第四卷　p. 136
2226　勸善經一卷　北大 D110　北京大學圖書館藏敦煌文獻第二冊　p. 75
2227　妙法蓮華經度量天地品第二十八　上博 48(21)(41379)　上海博物館藏敦煌吐魯番文獻第二冊　p. 26
2228　妙法蓮華經度量天地品第二十九　津圖 156　天津圖書館藏敦煌遺書目錄　敦煌吐魯番研究第八卷　p. 353
2229　妙法蓮華經度量天地品第二十九　上圖 179(826090)　上海圖書館藏敦煌吐魯番文獻第四冊　p. 116
2230　文殊師利問菩薩署經　故宮新 60874　王素、任昉、孟嗣徽提供目錄
2231　修道六觀門講經　故宮新 153255　王素、任昉、孟嗣徽提供目錄
2232　佛說救疾經一卷　上博 50(44955)　上海博物館藏敦煌吐魯番文獻第二冊　p. 55　附彩版 2
2233　佛說救疾經一卷　重博 05　重慶市博物館藏敦煌吐魯番寫經目錄　敦煌研究 1996 年第一期　p. 122
2234　救疾經　敦研 077(290)　甘肅藏敦煌文獻第一卷　p. 84
2235　佛母經　甘博 096(10414)　甘肅藏敦煌文獻第五卷　p. 123
2236　佛母經一卷　上博 48(14)(41379)　上海博物館藏敦煌吐魯番文獻第二冊　p. 18
2237　佛說閻羅王授記令四衆逆休生七齋往生淨土經　上博 48(17)(41379)　上海博物館藏敦煌吐魯番文獻第二冊　p. 21
2238　妙法蓮華經馬鳴菩薩品第三十　上圖 006(798463)　上海圖書館藏敦煌吐魯番文獻第一冊　p. 56　附彩版 2
2239　妙法蓮華經馬鳴菩薩品第三十　故宮新 153368　王素、任昉、孟嗣徽提供目錄
2240　救諸衆生苦難經一卷　北大 D108　北京大學圖書館藏敦煌文獻第二冊　p. 74
2241　救諸衆生苦難經　上圖 061－1(812480)　上海圖書館藏敦煌吐魯番文獻第二冊　p. 44
2242　救諸衆生苦難經　歷博寫本 57A　中國歷史博物館藏法書大觀第十二卷　p. 209
2243　勸諸衆生苦難經　上圖 095(812543)　上海圖書館藏敦煌吐魯番文獻第二冊　p. 369
2244　大通方廣經卷上　津藝 273(77・5・4612)　天津市藝術博物館藏敦煌文獻第六冊　p. 58
2245　大通方廣經卷上　旅博 420. 15 42　中国所藏"大谷收集品"概況　p. 6
2246　佛說咒魅經　甘博 064(16968)　甘肅藏敦煌文獻第五卷　p. 72

2247 佛說咒魅經　津藝193－3（77·5·4532）　天津市藝術博物館藏敦煌文獻第四册　p. 87 附彩版4
2248 咒魅經　故宫新154422　王素、任昉、孟嗣徽提供目録
2249 佛說咒魅神經　臺中圖112　臺灣“中央圖書館”藏敦煌卷子第三册　p. 1071
2250 佛說水月光觀音菩薩經　津藝193－2（77·5·4532）　天津市藝術博物館藏敦煌文獻第四册 p. 86
2251 佛爲心王菩薩說頭陀經　津藝171（77·5·4510）　天津市藝術博物館藏敦煌文獻第三册 p. 270
2252 佛說解百生怨家陀羅尼經　上圖053（812460）　上海圖書館藏敦煌吐魯番文獻第二册 p. 17
2253 佛說解百生怨家陀羅尼經　敦博039　甘肅藏敦煌文獻第六卷　p. 45
2254 佛說解百生怨家陀羅尼經　北大D137V　北京大學圖書館藏敦煌文獻第二册　p. 110
2255 佛說禪門經　浙敦188（浙博163）　浙藏敦煌文獻　p. 227
2256 新菩薩經　津圖139－1　天津圖書館藏敦煌遺書目録　敦煌吐魯番研究第八卷　p. 347
2257 新菩薩經　津圖139－2　天津圖書館藏敦煌遺書目録　敦煌吐魯番研究第八卷　p. 348
2258 新菩薩經　津圖140　天津圖書館藏敦煌遺書目録　敦煌吐魯番研究第八卷　p. 348
2259 新菩薩經　臺中圖113　臺灣“中央圖書館”藏敦煌卷子第三册　p. 1075
2260 新菩薩經一卷　上圖061－2（812480）　上海圖書館藏敦煌吐魯番文獻第二册　p. 44
2261 新菩薩經一卷　歷博寫本57B　中國歷史博物館藏法書大觀第十二卷　p. 104 图版
2262 相好經　津文14　天津市文物公司藏敦煌寫經　p. 71
2263 佛說如來相好經　浙敦020（浙圖20）　浙藏敦煌文獻　p. 68　附彩版6
2264 菩薩懺悔經　敦研114（335）　甘肅藏敦煌文獻第一卷　p. 152
2265 佛說無量大慈教經　敦博056B　甘肅藏敦煌文獻第六卷　p. 168
2266 佛說無量大慈教經一卷　甘圖016　甘肅藏敦煌文獻第三卷　p. 120
2267 佛說續命經　甘博016F（2490）　甘肅藏敦煌文獻第四卷　p. 140
2268 佛說續命經　故宫新156153（2）　王素、任昉、孟嗣徽提供目録
2269 佛說延壽命經　故宫新156153（1）　王素、任昉、孟嗣徽提供目録
2270 佛說延壽命經　甘博016E（2490）　甘肅藏敦煌文獻第四卷　p. 139
2271 延壽命經　津圖138　天津圖書館藏敦煌遺書目録　敦煌吐魯番研究第八卷　p. 347
2272 樓炭經略壹卷　甘博038（163）　甘肅藏敦煌文獻第四卷　p. 273
2273 佛說大辯邪正經　甘博036（13088）　甘肅藏敦煌文獻第四卷　p. 264
2274 佛圖棠所化經　敦研370（785）　甘肅藏敦煌文獻第二卷　p. 168
2275 讚僧功德經　津圖112－1　天津圖書館藏敦煌遺書目録　敦煌吐魯番研究第八卷　p. 341
2276 大通方廣懺悔滅罪莊嚴成佛經卷上　津圖084　天津圖書館藏敦煌遺書目録　敦煌吐魯番研究第八卷　p. 331
2277 大通方廣懺悔滅罪莊嚴成佛經卷中　臺中圖114　臺灣“中央圖書館”藏敦煌卷子第三册 p. 1077
2278 大乘修行論　敦博038A　甘肅藏敦煌文獻第六卷　p. 43
2279 佛說阿難律經　敦研018（226）　甘肅藏敦煌文獻第一卷　p. 17
2280 佛說阿難律經　敦研050（259）　甘肅藏敦煌文獻第一卷　p. 56
2281 佛說八師經　敦研178V（401）V　甘肅藏敦煌文獻第一卷　p. 188
2282 大慈如來十月二十四日告疏　敦研007（214）　甘肅藏敦煌文獻第一卷　p. 5　附彩版2

二十一、圖像部

2283 大聖文殊師利菩薩像　北大 D181　北京大學圖書館藏敦煌文獻第二册　p. 196　附彩版 18
2284 妙法蓮華經觀世音菩薩普門品卷首佛畫　上博 48(4)(41379)　上海博物館藏敦煌吐魯番文獻第二册　p. 2
2285 觀世音菩薩像　上博 06(3295)　上海博物館藏敦煌吐魯番文獻第一册　p. 94
2286 觀自在菩薩像　上博 07(3296)　上海博物館藏敦煌吐魯番文獻第一册　p. 95　附彩版 8
2287 佛像　上博 08(3297)　上海博物館藏敦煌吐魯番文獻第一册　p. 96　附彩版 9
2288 佛像　上博 09(3298)　上海博物館藏敦煌吐魯番文獻第一册　p. 97　附彩版 10
2289 佛像　上博 10(3299)　上海博物館藏敦煌吐魯番文獻第一册　p. 98　附彩版 11
2290 佛像　上博 11(3300)　上海博物館藏敦煌吐魯番文獻第一册　p. 99
2291 佛像　上博 22(9591)　上海博物館藏敦煌吐魯番文獻第一册　p. 191　附彩版 18
2292 木捺佛像　津圖 142　天津圖書館藏敦煌遺書目錄　敦煌吐魯番研究第八卷　p. 349
2293 千佛印本一卷　中研院 01　臺北"中研院"傅斯年圖書館藏敦煌卷子題記　吴其昱先生八秩華誕敦煌學特刊　p. 357
2294 千佛印本一卷　中研院 02　臺北"中研院"傅斯年圖書館藏敦煌卷子題記　吴其昱先生八秩華誕敦煌學特刊　p. 357
2295 印本佛像　臺中圖 141　臺灣"中央圖書館"藏敦煌卷子第三册　p. 1271
2296 釋迦牟尼涅槃圖　上博 76(63821)　上海博物館藏敦煌吐魯番文獻第二册　p. 242
2297 大聖文殊師利菩薩像及供養文　上博 49B(44057)　上海博物館藏敦煌吐魯番文獻第二册　p. 54
2298 董文員供奉觀世音菩薩毗沙門天王像并題記　歷博寫本 56　中國歷史博物館藏法書大觀第十二卷　p. 208

二十二、道教

2299 道經　北大附 C48　北京大學圖書館藏敦煌文獻第二册　p. 307
2300 道經　敦研 352V(723)V　甘肅藏敦煌文獻第二卷　p. 139
2301 道經　敦研 376(605)　甘肅藏敦煌文獻第二卷　p. 175
2302 天尊説濟苦經一卷　北大 D117　北京大學圖書館藏敦煌文獻第二册　p. 87　附彩版 7
2303 靈寶自然齋儀　北大 D171　北京大學圖書館藏敦煌文獻第二册　p. 183
2304 太上洞玄靈寶智慧上品大戒　北大 D172　北京大學圖書館藏敦煌文獻第二册　p. 185
2305 太玄真一本際經證實品　北大 D173　北京大學圖書館藏敦煌文獻第二册　p. 187
2306 太玄真一本際經譬喻品　北大 D175　北京大學圖書館藏敦煌文獻第二册　p. 188
2307 太玄真一本際經道性品　北大 D176　北京大學圖書館藏敦煌文獻第二册　p. 191
2308 太玄真一本際經道性品第四　敦研 092(305)　甘肅藏敦煌文獻第一卷　p. 97
2309 太玄真一本際經卷第二　上圖 078(812525)　上海圖書館藏敦煌吐魯番文獻第二册　p. 263

附彩版 3
2310 太玄真一本際經卷第二　北大 D178　北京大學圖書館藏敦煌文獻第二册　p. 193
注：原爲"道經"，劉屹比定爲"太玄真一本際經卷第二"，參見《北京大學藏敦煌文獻》。
2311 太玄真一本際經卷第五　臺中圖 142　臺灣"中央圖書館"藏敦煌卷子第三册　p. 1273
2312 太玄真一本際經卷第五　歷博晉唐寫經 49　中國歷史博物館藏法書大觀第十一卷　p. 219
2313 太玄真一本際經卷第十　北大 D177　北京大學圖書館藏敦煌文獻第二册　p. 192
2314 太玄真一本際經顯明功德品　北大 D179　北京大學圖書館藏敦煌文獻第二册　p. 194
2315 太玄真一本際經聖行品卷第三　津藝 131(77・5・4470)　天津市藝術博物館藏敦煌文獻第三册　p. 58　附彩版 1
2316 本際經卷第七　津藝 116(77・5・4455)　天津市藝術博物館藏敦煌文獻第二册　p. 328　附彩版 7
2317 本際經卷第十　上圖 166(820929)　上海圖書館藏敦煌吐魯番文獻第四册　p. 29
2318 太上靈寶昇玄内教經中和品第七　津藝 176(77・5・4515)　天津市藝術博物館藏敦煌文獻第三册　p. 334　附彩版 10
2319 太上妙法本相經東極真人問事品第九　津藝 289(77・5・4628)　天津市藝術博物館藏敦煌文獻第六册　p. 153　附彩版 21
2320 太上本相經卷第十　津藝 184(77・5・4523)　天津市藝術博物館藏敦煌文獻第四册　p. 22　附彩版 1
2321 太上洞玄靈寶明真經科儀　上圖 138(812588)　上海圖書館藏敦煌吐魯番文獻第三册　p. 330　附彩版 6
2322 太上業報因緣經卷第一　臺中圖 143　臺灣"中央圖書館"藏敦煌卷子第三册　p. 1275
2323 太上元陽經觀山品第十六淨土品第十七莊嚴品第十八　臺中圖 144　臺灣"中央圖書館"藏敦煌卷子第三册　p. 1281
2324 洞淵神咒經　浙敦 139(浙博 114)　浙藏敦煌文獻　p. 214
2325 洞淵神咒經卷第五　北大 D174　北京大學圖書館藏敦煌文獻第二册　p. 188
注：原爲"道經"，劉屹比定爲"洞淵神咒經卷第五"，參見《北京大學藏敦煌文獻》。
2326 道要靈祇神鬼品經靈祇鬼品　北大 D199　北京大學圖書館藏敦煌文獻第二册　p. 219
2327 老子玄通經亦曰天應經一卷　上圖 096(812544)　上海圖書館藏敦煌吐魯番文獻第二册　p. 70
2328 道士索澄空題記盟文　甘博 017　(13091)　甘肅藏敦煌文獻第四卷　p. 143　附彩版 7
2329 佚名道教類書　故宫新 57489　王素、任昉、孟嗣徽提供目錄

二十三、四部古籍

2330 孟子梁惠王上　北大 D224　北京大學圖書館藏敦煌文獻第二册　p. 245　附彩版 8
2331 諸文要集一卷　北大 D192　北京大學圖書館藏敦煌文獻第二册　p. 211　附彩版 9
2332 諸文要集一卷補記　北大 D192V　北京大學圖書館藏敦煌文獻第二册　p. 215
2333 論語鄭玄注　上博 24(24579)　上海博物館藏敦煌吐魯番文獻第一册　p. 201　附彩版 20
2334 國語卷三周語下　敦研 368(783)　甘肅藏敦煌文獻第二卷　p. 164
2335 毛詩音　中研院 26　臺北"中研院"傅斯年圖書館藏敦煌卷子題記　吳其昱先生八秩華誕敦

煌學特刊　p. 377

注：此原件現存法國巴黎圖書館，編號 P. 3383。

2336　周易正義·賁卦　中研院 06　臺北"中研院"傅斯年圖書館藏敦煌卷子題記　吳其昱先生八秩華誕敦煌學特刊　p. 361

2337　地志　敦博 076　甘肅藏敦煌文獻第六卷　p. 224　附彩版 7

2338　具注曆　北大 D195V　北京大學圖書館藏敦煌文獻第二冊　p. 217

2339　具注曆　北大 D198　北京大學圖書館藏敦煌文獻第二冊　p. 218

2340　後唐同光四年丙戌歲具注曆日　歷博寫本 55　中國歷史博物館藏法書大觀第十二卷　p. 205

注：原爲"天成元年殘日曆卷"，參見榮新江先生《楊文和編〈中國歷史博物館藏法書大觀〉第十一卷〈晉唐寫經·晉唐文書〉》。

2341　太平真君十一年至十二年曆　敦研 368V(783)V　甘肅藏敦煌文獻第二卷　p. 165

2342　紫微宮星圖　敦博 076V(A)　甘肅藏敦煌文獻第六卷　p. 228

2343　占雲氣書　敦博 076V(B)　甘肅藏敦煌文獻第六卷　p. 228　附彩版 8

2344　十二月消息卦　北大 D197　北京大學圖書館藏敦煌文獻第二冊　p. 218　附彩版 13

2345　卜卦書　北大 D241　北京大學圖書館藏敦煌文獻第二冊　p. 256

2346　周公卜法　歷博寫本 50　中國歷史博物館藏法書大觀第十二卷　p. 203

2347　卜筮法　上圖 017－4(812388)　上海圖書館藏敦煌吐魯番文獻第一冊　p. 130

2348　卜筮書　浙敦 131(浙博 106)　浙藏敦煌文獻　p. 212　附彩版 25

2349　占書　歷博寫本 49　中國歷史博物館藏法書大觀第十二卷　p. 203

2350　李翰自注《蒙求》　敦研 095(312)　甘肅藏敦煌文獻第一卷　p. 100

2351　新集文詞九經抄一卷　上圖 030V(812408)V　上海圖書館藏敦煌吐魯番文獻第一冊　p. 222

2352　太公家教　歷博寫本 48　中國歷史博物館藏法書大觀第十二卷　p. 202

2353　書儀(書議)　歷博寫本 51　中國歷史博物館藏法書大觀第十二卷　p. 203

2354　新定書儀鏡　歷博寫本 52　中國歷史博物館藏法書大觀第十二卷　p. 204

注：原爲"尺牘"，趙和平先生考訂爲"新定書儀鏡"。

2355　新定書儀鏡　歷博寫本 53　中國歷史博物館藏法書大觀第十二卷　p. 204

注：原爲"題疏文"，趙和平先生考訂爲"新定書儀鏡"。

2356　書儀鏡凶下　上圖 018(812395)　上海圖書館藏敦煌吐魯番文獻第一冊　p. 132

2357　殘書儀　浙敦 117V(浙博 92V)　浙藏敦煌文獻　p. 209

2358　老子　津圖 074　天津圖書館藏敦煌遺書目錄　敦煌吐魯番研究第八卷　p. 329

2359　老子　歷博寫本 46　中國歷史博物館藏法書大觀第十二卷　p. 201

2360　文選注　津藝 107(77·5·4446)　天津市藝術博物館藏敦煌文獻第二冊　p. 202　附彩版 1

2361　文選·運命論　敦研 356(127)　甘肅藏敦煌文獻第二卷　p. 147

2362　五等論一首　歷博寫本 42　中國歷史博物館藏法書大觀第十二卷　p. 198

2363　三國志·步騭傳　敦研 287(512)　甘肅藏敦煌文獻第一卷　p. 259　附彩版 7

2364　千字文　上圖 110V1(812560)　上海圖書館藏敦煌吐魯番文獻第三冊　p. 45

2365　千字文一卷　北大 D126V1　北京大學圖書館藏敦煌文獻第二冊　p. 100

2366　開蒙要訓　上圖 017－7(812388)　上海圖書館藏敦煌吐魯番文獻第一冊　p. 132

2367　開蒙要訓　歷博寫本 47　中國歷史博物館藏法書大觀第十二卷　p. 201

2368　字書　北大附 C47　北京大學圖書館藏敦煌文獻第二冊　p. 307

2369　說苑卷第二十反質　敦研 328(694)　甘肅藏敦煌文獻第二卷　p. 47

2370　曲子詞　津藝 134V(77·5·4473V)　天津市藝術博物館藏敦煌文獻第三冊　p. 73　附彩

版 18

2371 曲子詞及雜抄　浙敦 113(浙博 88)　浙藏敦煌文獻　p. 206　附彩版 21

2372 漁歌子詞　歷博寫本 54　中國歷史博物館藏法書大觀第十二卷　p. 205

2373 下女夫詞一本　北大 D246－1　北京大學圖書館藏敦煌文獻第二冊　p. 266　附彩版 10

2374 下女夫詞一本　北大 D246V　北京大學圖書館藏敦煌文獻第二冊　p. 268

2375 敦煌零拾　浙敦 200(浙博 175)　浙藏敦煌文獻　p. 259　附彩版 34

2376 佛教詩偈　津藝 109V－3(77・5・4448V)　天津市藝術博物館藏敦煌文獻第二冊　p. 240

2377 五言絕句詩　津藝 061G(77・5・4402－7)　天津市藝術博物館藏敦煌文獻第一冊　p. 310

2378 七言敦煌詩　浙敦 117(浙博 92)　浙藏敦煌文獻　p. 209

2379 雜言詩《石女無夫主》　上博 48(30)(41379)　上海博物館藏敦煌吐魯番文獻第二冊　p. 40

2380 禪定消長夜詩等　津藝 169V－1(77・5・4508V)　天津市藝術博物館藏敦煌文獻第三冊　p. 263

2381 黃仕強傳　上圖 084－2(812531)　上海圖書館藏敦煌吐魯番文獻第二冊　p. 328

2382 黃仕強傳　浙敦 026(浙博 01)　浙藏敦煌文獻　p. 94　附彩版 9

2383 八轉聲頌　北大 D245V1　北京大學圖書館藏敦煌文獻第二冊　p. 265

2384 變文　北大 D225　北京大學圖書館藏敦煌文獻第二冊　p. 246

2385 目連救母變文　臺中圖 032A　臺灣"中央圖書館"藏敦煌卷子第一冊　p. 273

2386 漢將王陵變　北大 D188　北京大學圖書館藏敦煌文獻第二冊　p. 203　附彩版 11

2387 降魔變　中研院 50　臺北"中研院"傅斯年圖書館藏敦煌卷子題記　吳其昱先生八秩華誕敦煌學特刊　p. 397

2388 歡喜國王緣　上圖 016(812379)　上海圖書館藏敦煌吐魯番文獻第一冊　p. 122　附彩版 3

2389 歡喜國王緣　上圖 028V(812406)V　上海圖書館藏敦煌吐魯番文獻第一冊　p. 203　附彩版 10

2390 九想觀一卷　上博 48(35)(41379)　上海博物館藏敦煌吐魯番文獻第二冊　p. 42

2391 白侍郎十二時行孝文　上博 48(36)(41379)　上海博物館藏敦煌吐魯番文獻第二冊　p. 44

2392 十二時唱本　故宮新 152372V(1)　王素、任昉、孟嗣徽提供目錄

2393 六念唱本　故宮新 152372V(2)　王素、任昉、孟嗣徽提供目錄

2394 六念唱本　故宮新 152372(3)　王素、任昉、孟嗣徽提供目錄

2395 佛說閻羅王阿孃住　上博 48(43)(41379)　上海博物館藏敦煌吐魯番文獻第二冊　p. 51

2396 比丘海晏撰七言書一首　上圖 114V(812564)V　上海圖書館藏敦煌吐魯番文獻第三冊　p. 97

2397 黃巢起義記事　故宮新 152093V　王素、任昉、孟嗣徽提供目錄

二十四、文書

2398 唐開元十六年董旉生牒　津藝 001(53・5・1)　天津市藝術博物館藏敦煌文獻第一冊　p. 1　附彩版 2

2399 咸亨二年沙州胡薩坊口戶牒　津藝 060(77・5・4401)　天津市藝術博物館藏敦煌文獻第一冊　p. 304　附彩版 11

2400 靈圖寺寄住僧道猷狀牒　北大 D185　北京大學圖書館藏敦煌文獻第二冊　p. 201　附彩版 6

2401 南膽部州娑訶世界沙州三界寺授五戒牒　北大 D186　北京大學圖書館藏敦煌文獻第二冊 p. 202　附彩版 5
2402 請紙牒　上博 31(36643)　上海博物館藏敦煌吐魯番文獻第一冊　p. 257　附彩版 23
2403 索鐵子牒　上博 21A(8958)A　上海博物館藏敦煌吐魯番文獻第一冊　p. 189　附彩版 16
2404 汴州司馬朱狀　津藝 061B(77·5·4402－2)　天津市藝術博物館藏敦煌文獻第一冊 p. 306
2405 僧正致都督狀　上圖 017－3(812388)　上海圖書館藏敦煌吐魯番文獻第一冊　p. 129　附彩版 5
2406 咸通六年二月二十一日敦煌鄉百姓氾仏奴狀　上圖 110V3(812560)　上海圖書館藏敦煌吐魯番文獻第三冊　p. 46
2407 委官狀　北大 D240　北京大學圖書館藏敦煌文獻第二冊　p. 256
2408 羯羊狀　北大 D193　北京大學圖書館藏敦煌文獻第二冊　p. 216
2409 付軍械狀　浙敦 156(浙博 131)　浙藏敦煌文獻　p. 218　附彩版 33
2410 領軍械狀　浙敦 155(浙博 130)　浙藏敦煌文獻　p. 218　附彩版 32
2411 敦煌鄉百姓曹海員訴狀並判　浙敦 135(浙博 110)　浙藏敦煌文獻　p. 213　附彩版 30
2412 齋願文　故宮新 152094　王素、任昉、孟嗣徽提供目錄
2413 齋文　津文 30　天津市文物公司藏敦煌寫經　p. 139
2414 祭文　北大 D241V　北京大學圖書館藏敦煌文獻第二冊　p. 257
2415 己酉年安九祭大阿孃文　上圖 033(812439)　上海圖書館藏敦煌吐魯番文獻第一冊　p. 247　附彩版 13
2416 清泰四年曹元深祭神文　上博 48(37)(41379)　上海博物館藏敦煌吐魯番文獻第二冊　p. 46
2417 姪女什一娘祭叔文　北大 D202V　北京大學圖書館藏敦煌文獻第二冊　p. 224　附彩版 14
2418 三娘子祭叔文 尼靈皈遺囑　浙敦 065(浙博 40)　浙藏敦煌文獻　p. 193
2419 某寺修舍告疏　浙敦 154(浙博 129)　浙藏敦煌文獻　p. 218　附彩版 24
2420 辰年正月十五日道場施物疏　北大 D162V　北京大學圖書館藏敦煌文獻第二冊　p. 157
2421 請僧疏　北大 D204　北京大學圖書館藏敦煌文獻第二冊　p. 225

注：原爲"終七道場疏"，劉屹定名爲"請僧疏"，參見《北京大學藏敦煌文獻》。

2422 僧尼名錄　北大 D187　北京大學圖書館藏敦煌文獻第二冊　p. 202
2423 寺僧名錄　浙敦 168(浙博 143)　浙藏敦煌文獻　p. 221
2424 僧尼籍　南圖 005　南京圖書館所藏敦煌遺書目錄　敦煌研究 1998 年第四期　p. 135
2425 廿六日見在僧名　北大 D215　北京大學圖書館藏敦煌文獻第二冊　p. 240
2426 北魏禁軍軍官籍簿　敦研 068(279)　甘肅藏敦煌文獻第一卷　p. 77
2427 北涼承平年間高昌貲簿　北大 D214　北京大學圖書館藏敦煌文獻第二冊　p. 238　附彩版 12
2428 唐年代未詳河西支度營田使戶口給穀簿計會　歷博 1　敦煌社會經濟文獻真迹釋錄第一辑 p. 479
2429 王某銀子事錄　津藝 152V(77·5·4491V)　天津市藝術博物館藏敦煌文獻第三冊　p. 162
2430 付麥清單　津藝 060V(77·5·4401V)　天津市藝術博物館藏敦煌文獻第一冊　p. 304
2431 清油帳單　敦研 097(316)　甘肅藏敦煌文獻第一卷　p. 141
2432 酒帳　北大 D194　北京大學圖書館藏敦煌文獻第二冊　p. 216　附彩版 15
2433 酒帳　故宮新 152095　王素、任昉、孟嗣徽提供目錄
2434 寺院欠經請經帳目雜抄　浙敦 070(浙博 45)　浙藏敦煌文獻　p. 195　附彩版 23

2435 寺院欠經請經帳目雜抄　浙敦 071(浙博 46)　浙藏敦煌文獻　p. 195
2436 歸義軍衙府酒破曆　敦研 001(38)　甘肅藏敦煌文獻第一卷　p. 1　附彩版 1
2437 歸義軍衙府酒破曆　敦研 369(784)　甘肅藏敦煌文獻第二卷　p. 166
2438 糧食入破曆　敦研 012(219)　甘肅藏敦煌文獻第一卷　p. 10
2439 某寺破曆　浙敦 116(浙博 91)　浙藏敦煌文獻　p. 208　附彩版
2440 臘八燃燈分配窟龕名數　敦研 322(671)　甘肅藏敦煌文獻第二卷　p. 14
2441 開元貳拾玖年西州天山縣南平鄉戶籍　北大 D205V　北京大學圖書館藏敦煌文獻第二冊 p. 227
2442 北庭都護府西州户名籍　歷博晉唐文書 43　中國歷史博物館藏法書大觀第十一卷　p. 237
2443 唐代奴婢買賣市券副本　敦研 298(639)　甘肅藏敦煌文獻第一卷　p. 264
2444 唐代奴婢買賣市券副本　敦研 299(640)　甘肅藏敦煌文獻第一卷　p. 265
2445 納粮户籍與曹先玉借麥契　歷博晉唐文書 46　中國歷史博物館藏法書大觀第十一卷　p. 238
2446 分家契　上圖 017－5(812388)　上海圖書館藏敦煌吐魯番文獻第一冊　p. 131
2447 天福肆年正月姚文清雇工契　津藝 169V－2(77・5・4508V)　天津市藝術博物館藏敦煌文獻第三冊　p. 264
2448 壬午年蘇永進雇駁駝契　津藝 061FV(77・5・4402－6)V　天津市藝術博物館藏敦煌文獻第一冊　p. 309
2449 丁丑年赤心鄉百姓郭安定雇驢契　上圖 017－6(812388)　上海圖書館藏敦煌吐魯番文獻第一冊　p. 131　附彩版 6
2450 天福八年二月廿日敦煌鄉百姓某貸絹契　上博 49A(V3)　(44057)　上海博物館藏敦煌吐魯番文獻第二冊　p. 53

注:原爲“天福八年敦煌鄉文書”,郝春文先生《〈上海博物館藏敦煌吐魯番文獻〉讀後》一文中考訂爲“天福八年二月廿日敦煌鄉百姓某貸絹契”。

2451 丙戌年五月十日敦煌百姓李福延借貸契　故宫新 152372(2)　王素、任昉、孟嗣徽提供目錄
2452 唐天寶八載西州倉曹檢勘諸倉倉糧案卷　上圖 019(812396)　上海圖書館藏敦煌吐魯番文獻第一冊　p. 133

注:原爲“天寶八載公文”,榮新江先生定名爲“唐天寶八載西州倉曹檢勘諸倉倉糧案卷”。參見陳國燦先生《美国普林斯顿所藏几件吐魯番出土文书》一文。參見榮新江先生《評〈上海圖書館藏敦煌吐魯番文獻〉》一文。

2453 葬經　上圖 017－2(812388)　上海圖書館藏敦煌吐魯番文獻第一冊　p. 128
2454 渠人轉帖　上博 21B(8958)B　上海博物館藏敦煌吐魯番文獻第一冊　p. 190　附彩版 17
2455 社司轉帖　津藝 061DV(77・5・4402－4)V　天津市藝術博物館藏敦煌文獻第一冊　p. 307　附彩版 12
2456 社司轉帖　北大 D246－2　北京大學圖書館藏敦煌文獻第二冊　p. 267
2457 社司轉帖書信　故宫新 152094V　王素、任昉、孟嗣徽提供目錄
2458 管內都僧錄讓廣道場告帖　北大 D203　北京大學圖書館藏敦煌文獻第二冊　p. 225
2459 若有人亡者帖　北大 D139V　北京大學圖書館藏敦煌文獻第二冊　p. 115
2460 沙州刺史李庭光莫高靈岩佛窟之碑並序　上博 40(39341)　上海博物館藏敦煌吐魯番文獻第一冊　p. 324　附彩版 2

注:原爲“造莫高窟記”,馬德先生考訂爲“沙州刺史李庭光莫高靈岩佛窟之碑並序”。

2461 社官董海等廿三人重修唐家佛堂功德記　北大 D195　北京大學圖書館藏敦煌文獻第二冊 p. 217

注:原爲“重修佛堂記”,劉屹定名爲“社官董海等廿三人重修唐家佛堂功德記”,参見《北京大学藏敦煌文献》一文。

2462 社官董海等廿三人重修唐家佛堂功德記 北大 D202 北京大學圖書館藏敦煌文獻第二册 p. 224

注:原爲“社長陰公光進神道碑”,劉屹定名爲“社官董海等廿三人重修唐家佛堂功德記”,参見《北京大学藏敦煌文献》一文。

2463 尋碑記 北大 D160A 北京大學圖書館藏敦煌文獻第二册 p. 151

2464 宋佛奴等捐木條記 浙敦 132(浙博 107) 浙藏敦煌文獻 p. 213

2465 論八背舍 津圖 087 天津圖書館藏敦煌遺書目録 敦煌吐魯番研究第八卷 p. 332

2466 抄律記事 北大 D196 北京大學圖書館藏敦煌文獻第二册 p. 217

2467 抄十七地要 浙敦 072(浙博 47) 浙藏敦煌文獻 p. 196 附彩版 17

2468 名數法門抄 敦博 038B 甘肅藏敦煌文獻第六卷 p. 44

2469 唐景雲二年張君義勳告 敦研 341(710) 甘肅藏敦煌文獻第二卷 p. 99

2470 天安二年令狐歸兒課 敦研 113(334) 甘肅藏敦煌文獻第一卷 p. 151

2471 刻雕繪像注 北大 D245V2 北京大學圖書館藏敦煌文獻第二册 p. 265

2472 某寅年殘文書 浙敦 116V(浙博 91V) 浙藏敦煌文獻 p. 208

2473 信函或文書 故宫新 57489V 王素、任昉、孟嗣徽提供目録

2474 家書 上圖 017－1(812388) 上海圖書館藏敦煌吐魯番文獻第一册 p. 128 附彩版 4

2475 信劄 津藝 061EV(77·5·4402－5)V 天津市藝術博物館藏敦煌文獻第一册 p. 308 附彩版 13

2476 文稿 津藝 061H(77·5·4402－8) 天津市藝術博物館藏敦煌文獻第一册 p. 310

2477 書劄 津藝 061C(77·5·4402－3) 天津市藝術博物館藏敦煌文獻第一册 p. 306

2478 書信 上博 20(1)(8918)1 上海博物館藏敦煌吐魯番文獻第一册 p. 187

2479 書信 上博 24V(24579)V 上海博物館藏敦煌吐魯番文獻第一册 p. 205 附彩版 21

2480 書信 上博 26(26885) 上海博物館藏敦煌吐魯番文獻第一册 p. 223 附彩版 25

2481 經卷卷末題記 浙敦 036(浙博 11) 浙藏敦煌文獻 p. 167

二十五、雜寫印章

2482 勘經記 津藝 070V(77·5·4411V) 天津市藝術博物館藏敦煌文獻第一册 p. 384

2483 勘經記 津藝 227V(77·5·4566V) 天津市藝術博物館藏敦煌文獻第四册 p. 349

2484 勘經記 津藝 234V(77·5·4573V) 天津市藝術博物館藏敦煌文獻第五册 p. 67

2485 勘經記 津藝 235V(77·5·4574V) 天津市藝術博物館藏敦煌文獻第五册 p. 78

2486 勘經記 津藝 238V(77·5·4577V) 天津市藝術博物館藏敦煌文獻第五册 p. 117

2487 勘經記 津藝 245V(77·5·4584V) 天津市藝術博物館藏敦煌文獻第五册 p. 209

2488 勘經記 津藝 248V(77·5·4587V) 天津市藝術博物館藏敦煌文獻第五册 p. 239

2489 勘經記 津藝 253V(77·5·4592V) 天津市藝術博物館藏敦煌文獻第五册 p. 300

2490 勘經記 津藝 289V(77·5·4628V) 天津市藝術博物館藏敦煌文獻第六册 p. 171

2491 勘經記 津藝 292V(77·5·4631V) 天津市藝術博物館藏敦煌文獻第六册 p. 198

2492 佛說佛名經卷第六勘經記 上博 25V(25644)V 上海博物館藏敦煌吐魯番文獻第一册

p. 223
2493　抄經勘誤錄　敦研 011(218)　甘肅藏敦煌文獻第一卷　p. 8
2494　寫經勘誤錄　敦博 081　甘肅藏敦煌文獻第六卷　p. 284
2495　圖案　津藝 043V(77・5・2302V)　天津市藝術博物館藏敦煌文獻第一冊　p. 288
2496　雜寫　津藝 010V(58・5・669－1)V　天津市藝術博物館藏敦煌文獻第一冊　p. 63
2497　雜寫　津藝 012V(58・5・669－3)V　天津市藝術博物館藏敦煌文獻第一冊　p. 66
2498　雜寫　津藝 013V(58・5・669－4)V　天津市藝術博物館藏敦煌文獻第一冊　p. 68
2499　雜寫　津藝 016V(58・5・669－7)V　天津市藝術博物館藏敦煌文獻第一冊　p. 75
2500　雜寫　津藝 017V(58・5・669－8)V　天津市藝術博物館藏敦煌文獻第一冊　p. 77
2501　雜寫　津藝 018V(58・5・669－9)V　天津市藝術博物館藏敦煌文獻第一冊　p. 78
2502　雜寫　津藝 040V(77・5・2299V)　天津市藝術博物館藏敦煌文獻第一冊　p. 282
2503　雜寫　津藝 053V(77・5・2312V)　天津市藝術博物館藏敦煌文獻第一冊　p. 299
2504　雜寫　津藝 073(77・5・4415V)　天津市藝術博物館藏敦煌文獻第二冊　p. 31
2505　雜寫　津藝 078V(77・5・4420V)　天津市藝術博物館藏敦煌文獻第二冊　p. 68
2506　雜寫　津藝 079V(77・5・4421V)　天津市藝術博物館藏敦煌文獻第二冊　p. 80
2507　雜寫　津藝 109V－2(77・5・4448V)　天津市藝術博物館藏敦煌文獻第二冊　p. 240
2508　雜寫　津藝 115V(77・5・4454V)　天津市藝術博物館藏敦煌文獻第二冊　p. 328
2509　雜寫　津藝 116V(77・5・4455V)　天津市藝術博物館藏敦煌文獻第二冊　p. 335
2510　雜寫　津藝 118V(77・5・4457V)　天津市藝術博物館藏敦煌文獻第二冊　p. 364
2511　雜寫　津藝 125V(77・5・4464)　天津市藝術博物館藏敦煌文獻第三冊　p. 26
2512　雜寫　津藝 130V(77・5・4469V)　天津市藝術博物館藏敦煌文獻第三冊　p. 57
2513　雜寫　津藝 137V(77・5・4476V)　天津市藝術博物館藏敦煌文獻第三冊　p. 92
2514　雜寫　津藝 150V(77・5・4489V)　天津市藝術博物館藏敦煌文獻第三冊　p. 149
2515　雜寫　津藝 217V(77・5・4556V)　天津市藝術博物館藏敦煌文獻第四冊　p. 265
2516　雜寫　津藝 226V－1(77・5・4556V)　天津市藝術博物館藏敦煌文獻第四冊　p. 336
2517　雜寫　津藝 231V(77・5・4570V)　天津市藝術博物館藏敦煌文獻第五冊　p. 31
2518　雜寫　津藝 233V(77・5・4572V)　天津市藝術博物館藏敦煌文獻第五冊　p. 55
2519　雜寫　津藝 261V(77・5・4600V)　天津市藝術博物館藏敦煌文獻第五冊　p. 362
2520　雜寫　津藝 264V(77・5・4603V)　天津市藝術博物館藏敦煌文獻第六冊　p. 29
2521　雜寫　津藝 277V(77・5・4616V)　天津市藝術博物館藏敦煌文獻第六冊　p. 79
2522　雜寫　津藝 282V(77・5・4621V)　天津市藝術博物館藏敦煌文獻第六冊　p. 118
2523　雜寫　津藝 286V(77・5・4625V)　天津市藝術博物館藏敦煌文獻第六冊　p. 137
2524　雜寫　敦研 068V(279V)　甘肅藏敦煌文獻第一卷　p. 77
2525　雜寫　敦研 219V(443)　甘肅藏敦煌文獻第一卷　p. 211
2526　雜寫　敦研 268V(493)V　甘肅藏敦煌文獻第一卷　p. 250
2527　雜寫　上博 12V(3303)V　上海博物館藏敦煌吐魯番文獻第一冊　p. 110
2528　雜寫　上博 34V(37495)V　上海博物館藏敦煌吐魯番文獻第一冊　p. 285
2529　雜寫　上博 45V1(40794)V1　上海博物館藏敦煌吐魯番文獻第一冊　p. 354
2530　雜寫　上博 49A(V2)(44057)　上海博物館藏敦煌吐魯番文獻第二冊　p. 53
2531　雜寫　上博 63V1(51089)V1　上海博物館藏敦煌吐魯番文獻第二冊　p. 163
2532　雜寫　上博 63V2(51089)V2　上海博物館藏敦煌吐魯番文獻第二冊　p. 163
2533　雜寫　上博 64V(51106)V　上海博物館藏敦煌吐魯番文獻第二冊　p. 174

2534　雜寫　上博68V(51611)V　上海博物館藏敦煌吐魯番文獻第二册　p. 201
2535　雜寫　北大D070V　北京大學圖書館藏敦煌文獻第一册　p. 266
2536　雜寫　北大D073V　北京大學圖書館藏敦煌文獻第一册　p. 272
2537　雜寫　北大D123V　北京大學圖書館藏敦煌文獻第二册　p. 96
2538　雜寫　北大D126V2　北京大學圖書館藏敦煌文獻第二册　p. 100
2539　雜寫　北大D218V　北京大學圖書館藏敦煌文獻第二册　p. 242
2540　雜抄　浙敦115V(浙博90V)　浙藏敦煌文獻　p. 207　附彩版20
2541　雜寫及習字　故宫新137369V　王素、任昉、孟嗣徽提供目録
2542　小抄　臺中圖093　臺灣"中央圖書館"藏敦煌卷子第三册　p. 899
2543　兑紙别記　津藝172V-2(77·5·4511V)　天津市藝術博物館藏敦煌文獻第三册　p. 304
2544　紀年　津藝258V(77·5·4597V)　天津市藝術博物館藏敦煌文獻第五册　p. 344
2545　百衆等聽説雜寫　上圖118V(812568)V　上海圖書館藏敦煌吐魯番文獻第三册　p. 148
2546　大通方廣懺悔滅罪莊嚴成佛經卷上裱紙　上圖111V2(812561)V　上海圖書館藏敦煌吐魯番文獻第三册　p. 58
2547　記字雜寫　上圖067V(812509)V　上海圖書館藏敦煌吐魯番文獻第二册　p. 189
2548　抄經雜寫　上圖076V(812523)V　上海圖書館藏敦煌吐魯番文獻第二册　p. 255
2549　抄經雜寫　上圖088V-2(812535)V　上海圖書館藏敦煌吐魯番文獻第二册　p. 338
2550　抄經雜寫　津藝172V-1(77·5·4511V)　天津市藝術博物館藏敦煌文獻第三册　p. 303
2551　經名雜寫　上圖049V(812456)V　上海圖書館藏敦煌吐魯番文獻第二册　p. 4
2552　戊戌年五月雜寫等　津藝169V-3(77·5·4508V)　天津市藝術博物館藏敦煌文獻第三册　p. 264
2553　千字文雜寫　上圖057V(812464)V　上海圖書館藏敦煌吐魯番文獻第二册　p. 29
2554　記事雜寫等九行　敦研011V(218)　甘肅藏敦煌文獻第一卷　p. 10
2555　經變白畫　上圖126V(812576)V　上海圖書館藏敦煌吐魯番文獻第三册　p. 220
2556　騎縫押　上圖136V(812586)V　上海圖書館藏敦煌吐魯番文獻第三册　p. 328
2557　騎縫押　上博31V(36643)V　上海博物館藏敦煌吐魯番文獻第一册　p. 259
2558　戒融騎縫押　津藝165V(77·5·4504V)　天津市藝術博物館藏敦煌文獻第三册　p. 245
2559　雜寫及騎縫印　上圖168V(822626)V　上海圖書館藏敦煌吐魯番文獻第四册　p. 45
2560　沙門洪真騎縫押　上圖117V1(812567)V1　上海圖書館藏敦煌吐魯番文獻第三册　p. 141
2561　草書佛典　敦博082　甘肅藏敦煌文獻第六卷　p. 285
2562　經名習書　浙敦104(浙博79)　浙藏敦煌文獻　p. 204
2563　習字　上圖110V2(812560)　上海圖書館藏敦煌吐魯番文獻第三册　p. 46
2564　修補殘片　上圖031V(812437)V　上海圖書館藏敦煌吐魯番文獻第一册　p. 238
2565　修補殘片　上圖038V(812445)V　上海圖書館藏敦煌吐魯番文獻第一册　p. 278
2566　金光明最勝王經卷第二經文雜抄　南圖004　南京圖書館所藏敦煌遺書目録　敦煌研究1998年第四期　p. 135
2567　卷帙號　上博27V(34666)V　上海博物館藏敦煌吐魯番文獻第一册　p. 228
2568　卷帙號　上圖043V(812450)　上海圖書館藏敦煌吐魯番文獻第一册　p. 332
2569　卷帙號　上圖131V(812581)V　上海圖書館藏敦煌吐魯番文獻第三册　p. 265
2570　卷帙號　津藝026V(60·5·1702V)　天津市藝術博物館藏敦煌文獻第一册　p. 155
2571　題籤　上博71V1(51614)V1　上海博物館藏敦煌吐魯番文獻第二册　p. 224
2572　題籤　上博72V1(516175)V1　上海博物館藏敦煌吐魯番文獻第二册　p. 230

2573 題籤　津藝 002V(53・5・17V)　天津市藝術博物館藏敦煌文獻第一冊　p. 11
2574 題籤　津藝 172V－3(77・5・4511V)　天津市藝術博物館藏敦煌文獻第三冊　p. 306
2575 瓜沙州大王印騎縫印　津藝 141V(77・5・4480V)　天津市藝術博物館藏敦煌文獻第三冊　p. 116
2576 瓜沙州大王印　北大 D103V　北京大學圖書館藏敦煌文獻第二冊　p. 67
2577 騎縫印　津藝 281V(77・5・4620V)　天津市藝術博物館藏敦煌文獻第六冊　p. 108
2578 騎縫章　津藝 226V－3(77・5・4565V)　天津市藝術博物館藏敦煌文獻第四冊　p. 337
2579 印章　津藝 005V(55・5・107V)　天津市藝術博物館藏敦煌文獻第一冊　p. 30
2580 印章　津藝 006V(57・5・224V)　天津市藝術博物館藏敦煌文獻第一冊　p. 38
2581 印章　津藝 028V(60・5・1704V)　天津市藝術博物館藏敦煌文獻第一冊　p. 165
2582 印章　津藝 080V(77・5・4422V)　天津市藝術博物館藏敦煌文獻第二冊　p. 86
2583 印章　津藝 081V(77・5・4423V)　天津市藝術博物館藏敦煌文獻第二冊　p. 89
2584 印章　津藝 153V(77・5・4492V)　天津市藝術博物館藏敦煌文獻第三冊　p. 166
2585 印章　津藝 197V(77・5・4536V)　天津市藝術博物館藏敦煌文獻第四冊　p. 128
2586 印章　津藝 207V(77・5・4546V)　天津市藝術博物館藏敦煌文獻第四冊　p. 195
2587 印章　津藝 226V－2(77・5・4565V)　天津市藝術博物館藏敦煌文獻第四冊　p. 336
2588 印章　津藝 300V(77・5・4639V)　天津市藝術博物館藏敦煌文獻第六冊　p. 262
2589 印章　津藝 309V(13693)V　天津市藝術博物館藏敦煌文獻第七冊　p. 11
2590 印章　上圖 010V(799221)V　上海圖書館藏敦煌吐魯番文獻第一冊　p. 88
2591 印章　上圖 12V(799223V)　上海圖書館藏敦煌吐魯番文獻第一冊　p. 106
2592 印章　上圖 24V(812402)　上海圖書館藏敦煌吐魯番文獻第一冊　p. 180
2593 印章　上圖 36V(812443)　上海圖書館藏敦煌吐魯番文獻第一冊　p. 263
2594 印章　上博 45V2(40794)V2　上海博物館藏敦煌吐魯番文獻第一冊　p. 355
2595 印章　上博 46V(40795)V　上海博物館藏敦煌吐魯番文獻第一冊　p. 366
2596 印章　上博 47V(40796)V　上海博物館藏敦煌吐魯番文獻第一冊　p. 377
2597 印章　上博 58V(47259)V　上海博物館藏敦煌吐魯番文獻第二冊　p. 115
2598 印章　上博 61V(51033)V　上海博物館藏敦煌吐魯番文獻第二冊　p. 144
2599 印章　上博 71V2(51614)V2　上海博物館藏敦煌吐魯番文獻第二冊　p. 225
2600 印章　上博 72V2(516175)V2　上海博物館藏敦煌吐魯番文獻第二冊　p. 230
2601 印章　上博 78V(69594)V　上海博物館藏敦煌吐魯番文獻第二冊　p. 250

二十六、民族文字

2602 大乘無量壽宗要經(藏文)　津藝 006(57・5・224)　天津市藝術博物館藏敦煌文獻第一冊　p. 31
2603 大乘無量壽宗要經(藏文)　津藝 035(62・5・3014)　天津市藝術博物館藏敦煌文獻第一冊　p. 232
2604 大乘無量壽宗要經(藏文)　津藝 094(77・5・4435－1)　天津市藝術博物館藏敦煌文獻第二冊　p. 149
2605 大乘無量壽宗要經(藏文)　津藝 095(77・5・4435－2)　天津市藝術博物館藏敦煌文獻第二

冊　p. 151
2606　大乘無量壽宗要經(藏文)　津藝096(77・5・4435－3)　天津市藝術博物館藏敦煌文獻第二冊　p. 153
2607　大乘無量壽宗要經(藏文)　津藝097(77・5・4435－4)　天津市藝術博物館藏敦煌文獻第二冊　p. 155
2608　大乘無量壽宗要經(藏文)　上圖158(812609)　上海圖書館藏敦煌吐魯番文獻第四冊　p. 3
2609　大乘無量壽宗要經(藏文)　上圖159(812610)　上海圖書館藏敦煌吐魯番文獻第四冊　p. 4
2610　大乘無量壽宗要經(藏文)　上圖160－1(812611)　上海圖書館藏敦煌吐魯番文獻第四冊　p. 6
2611　大乘無量壽宗要經(藏文)　上圖160－2(812611)　上海圖書館藏敦煌吐魯番文獻第四冊　p. 7
2612　大乘無量壽宗要經(藏文)　上圖161(812612)　上海圖書館藏敦煌吐魯番文獻第四冊　p. 9
2613　大乘無量壽經(藏文)　上博38(37499)　上海博物館藏敦煌吐魯番文獻第一冊　p. 310
2614　雜寫(藏文)　上博09V(3298)V　上海博物館藏敦煌吐魯番文獻第一冊　p. 97
2615　十萬般若波羅蜜多經第二卷第二十五品(藏文)　上圖156(812607)　上海圖書館藏敦煌吐魯番文獻第四冊　p. 1　附彩版1
2616　般若波羅蜜多經(藏文)　上圖139A(812589)A　上海圖書館藏敦煌吐魯番文獻第三冊　p. 336
2617　般若波羅蜜多心經(藏文)　上圖139B(812589)B　上海圖書館藏敦煌吐魯番文獻第三冊　p. 338
2618　聖壽智無量大乘經(藏文)　上圖059(812467　上海圖書館藏敦煌吐魯番文獻第二冊　p. 32
2619　祈禱文(藏文)　北大D045V　北京大學圖書館藏敦煌文獻第一冊　p. 191
2620　佛教咒語(藏文)　北大D051－2　北京大學圖書館藏敦煌文獻第一冊　p. 202
2621　地贊達木壇城作法(藏文)　北大D113－2　北京大學圖書館藏敦煌文獻第二冊　p. 82　附彩版2
2622　書函(藏文)　北大D152V　北京大學圖書館藏敦煌文獻第二冊　p. 139
2623　書函(藏文)　北大附C62　北京大學圖書館藏敦煌文獻第二冊　p. 307
2624　佛經(藏文)　上圖157(812608)　上海圖書館藏敦煌吐魯番文獻第四冊　p. 2
2625　佛經(藏文)　北大D055V　北京大學圖書館藏敦煌文獻第一冊　p. 210
2626　佛經(藏文)　北大D212　北京大學圖書館藏敦煌文獻第二冊　p. 236
2627　佛經(藏文)　北大附C63　北京大學圖書館藏敦煌文獻第二冊　p. 307
2628　佛經(藏文)　故宫新103999　王素、任昉、孟嗣徽提供目錄
2629　佛經(藏文)　故宫新104000　王素、任昉、孟嗣徽提供目錄
2630　佛經(藏文)　故宫新104001　王素、任昉、孟嗣徽提供目錄
2631　佛經(藏文)　故宫新104073　王素、任昉、孟嗣徽提供目錄
2632　文契(藏文)　北大附C64　北京大學圖書館藏敦煌文獻第二冊　p. 307
2633　藏文　南圖013　南京圖書館所藏敦煌遺書目錄　敦煌研究1998年第四期　p. 137
2634　藏文大乘菩薩行殘片　浙敦172(浙博147)　浙藏敦煌文獻　p. 223
2635　藏文大乘菩薩行殘片　浙敦173(浙博148)　浙藏敦煌文獻　p. 223
2636　藏文觀音咒殘片　浙敦133(浙博108)　浙藏敦煌文獻　p. 213
2637　藏文河西歷史故事殘片　浙敦114(浙博89)　浙藏敦煌文獻　p. 207　附彩版26
2638　藏文經咒殘片　浙敦174(浙博149)　浙藏敦煌文獻　p. 223

2639 藏文經咒殘片　浙敦175(浙博150)　浙藏敦煌文獻　p. 223
2640 藏文題記　上圖070V(812512)V　上海圖書館藏敦煌吐魯番文獻第二册　p. 211
2641 蕃文大般若經　臺中圖120D　臺灣“中央圖書館”藏敦煌卷子第三册　p. 1129
2642 蕃文無量壽宗要經　臺中圖120ABC　臺灣“中央圖書館”藏敦煌卷子第三册　p. 1129
2643 蕃文寅年敦煌地區帳目　臺中圖125V　臺灣“中央圖書館”藏敦煌卷子第三册　p. 1181
2644 吐蕃文寫經　故宫新199430V　王素、任昉、孟嗣徽提供目錄
2645 大乘無量壽經一卷(吐蕃文)　中研院34　臺北“中研院”傅斯年圖書館藏敦煌卷子題記　吳其昱先生八秩華誕敦煌學特刊　p. 385
2646 大乘無量壽經一卷(吐蕃文)　中研院35　臺北“中研院”傅斯年圖書館藏敦煌卷子題記　吳其昱先生八秩華誕敦煌學特刊　p. 385
2647 大乘無量壽經一卷(吐蕃文)　中研院36　臺北“中研院”傅斯年圖書館藏敦煌卷子題記　吳其昱先生八秩華誕敦煌學特刊　p. 386
2648 大乘無量壽經一卷(吐蕃文)　中研院37　臺北“中研院”傅斯年圖書館藏敦煌卷子題記　吳其昱先生八秩華誕敦煌學特刊　p. 386
2649 大乘無量壽經一卷(吐蕃文)　中研院38　臺北“中研院”傅斯年圖書館藏敦煌卷子題記　吳其昱先生八秩華誕敦煌學特刊　p. 386
2650 大乘無量壽經一卷(吐蕃文)　中研院39　臺北“中研院”傅斯年圖書館藏敦煌卷子題記　吳其昱先生八秩華誕敦煌學特刊　p. 387
2651 大乘無量壽經一卷(吐蕃文)　中研院40　臺北“中研院”傅斯年圖書館藏敦煌卷子題記　吳其昱先生八秩華誕敦煌學特刊　p. 388
2652 大乘無量壽經一卷(吐蕃文)　中研院41　臺北“中研院”傅斯年圖書館藏敦煌卷子題記　吳其昱先生八秩華誕敦煌學特刊　p. 388
2653 大乘般若波羅蜜多心經一卷(吐蕃文)　中研院42　臺北“中研院”傅斯年圖書館藏敦煌卷子題記　吳其昱先生八秩華誕敦煌學特刊　p. 388
2654 粟特文文獻　上圖034AV(812440)AV　上海圖書館藏敦煌吐魯番文獻第一册　p. 248
2655 佛經(回鶻文)　上圖034B(812440)B　上海圖書館藏敦煌吐魯番文獻第一册　p. 249
2656 佛經(回鶻文)　上圖034BV(812440)BV　上海圖書館藏敦煌吐魯番文獻第一册　p. 249
2657 有關信仰三寶和三種救濟的佛教文獻(回鶻文)　津藝015V(58・5・669－6)V　天津市藝術博物館藏敦煌文獻第一册　p. 71
2658 社會文書(回鶻文)　津藝014V(58・5・669－5)V　天津市藝術博物館藏敦煌文獻第一册　p. 69
2659 佛教經論(回鶻文漢文雙語)　北大D012V　北京大學圖書館藏敦煌文獻第一册　p. 60
2660 佛經詩歌(回鶻文)　北大D154V　北京大學圖書館藏敦煌文獻第二册　p. 140
2661 回鶻文文獻　北大D159V　北京大學圖書館藏敦煌文獻第二册　p. 150
2662 回鶻文雜記　上圖132V(812582)V　上海圖書館藏敦煌吐魯番文獻第三册　p. 276
2663 佛經(回鶻文)　北大附T1　北京大學圖書館藏敦煌文獻第二册　p. 299
2664 觀音經相應譬喻譚(回鶻文)　北大附T2　北京大學圖書館藏敦煌文獻第二册　p. 300
2665 觀音經相應譬喻譚(回鶻文)　北大附T3　北京大學圖書館藏敦煌文獻第二册　p. 301　附彩版17
2666 佛經(回鶻文)　北大附C01V　北京大學圖書館藏敦煌文獻第二册　p. 307
2667 佛經(回鶻文)　北大附C27V　北京大學圖書館藏敦煌文獻第二册　p. 307
2668 佛經(回鶻文)　北大附C28V　北京大學圖書館藏敦煌文獻第二册　p. 307

2669 佛經(回鶻文) 北大附 C29V 北京大學圖書館藏敦煌文獻第二册 p. 307
2670 佛經(回鶻文) 北大附 C43V 北京大學圖書館藏敦煌文獻第二册 p. 307
2671 佛經(回鶻文) 北大附 C46V 北京大學圖書館藏敦煌文獻第二册 p. 307
2672 佛經(回鶻文) 北大附 C57 北京大學圖書館藏敦煌文獻第二册 p. 307
2673 佛經(回鶻文) 北大附 C57V 北京大學圖書館藏敦煌文獻第二册 p. 307
2674 佛經(回鶻文) 北大附 C58 北京大學圖書館藏敦煌文獻第二册 p. 307
2675 佛經(回鶻文) 北大附 C59 北京大學圖書館藏敦煌文獻第二册 p. 307
2676 佛經(回鶻文) 北大附 C60 北京大學圖書館藏敦煌文獻第二册 p. 307
2677 中阿含第四十四卷(回鶻文) 北大附 C61 北京大學圖書館藏敦煌文獻第二册 p. 307
2678 中阿含第四十四卷(回鶻文) 北大附 C61V 北京大學圖書館藏敦煌文獻第二册 p. 307
2679 西史 H. A. (回鶻文佛經) 中研院 43 臺北"中研院"傅斯年圖書館藏敦煌卷子題記 吳其昱先生八秩華誕敦煌學特刊 p. 389
2680 于闐文文獻 北大 D005V 北京大學圖書館藏敦煌文獻第一册 p. 27
2681 六祖壇經(西夏文) 北大附 X1 北京大學圖書館藏敦煌文獻第二册 p. 302
2682 瓜州審案記錄(西夏文) 北大附 X1V 北京大學圖書館藏敦煌文獻第二册 p. 303
2683 古抄卷子(西夏文) 中研院 44 臺北"中研院"傅斯年圖書館藏敦煌卷子題記 吳其昱先生八秩華誕敦煌學特刊 p. 390
2684 佛經(西夏文) 北大附 X2 北京大學圖書館藏敦煌文獻第二册 p. 305
2685 佛經(西夏文) 北大附 X3 北京大學圖書館藏敦煌文獻第二册 p. 305
2686 佛經(西夏文) 北大附 X4 北京大學圖書館藏敦煌文獻第二册 p. 306
2687 佛經(西夏文) 北大附 X5 北京大學圖書館藏敦煌文獻第二册 p. 306
2688 梵本般若波羅蜜多心經 北大 D118 北京大學圖書館藏敦煌文獻第二册 p. 88 附彩版 1
2689 梵字佛頂尊勝真言 故宫新 152372(1) 王素、任昉、孟嗣徽提供目錄
2690 佛說無量壽經(梵文) 故宫新 74071 王素、任昉、孟嗣徽提供目錄
2691 佛說無量壽經(梵文) 故宫新 74072 王素、任昉、孟嗣徽提供目錄

二十七、殘片及未名佛經

2692 佛書 北大 D160C 北京大學圖書館藏敦煌文獻第二册 p. 151
2693 佛書 北大 D160D 北京大學圖書館藏敦煌文獻第二册 p. 151
2694 佛書 北大 D220 北京大學圖書館藏敦煌文獻第二册 p. 243
2695 佛書 北大 D229 北京大學圖書館藏敦煌文獻第二册 p. 248
2696 佛書 北大 D239 北京大學圖書館藏敦煌文獻第二册 p. 255
2697 佛書 北大附 C04 北京大學圖書館藏敦煌文獻第二册 p. 307
2698 佛書 北大附 C06 北京大學圖書館藏敦煌文獻第二册 p. 307
2699 佛書 北大附 C07 北京大學圖書館藏敦煌文獻第二册 p. 307
2700 佛書 北大附 C08 北京大學圖書館藏敦煌文獻第二册 p. 307
2701 佛書 北大附 C09 北京大學圖書館藏敦煌文獻第二册 p. 307
2702 佛書 北大附 C10 北京大學圖書館藏敦煌文獻第二册 p. 307
2703 佛書 北大附 C11 北京大學圖書館藏敦煌文獻第二册 p. 307

2704	佛書	北大附 C12	北京大學圖書館藏敦煌文獻第二冊	p. 307
2705	佛書	北大附 C14	北京大學圖書館藏敦煌文獻第二冊	p. 307
2706	佛書	北大附 C15	北京大學圖書館藏敦煌文獻第二冊	p. 307
2707	佛書	北大附 C16	北京大學圖書館藏敦煌文獻第二冊	p. 307
2708	佛書	北大附 C17	北京大學圖書館藏敦煌文獻第二冊	p. 307
2709	佛書	北大附 C18	北京大學圖書館藏敦煌文獻第二冊	p. 307
2710	佛書	北大附 C19	北京大學圖書館藏敦煌文獻第二冊	p. 307
2711	佛書	北大附 C20	北京大學圖書館藏敦煌文獻第二冊	p. 307
2712	佛書	北大附 C21	北京大學圖書館藏敦煌文獻第二冊	p. 307
2713	佛書	北大附 C22	北京大學圖書館藏敦煌文獻第二冊	p. 307
2714	佛書	北大附 C23	北京大學圖書館藏敦煌文獻第二冊	p. 307
2715	佛書	北大附 C24	北京大學圖書館藏敦煌文獻第二冊	p. 307
2716	佛書	北大附 C25	北京大學圖書館藏敦煌文獻第二冊	p. 307
2717	佛書	北大附 C26	北京大學圖書館藏敦煌文獻第二冊	p. 307
2718	佛書	北大附 C27	北京大學圖書館藏敦煌文獻第二冊	p. 307
2719	佛書	北大附 C28	北京大學圖書館藏敦煌文獻第二冊	p. 307
2720	佛書	北大附 C29	北京大學圖書館藏敦煌文獻第二冊	p. 307
2721	佛書	北大附 C30	北京大學圖書館藏敦煌文獻第二冊	p. 307
2722	佛書	北大附 C31	北京大學圖書館藏敦煌文獻第二冊	p. 307
2723	佛書	北大附 C32	北京大學圖書館藏敦煌文獻第二冊	p. 307
2724	佛書	北大附 C33	北京大學圖書館藏敦煌文獻第二冊	p. 307
2725	佛書	北大附 C34	北京大學圖書館藏敦煌文獻第二冊	p. 307
2726	佛書	北大附 C35	北京大學圖書館藏敦煌文獻第二冊	p. 307
2727	佛書	北大附 C36	北京大學圖書館藏敦煌文獻第二冊	p. 307
2728	佛書	北大附 C37	北京大學圖書館藏敦煌文獻第二冊	p. 307
2729	佛書	北大附 C38	北京大學圖書館藏敦煌文獻第二冊	p. 307
2730	佛書	北大附 C39	北京大學圖書館藏敦煌文獻第二冊	p. 307
2731	佛書	北大附 C40	北京大學圖書館藏敦煌文獻第二冊	p. 307
2732	佛書	北大附 C41	北京大學圖書館藏敦煌文獻第二冊	p. 307
2733	佛書	北大附 C42	北京大學圖書館藏敦煌文獻第二冊	p. 307
2734	佛書	北大附 C43	北京大學圖書館藏敦煌文獻第二冊	p. 307
2735	佛書	北大附 C44	北京大學圖書館藏敦煌文獻第二冊	p. 307
2736	佛書	北大附 C45	北京大學圖書館藏敦煌文獻第二冊	p. 307
2737	佛書	北大附 C46	北京大學圖書館藏敦煌文獻第二冊	p. 307
2738	文書	北大附 C49	北京大學圖書館藏敦煌文獻第二冊	p. 307
2739	文書	北大附 C50	北京大學圖書館藏敦煌文獻第二冊	p. 307
2740	文書	北大附 C51	北京大學圖書館藏敦煌文獻第二冊	p. 307
2741	文書	北大附 C52	北京大學圖書館藏敦煌文獻第二冊	p. 307
2742	文書	北大附 C53	北京大學圖書館藏敦煌文獻第二冊	p. 307
2743	殘片	北大附 C05	北京大學圖書館藏敦煌文獻第二冊	p. 307
2744	殘片	北大附 C13	北京大學圖書館藏敦煌文獻第二冊	p. 307
2745	殘片	北大附 C54	北京大學圖書館藏敦煌文獻第二冊	p. 307

2746　殘片　北大附 C55　北京大學圖書館藏敦煌文獻第二册　p. 307
2747　殘片　北大附 C56　北京大學圖書館藏敦煌文獻第二册　p. 307
2748　佛經　津藝 011（58・5・669 －2）　天津市藝術博物館藏敦煌文獻第一册　p. 63
2749　佛經　津藝 015 －2（58・5・669 －6）　天津市藝術博物館藏敦煌文獻第一册　p. 70
2750　佛經　津藝 025V（60・5・1701V）　天津市藝術博物館藏敦煌文獻第一册　p. 143
2751　佛經　津藝 065 －5（77・5・4406）　天津市藝術博物館藏敦煌文獻第一册　p. 318
2752　佛經　津藝 065 －6（77・5・4406）　天津市藝術博物館藏敦煌文獻第一册　p. 318
2753　佛經　津藝 334（臨 3）　天津市藝術博物館藏敦煌文獻第七册　p. 123
2754　佛經　津藝 335（臨 4）　天津市藝術博物館藏敦煌文獻第七册　p. 123
2755　佛經　津圖 008　天津圖書館藏敦煌遺書目録　敦煌吐魯番研究第八卷　p. 314
2756　佛經　上圖 105 －7（812555）　上海圖書館藏敦煌吐魯番文獻第三册　p. 5
2757　佛經　上圖 163（812614）　上海圖書館藏敦煌吐魯番文獻第四册　p. 12
2758　佛經　敦研 253（478）　甘肅藏敦煌文獻第一卷　p. 242
2759　佛經　敦研 256（481）　甘肅藏敦煌文獻第一卷　p. 244
2760　佛經　敦研 270（495）　甘肅藏敦煌文獻第一卷　p. 251
2761　佛經　敦研 284（509）　甘肅藏敦煌文獻第一卷　p. 257
2762　佛經　敦研 358（381）　甘肅藏敦煌文獻第二卷　p. 148
2763　佛經　敦研 359（385）　甘肅藏敦煌文獻第二卷　p. 149
2764　佛經　敦研 361（463）　甘肅藏敦煌文獻第二卷　p. 150
2765　佛經　敦研 364（727）　甘肅藏敦煌文獻第二卷　p. 152
2766　佛經　甘博 034（20708）　甘肅藏敦煌文獻第四卷　p. 252
2767　佛經　甘博 120（20950）　甘肅藏敦煌文獻第五卷　p. 257
2768　佛經　甘博 126（13094）　甘肅藏敦煌文獻第五卷　p. 278
2769　佛經　甘博 127（13108）　甘肅藏敦煌文獻第五卷　p. 280
2770　佛經　敦博 013　甘肅藏敦煌文獻第六卷　p. 23
2771　佛經　敦博 023　甘肅藏敦煌文獻第六卷　p. 31
2772　佛經　敦博 030　甘肅藏敦煌文獻第六卷　p. 36
2773　佛經　敦博 034　甘肅藏敦煌文獻第六卷　p. 39
2774　佛經　敦博 035　甘肅藏敦煌文獻第六卷　p. 40
2775　佛經及藏印　津藝 283V（77・5・4622V）　天津市藝術博物館藏敦煌文獻第六册　p. 119
2776　晉唐寫經殘卷　故宫新 179084　王素、任昉、孟嗣徽提供目録
2777　佚目經卷　湖北博 27　湖北省博物館藏敦煌經卷概述　敦煌吐魯番研究第五卷　p. 275
2778　道經殘片　浙敦 100（浙博 75）　浙藏敦煌文獻　p. 203
注：原爲"佛經殘片"，宗舜法師擬定名爲"道經殘片"。
2779　道經殘片　浙敦 150（浙博 125）　浙藏敦煌文獻　p. 217　附彩版 31
2780　飛天圖殘片　浙敦 201（浙博 176）　浙藏敦煌文獻　p. 259
2781　經卷素紙　浙敦 050（浙博 25）　浙藏敦煌文獻　p. 168
2782　經卷引首物　浙敦 129（浙博 104）　浙藏敦煌文獻　p. 212　附彩版 35

二十八、經卷引首、題名

2783 佛本行集經卷第四十一引首 浙敦 142(浙博 117) 浙藏敦煌文獻 p. 215
2784 大般若波羅蜜多經卷第四十七引首 浙敦 101(浙博 76) 浙藏敦煌文獻 p. 203
2785 大般若波羅蜜多經卷第一百六十九引首 浙敦 041(浙博 16) 浙藏敦煌文獻 p. 167
2786 大般若波羅蜜多經卷第二百三十引首 浙敦 047(浙博 22) 浙藏敦煌文獻 p. 167
2787 大般若波羅蜜多經卷第三百十八引首 浙敦 035(浙博 10) 浙藏敦煌文獻 p. 166
2788 大般若波羅蜜多經卷第三百七十九引首 浙敦 052(浙博 27) 浙藏敦煌文獻 p. 169
2789 大般若波羅蜜多經卷第四百九引首 浙敦 037(浙博 12) 浙藏敦煌文獻 p. 167
2790 大般若波羅蜜多經卷第四百五十三引首 浙敦 143(浙博 118) 浙藏敦煌文獻 p. 215
2791 大般若波羅蜜多經卷第四百八十六引首 浙敦 039(浙博 14) 浙藏敦煌文獻 p. 167
2792 大般若波羅蜜多經卷第五百四十五引首 浙敦 140(浙博 115) 浙藏敦煌文獻 p. 215
2793 大般若波羅蜜多經卷第五百六十四引首 浙敦 040(浙博 15) 浙藏敦煌文獻 p. 167
2794 大般若波羅蜜多經卷第五百六十五引首 浙敦 045(浙博 20) 浙藏敦煌文獻 p. 167
2795 大般若波羅蜜多經卷第五百七十引首 浙敦 044(浙博 19) 浙藏敦煌文獻 p. 167
2796 大般若波羅蜜多經卷第□引首 浙敦 141(浙博 116) 浙藏敦煌文獻 p. 215
2797 大方廣佛華嚴經卷第四十八引首 浙敦 038(浙博 13) 浙藏敦煌文獻 p. 167
2798 大方廣佛華嚴經卷第五十八引首 浙敦 055(浙博 30) 浙藏敦煌文獻 p. 169
2799 大般涅槃經卷第八引首 浙敦 053(浙博 28) 浙藏敦煌文獻 p. 169
2800 大般涅槃經卷第十八引首 浙敦 042(浙博 17) 浙藏敦煌文獻 p. 167
2801 大般涅槃經卷第二十七引首 浙敦 054(浙博 29) 浙藏敦煌文獻 p. 169
2802 金光明最勝王經卷第八引首 浙敦 109(浙博 84) 浙藏敦煌文獻 p. 205
2803 大智度論卷第六十四引首 浙敦 046(浙博 21) 浙藏敦煌文獻 p. 167
2804 千手千眼觀世音菩薩經卷上引首 浙敦 043(浙博 18) 浙藏敦煌文獻 p. 167
2805 佛說法句經一卷引首 浙敦 048(浙博 23) 浙藏敦煌文獻 p. 167
2806 大方廣佛華嚴經隨疏演義抄卷第二包首 北大 D227 北京大學圖書館藏敦煌文獻第二冊 p. 247
2807 大般若波羅蜜多經卷第八十四包首 上圖 105 – 1(812555) 上海圖書館藏敦煌吐魯番文獻第三冊 p. 2
2808 大般若經卷第五十八帙護首 南圖 016 南京圖書館所藏敦煌遺書目錄 敦煌研究 1998 年第四期 p. 138
2809 大樹緊那羅王所問經卷第二護首 南圖 024 南京圖書館所藏敦煌遺書目錄 敦煌研究 1998 年第四期 p. 140
2810 大般若波羅蜜多經題名 北大附 C02 北京大學圖書館藏敦煌文獻第二冊 p. 307
2811 大般若波羅蜜多經卷第四百八第二分善現品題名 浙敦 182(浙博 157) 浙藏敦煌文獻 p. 226
2812 瑜伽師地論卷第八十六標題 上圖 183BV(827457)BV 上海圖書館藏敦煌吐魯番文獻第四冊 p. 177
2813 佛說如來成道經(經題) 甘博 016D(2490) 甘肅藏敦煌文獻第四卷 p. 139

附録 1　傳世品、日本寫經、吐魯番文書

阿含部

01　佛說長阿含第四分世記經欝單日品第二　上博附 2（13838）　上海博物館藏敦煌吐魯番文獻第二冊　p. 270　附彩版 26
02　佛說長阿含第四分世記經轉輪聖王品第三　津藝附 10（62・5・2274）　天津市藝術博物館藏敦煌文獻第七冊　p. 242　附彩版 3
03　中阿含經卷第四十九　甘圖附 032　甘肅藏敦煌文獻第三卷　p. 185

本緣部

04　大方便佛報恩經卷第二　浙敦附 03（溫博 02）　浙藏敦煌文獻　p. 267

般若部

05　大般若波羅蜜多經　甘博附 049（10595）　甘肅藏敦煌文獻第五卷　p. 306
06　大般若波羅蜜多經　甘博附 081（10423）　甘肅藏敦煌文獻第五卷　p. 313
07　大般若波羅蜜多經卷第五　上博附 10（1）（42206）1　上海博物館藏敦煌吐魯番文獻第二冊　p. 327
08　大般若波羅蜜多經卷第五初分相應品第三之二　北大附 J1　北京大學圖書館藏敦煌文獻第二冊　p. 270
09　大般若波羅蜜多經卷第六十四第二分無相品第七十四之一　北大附 J3　北京大學圖書館藏敦煌文獻第二冊　p. 284
10　大般若波羅蜜多經卷第一百十九　北大附 J2　北京大學圖書館藏敦煌文獻第二冊　p. 272
11　大般若波羅蜜多經卷第四百三十一　上博附 10（3）（42206）3　上海博物館藏敦煌吐魯番文獻第二冊　p. 331
12　大般若波羅蜜多經卷第四百三十一第二分佛母品第四十六之二　上博附 10（2）（42206）2　上海博物館藏敦煌吐魯番文獻第二冊　p. 330
13　大般若波羅蜜多經卷第四百四十二第二分示相品第四十七之一　上博附 10（4）（42206）4　上海博物館藏敦煌吐魯番文獻第二冊　p. 332
14　大般若波羅蜜多經卷第五百二十四　敦研附 367（315）　甘肅藏敦煌文獻第二卷　p. 214
15　大般若波羅蜜多經卷第五百六十六　北大附 J5　北京大學圖書館藏敦煌文獻第二冊　p. 289
16　摩訶般若波羅蜜經卷第三十四　津藝附 08（53・5・18）　天津市藝術博物館藏敦煌文獻第七冊　p. 230
17　金剛般若波羅蜜經　甘博附 134（13075）　甘肅藏敦煌文獻第五卷　p. 322
18　金剛般若波羅蜜經　上博附 5（35765）　上海博物館藏敦煌吐魯番文獻第二冊　p. 288
19　金剛般若波羅蜜經　津藝附 12（77・5・4413）　天津市藝術博物館藏敦煌文獻第七冊　p. 264

附彩版 5

法華部

20 妙法蓮華經卷第一　津藝附 01(53・5・2)(1)　天津市藝術博物館藏敦煌文獻第七冊　p. 124
附彩版 1

21 妙法蓮華經卷第一　敦研附 073(285)　甘肅藏敦煌文獻第二卷　p. 201

22 妙法蓮華經卷第一　甘博附 133(13083)　甘肅藏敦煌文獻第五卷　p. 315

23 妙法蓮華經卷第二　津藝附 02(53・5・2－2)　天津市藝術博物館藏敦煌文獻第七冊　p. 139

24 妙法蓮華經卷第二　津藝附 13(77・5・4425)　天津市藝術博物館藏敦煌文獻第七冊　p. 272

25 妙法蓮華經卷第三　津藝附 03(53・5・2－3)　天津市藝術博物館藏敦煌文獻第七冊　p. 153

26 妙法蓮華經卷第三化城喻品第七　永博附 008(589)(5D)　甘肅藏敦煌文獻第三卷　p. 330

27 妙法蓮華經卷第四　津藝附 04(53・5・2－4)　天津市藝術博物館藏敦煌文獻第七冊　p. 168

28 妙法蓮華經卷第五　津藝附 05(53・5・2－5)　天津市藝術博物館藏敦煌文獻第七冊　p. 185

29 妙法蓮華經卷第五　上博附 7(37503)　上海博物館藏敦煌吐魯番文獻第二冊　p. 298　附彩版 11

30 妙法蓮華經卷第六　津藝附 06(53・5・2－6)　天津市藝術博物館藏敦煌文獻第七冊　p. 201

31 妙法蓮華經卷第六　上圖附 3(812442)　上海圖書館藏敦煌吐魯番文獻第四冊　p. 240

32 妙法蓮華經卷第六法師功德品第十九　永博附 007(589－5C)　甘肅藏敦煌文獻第三卷　p. 328

33 妙法蓮華經卷第七　津藝附 07(53・5・2－7)　天津市藝術博物館藏敦煌文獻第七冊　p. 216

華嚴部

34 大方廣佛華嚴經卷第十一　上博附 8(38193)　上海博物館藏敦煌吐魯番文獻第二冊　p. 313

35 大方廣佛花嚴經卷第三十二　上博附 11(51079)　上海博物館藏敦煌吐魯番文獻第二冊　p. 335　附彩版 13

寶積部

36 胞胎經一卷　上博附 9(41125)　上海博物館藏敦煌吐魯番文獻第二冊　p. 322

涅槃部

37 大般涅槃經卷第十九梵行品第八之五　甘博附 137(13079)　甘肅藏敦煌文獻第五卷　p. 335

38 大般涅槃經卷第三十九憍陳如品第十三　永博附 005(589－5A)　甘肅藏敦煌文獻第三卷　p. 326

39 大般涅槃經　故宮新 154416　王素、任昉、孟嗣徽提供目錄

40 大般涅槃經　故宮新 154418　王素、任昉、孟嗣徽提供目錄

41 大般涅槃經　故宮新 154420　王素、任昉、孟嗣徽提供目錄

經集部

42 佛說佛名經卷第十　上圖附1(29276)　上海圖書館藏敦煌吐魯番文獻第四冊　p. 222
43 藥師琉璃光如來本願功德經　酒博附005(29)　甘肅藏敦煌文獻第二卷　p. 294
44 佛說彌勒下生成佛經　上圖附4C1(812490)　上海圖書館藏敦煌吐魯番文獻第四冊　p. 278
45 彌勒來時經　上圖附4C2(812490)　上海圖書館藏敦煌吐魯番文獻第四冊　p. 281
46 維摩詰經卷下　北大附J4　北京大學圖書館藏敦煌文獻第二冊　p. 286
47 入楞伽經卷第一　上圖附5(812496)　上海圖書館藏敦煌吐魯番文獻第四冊　p. 294
48 佛說觀佛三昧海經　故宮新154417　王素、任昉、孟嗣徽提供目錄

律部

49 善見律毗婆沙卷第十二　上圖附2(812410)　上海圖書館藏敦煌吐魯番文獻第四冊　p. 230 附彩版6

論部

50 金剛般若波羅蜜經論　永博附006(589)(5B)　甘肅藏敦煌文獻第三卷　p. 327
51 無量壽經論　上圖附4B2(812490)　上海圖書館藏敦煌吐魯番文獻第四冊　p. 272
52 轉法輪經論優婆提舍　上圖附4B1(812490)　上海圖書館藏敦煌吐魯番文獻第四冊　p. 266
53 說一切有部品類足論卷第十一　上圖附6(812518)　上海圖書館藏敦煌吐魯番文獻第四冊 p. 308
54 阿毗達磨俱舍論卷第十一　津藝附11(66・5・3830)　天津市藝術博物館藏敦煌文獻第七冊 p. 250　附彩版4
55 解脫道論卷第一　上圖附4A(812490)　上海圖書館藏敦煌吐魯番文獻第四冊　p. 255
56 大智度論　故宮新154419　王素、任昉、孟嗣徽提供目錄

密教部

57 大毗盧遮那成佛神變加持經略示七支念誦隨行法　上圖附8－3(826018)　上海圖書館藏敦煌吐魯番文獻第四冊　p. 345
58 大日經略攝念誦隨行法一卷　上圖附8－4(826018)　上海圖書館藏敦煌吐魯番文獻第四冊 p. 347
59 佛說一切如來真實攝大乘現證三昧大教王經卷第五　上博附4(34668)　上海博物館藏敦煌吐魯番文獻第二冊　p. 279　附彩版12
60 金剛頂降三世大儀軌法王教中觀自在菩薩心真言一切如來蓮華大曼荼羅品　上圖附8－2(826018)　上海圖書館藏敦煌吐魯番文獻第四冊　p. 343
61 速疾立驗魔醯首羅天說迦樓羅阿尾奢法　上圖附8－1(826018)　上海圖書館藏敦煌吐魯番文獻第四冊　p. 340
62 佛說金剛香菩薩大明成就儀軌經卷上　上博附1(10697)　上海博物館藏敦煌吐魯番文獻第二冊　p. 262　附彩版10

經疏部

63　法花玄讚卷第六　上博附 3(34667)　上海博物館藏敦煌吐魯番文獻第二冊　p. 276　附彩版 27

律疏部

64　佛教戒本　上圖附 9V－1(861087)　上海圖書館藏敦煌吐魯番文獻第四冊　p. 358
65　授菩薩戒儀　上圖附 9V－2(861087)　上海圖書館藏敦煌吐魯番文獻第四冊　p. 358
66　受五戒略儀　上圖附 9V－3(861087)　上海圖書館藏敦煌吐魯番文獻第四冊　p. 364
67　受八齋戒法　上圖附 9V－4(861087)　上海圖書館藏敦煌吐魯番文獻第四冊　p. 365

事彙部

68　經律異相卷第二十七　上圖附 4D(812490)　上海圖書館藏敦煌吐魯番文獻第四冊　p. 284

疑似部

69　佛頂心陀羅尼經　上圖附 7(823825)　上海圖書館藏敦煌吐魯番文獻第四冊　p. 323　附彩版 7
70　龍種上尊王佛印法經　敦研附 382(128)　甘肅藏敦煌文獻第二卷　p. 227

圖像部

71　妙法蓮華經卷第一卷端佛畫及題記　上博附 6(35817)　上海博物館藏敦煌吐魯番文獻第二冊　p. 295
72　仕女像壁畫殘塊　浙敦附 01(浙博 177)　浙藏敦煌文獻　p. 260

道教

73　太上洞玄靈寶無量度人上品妙經　浙敦附 02(溫博 01)　浙藏敦煌文獻　p. 260

四部古籍

74　文選卷第二十四　津藝附 14(77・5・4438)　天津市藝術博物館藏敦煌文獻第七冊　p. 283
75　卜筮書卷第二十三　上圖附 9(861087)　上海圖書館藏敦煌吐魯番文獻第四冊　p. 349　附彩版 8

文書

76　至正二十四年借據　敦研附 383(695)　甘肅藏敦煌文獻第二卷　p. 228

77　延祐三年永昌稅吏司文書　敦研附381（755）　甘肅藏敦煌文獻第二卷　p. 227

78　財產分配帳　故宮新152369　王素、任昉、孟嗣徽提供目錄

79　財產分配帳　故宮新152370　王素、任昉、孟嗣徽提供目錄

雜寫印章

80　印章　津藝附13V（77·5·4425）V　天津市藝術博物館藏敦煌文獻第七冊　p. 281

81　印章　上圖附8V（826018）　上海圖書館藏敦煌吐魯番文獻第四冊　p. 349

未定名佛經

82　佛經集錦冊　津藝附09（59·5·1033）　天津市藝術博物館藏敦煌文獻第七冊　p. 240　附彩版2

83　佛經　甘博附135　甘肅藏敦煌文獻第五卷　p. 331

附録 2　中國書店藏敦煌文獻

ZSD001　法句經卷上
ZSD002　十方千五百佛名經卷一
ZSD003　成實論卷一一
ZSD004　比丘尼羯磨文
ZSD005　妙法蓮華經卷一
ZSD006　大般涅槃經卷一四
ZSD007　放光般若經卷一八
ZSD008　大般涅槃經卷三五
ZSD009　佛名經（十二卷本）卷四
ZSD010　摩訶般若波羅蜜經卷九
ZSD011　大般涅槃經卷二八
ZSD012　優婆塞戒經卷三
ZSD013　光讚經（十二卷本）卷一
ZSD014　大般涅槃經（北本　異本）卷七
ZSD015　大般涅槃經（北本　思溪藏）卷三
ZSD016　妙法蓮華經卷四
ZSD017　大方等大集經（兑廢稿）卷二九
ZSD018　金剛般若波羅蜜經
ZSD019　大般涅槃經（北本　宫本）卷三四
ZSD020　妙法蓮華經（八卷本）卷八
ZSD021　妙法蓮華經卷四
ZSD022　佛名經（十六卷本）卷八
ZSD023　妙法蓮華經卷七
ZSD024　妙法蓮華經卷四
ZSD025　大般若波羅蜜多經卷一七〇
ZSD026　金剛般若波羅蜜經
ZSD027　妙法蓮華經卷七
ZSD028　金剛般若波羅蜜經
ZSD029　摩訶般若波羅蜜經卷一一
ZSD030　金剛般若波羅蜜經
ZSD031　大般若波羅蜜多經卷三九〇
ZSD032　妙法蓮華經卷五
ZSD033　妙法蓮華經卷四
ZSD034　妙法蓮華經卷七
ZSD035　妙法蓮華經卷四
ZSD036　佛名經（十六卷本）卷八
ZSD037　妙法蓮華經卷二

ZSD038　金剛般若波羅蜜經
ZSD039　金光明最勝王經卷九
ZSD040(1)　金光明最勝王經卷二
ZSD040(2)　殘帳曆
ZSD041　大般涅槃經(北本)卷五
ZSD042　四分比丘尼羯磨法(異本)
ZSD043　道教文獻(待考)
ZSD044　妙法蓮華經卷七
ZSD045　大乘義章釋(擬)
ZSD046　妙法蓮華經疏(待考)
ZSD047　妙法蓮華經卷五
ZSD047V　骰子蔔(藏文)
ZSD048　妙法蓮華經卷五
ZSD049　灌頂經卷一一
ZSD050　妙法蓮華經卷七
ZSD051　大般若波羅蜜多經卷四六九
ZSD052　妙法蓮華經卷七
ZSD053　金剛般若波羅蜜經疏(擬)
ZSD054　靈寶自然齋行道儀(擬)
ZSD055　妙法蓮華經卷四
ZSD056　妙法蓮華經卷四
ZSD057　大般若波羅蜜多經卷三一六
ZSD058　妙法蓮華經卷七
ZSD059　大般若波羅蜜多經卷二一七
ZSD060　無量壽宗要經
ZSD060V(1)　社司轉帖稿(擬)
ZSD060V(2)　詩三首(擬)
ZSD061　太子須大拏經
ZSD062　大般若波羅蜜多經卷五二七
ZSD063　金光明最勝王經卷三
ZSD064　金光明最勝王經卷四
ZSD064V　便糧食曆(擬)
ZSD065　解深密經抄(擬)
ZSD066　妙法蓮華經卷三
ZSD067　四分律比丘戒本
ZSD068　下女夫詞
ZSD069　天地八陽神咒經
ZSD070　說法禮懺文(擬)
ZSD070V　齋儀·行人文(擬)
ZSD071　金光明最勝王經卷一〇
ZSD072　法門名義集鈔(擬)
ZSD073　齋文(擬)

ZSD074　八相變
ZSD075　止觀修持義論(擬)
ZSD076　吉凶書儀
ZSD077　南天竺國菩提達摩禪師觀門
ZSD078(1)　十想經
ZSD078(2)　鬼問目連經
ZSD079　淨土五會念佛誦經觀行儀卷中
ZSD080　大乘無量壽宗要經(藏文)
ZSD081　大乘無量壽宗要經(藏文)
ZSD082　大乘無量壽宗要經(藏文)

附録3　首都博物館藏敦煌文獻

32.1309(1)　祭十四娘文
32.1309(2)　佛典論釋
32.1324　佛說藥師經
32.1329　佛說天皇梵摩經卷十
32.1330　妙法蓮華經卷三
32.1358　般若波羅蜜放光經卷二十四
32.1729　金剛仙論卷七
32.52　佛經殘片冊子
32.534　妙法蓮華經
32.535　佛說阿彌陀經
32.536　大般涅槃經
32.536V　佛說八相如來成道經講經文
32.537　妙法蓮華經
32.538　大般涅槃經
32.539　唐人寫經
32.540　金剛般若波羅蜜經
32.541　大般若經
32.542　妙法蓮華經
32.543　無量壽宗要經
32.556　大般涅槃經卷十
32.557　大般若經
32.558　佛經殘卷
32.559　佛經殘片
32.560　舊雜譬喻經下
32.561　大般若波羅蜜多經卷第一百一十四
32.562　大乘密嚴經卷下
32.563　妙法蓮華經卷三
32.564　思益梵天所問經卷二
32.565　妙法蓮華經卷二
32.566　妙法蓮華經卷一
32.567　妙法蓮華經卷四
32.568　金剛般若波羅蜜經
32.569　金光明最勝王經卷五
32;570　大般涅槃經卷四〇
32.571　妙法蓮華經卷七
32.572　大般若波羅蜜多經卷三〇五
32.573　大般涅槃經卷三五

32.574　維摩詰所說經卷上
32.575　維摩詰所說經卷中
32.576　妙法蓮華經卷四
32.577　佛說解百生怨家經
32.578　大般若波羅蜜多經卷五六六
32.579　大般若波羅蜜多經卷五一
32:580　妙法蓮華經卷六
32.581　佛本行集經卷四
32.582　金光明最勝王經卷一
32.583　金光明最勝王經卷二
32.584　妙法蓮華經卷七
32.585　妙法蓮華經卷三
32.586　妙法蓮華經卷四
32.587　金剛般若波羅蜜經
32.588　妙法蓮華經卷六
32.589　妙法蓮華經卷二
32:590　妙法蓮華經卷三
32.591　八大人覺經
32.592　金剛般若波羅蜜經卷二
32.761　妙法蓮華經卷五
36.522　大般涅槃經卷八
1328　孝經
31.3.331　佛名經
Y51　佛說無常經
Y61　八菩薩四弘誓咒經卷四

附録 4　南京師範大學文學院藏敦煌文獻

南師大 1　如來莊嚴智慧光明入一切佛境界經卷上
南師大 2　法華經卷一
南師大 3　妙法蓮花經卷第三

附録5　經籍名稱漢語拼音索引

A

B

C

D

F

G

H

J

K

L

M

N

P

Q

R

S

T

W

X

Y

Z

附録 6　中國散藏敦煌文獻研究論著目録

北京大學圖書館

北大 D029

李丞宰　探尋敦煌佛經的 50 卷本《華嚴經》　敦煌學・日本學　上海辭書出版社　2005. 12　p. 37

北大 D063

余欣　許承堯舊藏敦煌文獻的調查與研究　敦煌學・日本學　上海辭書出版社　2005. 12　p. 179
鄭阿財　臺灣地區敦煌寫本的收藏與研究之考察　敦煌學第 21 輯　1998. 6　p. 96

北大 D077

李小榮　敦煌密教文獻論稿　人民文學出版社　2003. 7　p. 27、49

北大 D078

李小榮　敦煌密教文獻論稿　人民文學出版社　2003. 7　p. 14

北大 D079

郃惠莉　敦煌版畫敘錄　敦煌研究 2005 年第 2 期(總第 90 期)　p. 17

北大 D083

李小榮　敦煌密教文獻論稿　人民文學出版社　2003. 7　p. 191

北大 D096

華方田　因緣心論釋　藏外佛教文獻(第 3 辑)　宗教文化出版社　1997. 3　p. 218
劉屹　北京大學藏敦煌文獻　敦煌吐魯番研究第三卷　北京大學出版社　1998. 9　p. 372

北大 D098

劉屹　北京大學藏敦煌文獻　敦煌吐魯番研究第三卷　北京大學出版社　1998. 9　p. 372

北大 D099

白化文　首羅比丘見五百仙人並見月光童子經校錄　敦煌學第 16 辑　1990. 9　p. 49
劉屹　北京大學藏敦煌文獻　敦煌吐魯番研究第三卷　北京大學出版社　1998. 9　p. 372

北大 D100

張涌泉　敦煌本《佛說父母恩重經》研究　文史 1999 年第 4 輯　p. 66
鄭阿財　《父母恩重經》傳佈的歷史考察——以敦煌本爲中心　新世纪敦煌學論集　巴蜀書社　2003. 3　p. 30

北大 D101

張涌泉　敦煌本《佛說父母恩重經》研究　文史 1999 年第 4 輯　p. 70

鄭阿財　《父母恩重經》傳佈的歷史考察——以敦煌本爲中心　新世纪敦煌學論集　巴蜀書社　2003. 3　p. 30

北大 D102

李正宇　唐宋時期敦煌佛經性質功能的變化　戒幢佛學（第 2 卷）　岳麓書社　2002. 12　p. 22

王惠民　曹議金執政前期若干史事考辨　段文傑敦煌研究五十年紀念文集　世界圖書出版公司　1996. 8　p. 425

北大 D109

圓空　《新菩薩經》《勸善經》《救諸衆生苦難經》校錄及其流傳背景之探討　敦煌研究 1992 年第 1 期（總第 30 期）　p. 53

北大 D112V

劉屹　北京大學藏敦煌文獻　敦煌吐魯番研究第三卷　北京大學出版社　1998. 9　p. 373

北大 D113

劉屹　北京大學藏敦煌文獻　敦煌吐魯番研究第三卷　北京大學出版社　1998. 9　p. 373

北大 D113V

劉屹　北京大學藏敦煌文獻　敦煌吐魯番研究第三卷　北京大學出版社　1998. 9　p. 373

北大 D117

劉屹　北京大學藏敦煌文獻　敦煌吐魯番研究第三卷　北京大學出版社　1998. 9　p. 373

北大 D126

李小榮　敦煌密教文獻論稿　人民文學出版社　2003. 7　p. 11

北大 D149V

劉屹　北京大學藏敦煌文獻　敦煌吐魯番研究第三卷　北京大學出版社　1998. 9　p. 373

北大 D162V

郝春文　關於唐後期五代宋初沙州僧俗的施捨問題　唐研究第三卷　北京大學出版社　1997. 12　p. 19

劉屹　北京大學藏敦煌文獻　敦煌吐魯番研究第三卷　北京大學出版社　1998. 9　p. 375

北大 D171

王卡　敦煌道教文獻研究　中國社會科學出版社　2004. 1　p. 113

王卡　敦煌道教綜述　敦煌與絲路文化學術講座（第 2 輯）　北京圖書館出版社　2005. 1　p. 381

周西波　敦煌寫本《靈寶自然齋儀》考論　敦煌學第 24 輯　2003. 6　p. 32

北大 D172

王卡　敦煌道教文獻研究　中國社會科學出版社　2004. 1　p. 95

北大 D173

王卡　敦煌道教文獻研究　中國社會科學出版社　2004. 1　p. 203

北大 D174

劉屹　北京大學藏敦煌文獻　敦煌吐魯番研究第三卷　北京大學出版社　1998. 9　p. 375
王卡　敦煌道教文獻研究　中國社會科學出版社　2004. 1　p. 143

北大 D175

王卡　敦煌道教文獻研究　中國社會科學出版社　2004. 1　p. 206

北大 D176

王卡　中國國家圖書館藏敦煌道教遺書研究報告　國際敦煌學學術史研討會論文集　北京理工大學出版社　2002. 8　p. 274
王卡　敦煌道教文獻研究　中國社會科學出版社　2004. 1　p. 202

北大 D177

王卡　敦煌道教文獻研究　中國社會科學出版社　2004. 1　p. 209

北大 D178

劉屹　北京大學藏敦煌文獻　敦煌吐魯番研究第三卷　北京大學出版社　1998. 9　p. 375
王卡　敦煌道教文獻研究　中國社會科學出版社　2004. 1　p. 197

北大 D179

王卡　敦煌道教文獻研究　中國社會科學出版社　2004. 1　p. 209

北大 D180

李小榮　敦煌密教文獻論稿　人民文學出版社　2003. 7　p. 191

北大 D181

邰惠莉　敦煌版畫敘錄　敦煌研究 2005 年第 2 期(總第 90 期)　p. 18

北大 D184

李小榮　敦煌密教文獻論稿　人民文學出版社　2003. 7　p. 207、280
劉屹　北京大學藏敦煌文獻　敦煌吐魯番研究第三卷　北京大學出版社　1998. 9　p. 375

北大 D185

郝春文　歸義軍政權與敦煌佛教之關係新探　周紹良先生欣開九秩慶壽文集　中華書局　1997. 3　p. 165

劉屹　北京大學藏敦煌文獻　敦煌吐魯番研究第三卷　北京大學出版社　1998.9　p.375
榮新江　敦煌文獻所見晚唐五代宋初的中印文化交往　季羡林教授八十華誕紀念論文集　江西人民出版社　1991.12　p.961

北大 D188

荒見泰史　敦煌變文研究概述以及新觀點　華林(第三卷)　中華書局　2004.1　p.395
劉屹　北京大學藏敦煌文獻　敦煌吐魯番研究第三卷　北京大學出版社　1998.9　p.375
王重民　漢將王陵變　敦煌變文集　人民文學出版社　1957.8　p.47

北大 D192

白化文　李鼎霞　《諸文要集》殘卷校錄　中國文化第二輯　1990.6　p.20
劉屹　北京大學藏敦煌文獻　敦煌吐魯番研究第三卷　北京大學出版社　1998.9　p.376
王三慶　北京大學圖書館藏本《諸文要集》一卷研究　慶祝吳其昱先生八秩華誕敦煌學特刊　文津出版社　2000.1　p.157、164
王三慶　敦煌文獻中齋願文的內容分析研究　新世纪敦煌學論集　巴蜀書社　2003.3　p.602
張廣達　"歎佛"與"歎齋"——關於敦煌文書中的《齋琬文》的幾個問題　慶祝鄧廣銘教授九十華誕論文集　河北教育出版社　1997.2　p.61
趙和平　《諸文要集》性質初探　周紹良先生欣開九秩慶壽文集　中華書局　1997.3　p.275

北大 D192V

劉屹　北京大學藏敦煌文獻　敦煌吐魯番研究第三卷　北京大學出版社　1998.9　p.373

北大 D195

劉屹　北京大學藏敦煌文獻　敦煌吐魯番研究第三卷　北京大學出版社　1998.9　p.376

北大 D195V

鄧文寬　北大圖書館藏兩件敦煌文獻補說　敦煌吐魯番天文曆法研究　甘肅教育出版社　2002.9　p.202
黃正建　敦煌占卜文書與唐五代占卜研究　學苑出版社　2001.5　p.100
趙貞　敦煌占卜文書与唐五代占卜研究　唐研究第八卷　北京大學出版社　2002.12　p.519
趙貞　敦煌占卜文書殘卷零拾　敦煌吐魯番研究第八卷　北京大學出版社　2005.1　p.208

北大 D197

黃正建　敦煌占卜文書與唐五代占卜研究　學苑出版社　2001.5　p.14

北大 D198

鄧文寬　北大圖書館藏兩件敦煌文獻補說　敦煌吐魯番天文曆法研究　甘肅教育出版社　2002.9　p.201
劉屹　北京大學藏敦煌文獻　敦煌吐魯番研究第三卷　北京大學出版社　1998.9　p.378

北大 D199

王卡　敦煌道教文獻研究　中國社會科學出版社　2004.1　p.226

北大 D202

劉屹　北京大學藏敦煌文獻　敦煌吐魯番研究第三卷　北京大學出版社　1998. 9　p. 376

北大 D202V

劉屹　北京大學藏敦煌文獻　敦煌吐魯番研究第三卷　北京大學出版社　1998. 9　p. 378

北大 D203

郝春文　唐後期五代宋初敦煌的春秋官齋、十二月轉經、水則道場與佛教節日　慶祝吳其昱先生八秩華誕敦煌學特刊　文津出版社　2000. 1　p. 266

劉屹　北京大學藏敦煌文獻　敦煌吐魯番研究第三卷　北京大學出版社　1998. 9　p. 378

北大 D204

李小榮　敦煌密教文獻論稿　人民文學出版社　2003. 7　p. 281

劉屹　北京大學藏敦煌文獻　敦煌吐魯番研究第三卷　北京大學出版社　1998. 9　p. 378

北大 D205V

榮新江　《唐開元二十九年西州天山縣南平鄉籍》殘卷研究　西域研究 1995 年第 1 期　p. 34

北大 D214

劉屹　北京大學藏敦煌文獻　敦煌吐魯番研究第三卷　北京大學出版社　1998. 9　p. 378

王素　吐魯番出土北涼貲簿補說　文物 1996 年第 7 期　p. 75

王素　吐魯番出土高昌文獻編年　（臺北）新文豐出版公司　1997. 1　p. 134

朱雷　吐魯番出土北涼貲簿考釋　武漢大學學報 1980 年第 4 期　p. 33 – 43

北大 D245V

劉屹　北京大學藏敦煌文獻　敦煌吐魯番研究第三卷　北京大學出版社　1998. 9　p. 378

北大 D246(2)

唐耕耦　陸宏基　丁亥年正月十二日社司轉帖稿四件　敦煌社會經濟文獻真迹釋錄第一輯　書目文獻出版社　1986. 11　p. 338

北大附 J4

劉屹　北京大學藏敦煌文獻　敦煌吐魯番研究第三卷　北京大學出版社　1998. 9　p. 378

北大附 X1

劉屹　北京大學藏敦煌文獻　敦煌吐魯番研究第三卷　北京大學出版社　1998. 9　p. 380

北大附 X1V

劉屹　北京大學藏敦煌文獻　敦煌吐魯番研究第三卷　北京大學出版社　1998. 9　p. 380

敦煌市博物館

敦博 001

韓惠言　甘藏敦煌漢文文獻概況　敦煌學輯刊 2000 年第 2 期(總第 38 期)　2000. 12　p. 68

敦博 004

黄征　敦煌俗字典　上海教育出版社　2005. 5　p. 前言 29、正文 72
黄征　敦煌俗字種類考辨　敦煌學・日本學　上海辭書出版社　2005. 12　p. 121

敦博 010(76)

榮新江　敦煌地理文獻的價值與研究　敦煌學新論　甘肅教育出版社　2002. 9　p. 242　原載《書品》2000 年第 3 期

敦博 011

林聰明　敦煌吐魯番文書解詁指例　(臺北)新文豐出版公司　2001. 6　p. 136
黄征　敦煌俗字典　上海教育出版社　2005. 5　p. 前言 29,正文 8、65、116

敦博 014

黄征　敦煌語言文字學研究要論　漢語史學報(第 2 輯)　上海教育出版社　2002. 5　p. 5
黄征　敦煌語言文字學研究　甘肅教育出版社　2002. 12　p. 14
黄征　敦煌俗字例釋　敦煌吐魯番研究第八卷　北京大學出版社　2005. 1　p. 250
黄征　敦煌俗字典　上海教育出版社　2005. 5　p. 1、4
李丞宰　探尋敦煌佛經的 50 卷本《華嚴經》　敦煌學・日本學　上海辭書出版社　2005. 12　p. 39

敦博 017

陳國燦　平康鄉　敦煌學大辭典　上海辭書出版社　1998. 12　p. 302

敦博 019

黄征　敦煌俗字典　上海教育出版社　2005. 5　p. 254

敦博 020

韓惠言　甘藏敦煌漢文文獻概況　敦煌學輯刊 2000 年第 2 期(總第 38 期)　p. 69
黄征　敦煌俗字典　上海教育出版社　2005. 5　p. 125

敦博 028

黄征　敦煌語言文字學研究　甘肅教育出版社　2002. 12　p. 15

敦博 039

李小榮　敦煌密教文獻論稿　人民文學出版社　2003. 7　p. 13
李正宇　敦煌文學概論　甘肅人民出版社　1993. 3　p. 137
徐俊　敦煌詩集殘卷輯考　中華書局　2000. 6　p. 935

敦博 041

景盛軒　試論敦煌佛經異文研究的價值和意義　敦煌研究 2004 年第 5 期　p. 86
邰惠莉　甘肅藏非敦煌文獻的真僞、來源及相關問題　敦煌學輯刊 2000 年第 2 期（總第 38 期）　p. 73

敦博 047

林聰明　敦煌吐魯番文書解詁指例　（臺北）新文豐出版公司　2001. 6　p. 144

敦博 050

景盛軒　敦煌寫本《大般涅槃經》著錄商補　浙江與敦煌學——常書鴻先生誕辰一百周年紀念文集　浙江古籍出版社　2004. 12　p. 349

敦博 053

杜正乾　唐代的《金剛經》信仰　敦煌研究 2004 年第 5 期　p. 54
方廣錩　關於《禪藏》與敦煌禪籍的若干問題　敦煌學佛教學論叢（上）　中國佛教文化研究所　1998. 8　p. 373
方廣錩　金剛般若波羅蜜經　敦煌學大辭典　上海辭書出版社　1998. 12　p. 682
胡同慶　安忠義　佛教藝術　敦煌文藝出版社　2004. 2　p. 300
李正宇　敦煌文學概論　甘肅人民出版社　1993. 3　p. 97
李正宇　刺血寫經　敦煌學大辭典　上海辭書出版社　1998. 12　p. 591
馬德　敦煌寫經題記的社會意義　法源（第 19 期）　中國佛學院　2001. 12　p. 88
榮新江　歸義軍史研究　上海古籍出版社　1996. 11　p. 215
文初　讀敦煌卷子劄記二則　敦煌語言文學研究通訊 1990 年第 2－3 期　p. 7

敦博 054V

韓惠言　甘藏敦煌漢文文獻概況　敦煌學輯刊 2000 年第 2 期（總第 38 期）　p. 68

敦博 055

韓惠言　甘藏敦煌漢文文獻概況　敦煌學輯刊 2000 第 2 期（總第 38 期）　p. 68
胡同慶　安忠義　佛教藝術　敦煌文藝出版社　2004. 2　p. 297
林聰明　談敦煌文書的抄寫問題　紀念陳寅恪先生誕辰百年學術論文集　江西教育出版社　1989. 12　p. 287
林聰明　敦煌吐魯番文書解詁指例　（臺北）新文豐出版公司　2001. 6　p. 35、147
楊森　唐虞世南子虞昶傳略補　陝西師范大學學報 1992 年第 2 期　p. 72

敦博 056

白化文　旋風裝　敦煌學大辭典　上海辭書出版社　1998. 12　p. 593
張涌泉　敦煌故里對敦煌學的新奉獻　敦煌研究 2001 年第 1 期（總第 67 期）　p. 184

敦博 057

白化文　旋風裝　敦煌學大辭典　上海辭書出版社　1998. 12　p. 593

敦博 059

林聰明　敦煌吐魯番文書解詁指例　(臺北)新文豐出版公司　2001. 6　p. 120

敦博 071

白化文　旋風裝　敦煌學大辭典　上海辭書出版社　1998. 12　p. 593
李小榮　敦煌密教文獻論稿　人民文學出版社　2003. 7　p. 12

敦博 071V

李小榮　敦煌密教文獻論稿　人民文學出版社　2003. 7　p. 21

敦博 072

黄征　敦煌俗字例釋　敦煌吐魯番研究第八卷　北京大學出版社　2005. 1　p. 252
黄征　敦煌俗字種類考辨　敦煌學・日本學　上海辭書出版社　2005. 12　p. 116
林聰明　敦煌吐魯番文書解詁指例　(臺北)新文豐出版公司　2001. 6　p. 136
楊森　淺談北朝經生體楷筆的演化　社科縱横 1994 年第 4 期　p. 61
趙聲良　南北朝寫經書法藝術　敦煌書法庫(第 1 輯)　甘肅人民美術出版社　1994. 1　p. 17

敦博 075

林聰明　敦煌吐魯番文書解詁指例　(臺北)新文豐出版公司　2001. 6　p. 125

敦博 076

韓惠言　甘藏敦煌漢文文獻概況　敦煌學輯刊 2000 年第 2 期(總第 38 期)　p. 70
華林甫　《姓氏錄》寫作年代考　敦煌研究 1995 年第 4 期(總第 46 期)　p. 99
李并成　敦煌遺書中地理書卷的學術價值　地理研究 1992 年第 3 期　p. 42
李并成　一批珍貴的古代地理文書——敦煌遺書中的地理書卷　中國科技史料 1993 年第 4 期　p. 89
李錦繡　唐代財政史稿 上卷(第二分册)　北京大學出版社　1995. 7　p. 723
李錦繡　敦煌吐魯番地理文書與唐五代地理學　吐魯番學研究 2005 年第 1 期　新疆吐魯番學會　p. 53
馬世長　敦煌縣博物館藏地志殘卷　敦煌吐魯番文獻研究論集　(臺北)明文書局　1986. 4　p. 265
榮新江　敦煌本《天宝十道录》及其價值　九州第 2 辑　1999　p. 116－129
王永興　敦煌經濟文書導論　(臺北)新文豐出版公司　1994. 6　p. 411
王仲犖　唐天寶初年地志殘卷考釋　敦煌石室地志殘卷考釋　上海古籍出版社　1993. 9　p. 1
顏廷亮　敦煌文化　光明日報出版社　2000. 12　p. 118
鄭炳林　敦煌地理文書彙輯校注　甘肅教育出版社　1989. 12　p. 151
鄭炳林　晚唐五代敦煌商業貿易市場研究　敦煌學輯刊 2004 年第 1 期(總第 45 期)　p. 103

敦博 076V

韓惠言　甘藏敦煌漢文文獻概況　敦煌學輯刊 2000 年第 2 期(總第 38 期)　p. 70
李斌城　唐代文化　中國社會科學出版社　2002. 2　p. 1583
馬世長　敦煌縣博物館藏星圖、占雲氣書殘卷　敦煌吐魯番文獻研究論集　(臺北)明文書局

1986. 4　p. 477

敦博 076VA

鄧文寬　敦煌天文曆法文獻輯校　江蘇古籍出版社　1995. 6　p. 93
鄧文寬　全天星圖　敦煌學大辭典　上海辭書出版社　1998. 12　p. 604
鄧文寬　敦煌文獻中的天文曆法　敦煌吐魯番天文曆法研究　甘肅教育出版社　2002. 9　p. 5
鄧文寬　敦煌天文氣象占寫本概述　敦煌吐魯番研究第九卷　北京大學出版社　2006. 5　p. 411
馬世長　敦煌县博物馆藏星图、占雲氣書殘卷　敦煌吐魯番文献研究论集　（臺北）明文書局　1986. 4　p. 477
榮新江　敦煌學十八講　北京大學出版社　2001. 8　p. 294

敦博 076VB

何丙郁　何冠彪　敦煌殘卷占雲氣書研究　（臺北）藝文印書館　1985. 12　p. 1
何丙鬱著　台建群譯　一份遺失的占星術著作——敦煌殘卷占雲氣書　敦煌研究 1992 年第 2 期　p. 85
馬世長　敦煌縣博物館藏星圖、占雲氣書殘卷　敦煌吐魯番文獻研究論集　（臺北）明文書局　1986. 4　p. 477
榮新江　驚沙撼大漠——向達的敦煌考察及其學術意義　敦煌吐魯番研究第七卷　北京大學出版社　2002. 8　p. 116

敦博 077

鄧文寬　敦煌新本六祖壇經　敦煌吐魯番研究第一卷　北京大學出版社　1996. 4　p. 395
鄧文寬　敦煌本《六祖壇經》書寫符號發微　敦煌吐魯番學耕耘錄　（臺北）新文豐出版公司　1996. 11　p. 208
鄧文寬校注　大梵寺佛音——敦煌莫高窟壇經讀本　（臺北）如聞出版社　1997. 2　p. 5
鄧文寬　敦煌本《六祖壇經》口語詞釋　敦煌吐魯番研究第三卷　北京大學出版社　1998. 9　p. 101
鄧文寬　三篇敦煌邈真贊研究　出土文獻研究（第 4 輯）　文物出版社　1998. 11　p. 84
鄧文寬　榮新江　敦博本禪籍錄校　江蘇古籍出版社　1998. 12　p. 10
鄧文寬　英藏敦煌本《六祖壇經》的河西特色——以方音通假爲依據的探索　1994 年敦煌學國際研討會文集（宗教文史卷上）　甘肅民族出版社　2000. 6　p. 105
鄧文寬　敦煌本《六祖壇經》的整理與研究　敦煌與絲路文化學術講座　北京圖書館出版社　2003. 9　p. 439
方廣錩　《大梵寺佛音——敦煌莫高窟〈壇經〉讀本》評介　敦煌研究 1998 年第 1 期（總第 55 期）　p. 185 注 1
方廣錩　談敦煌本《壇經》標題的格式　敦煌壇經合校簡注　山西古籍出版社　1999. 9　p. 141
方廣錩　關於敦煌本《壇經》　新世紀敦煌學論集　巴蜀書社　2003. 3　p. 490
方廣錩　敦煌本《壇經》首章校釋疏義　中國禪學　中華書局　2002. 6　p. 100
韓惠言　甘藏敦煌漢文文獻概況　敦煌學輯刊 2000 年第 2 期（總第 38 期）　p. 70
洪修平　關於《壇經》的若干問題研究　世界宗教研究 1999 年第 2 期　p. 77
蔣宗福　敦煌禪宗文獻詞語劄記　新世紀敦煌學論集　巴蜀書社　2003. 3　p. 473
蔣宗福　敦煌禪宗文獻校讀劄記　中國俗文化研究（第 1 輯）　巴蜀書社　2003. 5　p. 150
李方　敦煌本《六祖壇經》書寫形式和符號發微　出土文獻研究（第 3 輯）　文物出版社　1998. 1

p. 228

李富華　慧能與壇經　珠海出版社　1999. 9　p. 102

李申　三部敦煌《壇經》校本讀後　敦煌壇經合校簡注　山西古籍出版社　1999. 9　p. 109

李中華　譯六祖壇經　（臺北）三民書局　1997. 11

柳田聖山　禪籍解題　俗語言研究第 2 期　禪文化研究所　1995. 6　p. 146

馬德　敦煌冊子本《壇經》之性質及抄寫年代試探　敦煌吐魯番研究第九卷　北京大學出版社　2006. 5　p. 57

潘重規　敦煌壇經新書　佛陀教育基金會　1994. 8　p. 241

榮新江　鄧文寬　有關敦博本禪籍的幾個問題　敦煌學輯刊 1994 年第 2 期（總第 26 期）　p. 8

田中良昭　敦煌の禪宗燈史　中日敦煌佛教學術會議論文集　中國社會科學院研究所　2002. 3　p. 108

徐俊　敦煌詩集殘卷輯考　中華書局　2000. 6　p. 763

楊曾文　敦煌新本六祖壇經　上海古籍出版社　1993. 1　p. 3

楊曾文　神會和尚禪語錄　中華書局　1996. 7　p. 4

楊曾文　關於敦煌本《六祖壇經》中“無相戒”的考察　法源（第 19 期）　中國佛學院　2001. 12　p. 23

楊曾文　敦煌本《壇經》的佛經引述及其在慧能禪法中的意義　中日敦煌佛教學術會議論文集　中國社會科學院研究所　2002. 3　p. 24

楊曾文校訂　林光明等編譯　楊校敦博本六祖壇經及其英譯　（臺北）嘉豐出版社　2004. 6　p. 67

楊曾文　慧能弟子神會及其禪法理論　敦煌與絲路文化學術講座（第 2 輯）　北京圖書館出版社　2005. 1　p. 358

衣川賢次　《敦煌新本六祖壇經》補校　俗語言研究第三期　禪文化研究所　1996. 6　p. 69

周紹良　敦煌本《六祖壇經》是慧能的原本　敦煌吐魯番研究第一卷　北京大學出版社　1996. 4　p. 301

周紹良　敦煌寫本壇經原本　文物出版社　1996. 7　p. 64

敦煌研究院

敦研 001

陳國燦　略論吐魯番出土的敦煌文書　吐魯番學研究 2002 年第 1 期　p. 4

陳明　醫理精華——印度古典醫學在敦煌的實例分析　敦煌吐魯番研究第五卷　北京大學出版社　2001. 5　p. 236

陳明　殊方異藥——出土文書與西域醫學　北京大學出版社　2005. 6　p. 43

段文傑　莫高窟晚期的藝術　中國石窟・敦煌莫高窟　文物出版社　1987. 9　p. 161 注 1

馮培紅　唐五代歸義軍政權中隊職問題辨析　敦煌歸義軍史專題研究　蘭州大學出版社　1997. 9　p. 38

馮培紅　姚桂蘭　歸義軍時期敦煌與周邊地區之間的僧使交往　敦煌佛教藝術文化論文集　蘭州大學出版社　2002. 7　p. 460

馮培紅　晚唐五代宋初沙州上佐考論　敦煌學國際研討會論文集　北京圖書館出版社　2005. 3　p. 71

高啓安　唐五代敦煌飲食文化研究　民族出版社　2004. 12　p. 35

高啓安　趙紅　敦煌“玉女”考屑　敦煌研究 2005 年第 2 期（總第 90 期）　p. 70

韓惠言　甘藏敦煌漢文文獻概況　敦煌學輯刊 2000 年第 2 期(總第 38 期)　p. 68
黃征　程惠新　劫塵遺珠——敦煌遺書　甘肅教育出版社　1999. 7　p. 235
姜伯勤　敦煌吐魯番文書與絲綢之路　文物出版社　1994. 2　p. 64、70、255
蘭州理工大學絲綢之路文史研究所　絲綢之路體育文化論集　中華書局　2005. 10　p. 250
雷紹鋒　歸義軍賦役制度初探　(臺北)洪葉文化事業公司　2000. 4　p. 53
李軍　晚唐五代肅州相關史實考述　敦煌學輯刊 2005 年 3 期(總 49 期)　p. 97
李正宇　敦煌史地新論　(臺北)新文豐出版公司　1996. 3　p. 84
李正宇　敦煌歷史地理導論　(臺北)新文豐出版公司　1997. 4　p. 226
李正宇　聖壽寺　敦煌學大辭典　上海辭書出版社　1998. 12　p. 632
李重申　凝固在絲綢之路上的體育文化　段文傑敦煌研究五十年紀念文集　世界圖書出版公司　1996. 8　p. 467
李重申　敦煌古代體育文化　甘肅人民出版社　2000. 6　p. 61
劉進寶　《官布籍》所見歸義軍政權的賦稅免征　新世紀敦煌學論集　巴蜀書社　2003. 3　p. 307
陸離　吐蕃統治敦煌時期的官府勞役　魏晉南北朝隋唐史資料第 22 輯　武漢大學出版社　2005. 12　p. 183
陸慶夫　略論敦煌民族史料的價值　敦煌吐魯番文獻研究　蘭州大學出版社　1995. 8　p. 67、75 注 7
馬德　論莫高窟佛教的社會性　敦煌佛教文獻研究　敦煌研究院文獻研究所　1993. 1　p. 19
馬德　敦煌工匠與敦煌石窟　段文傑敦煌研究五十年紀念文集　世界圖書出版公司　1996. 8　p. 120
馬德　敦煌莫高窟史研究　甘肅教育出版社　1996. 12　p. 200
馬德　敦煌工匠史料　甘肅人民出版社　1997. 11　p. 50
榮新江　公元十世紀沙州歸義軍與西州回鶻的文化交往　第二屆敦煌學國際研討會論文集　(臺北)漢學研究中心　1991. 6　p. 589
榮新江　沙州歸義軍歷任節度使稱號研究　敦煌學第 19 輯　1992. 10　p. 49 注 228
榮新江　敦煌藏經洞的性質及其封閉原因　敦煌吐魯番研究第二卷　北京大學出版社　1997. 10　p. 37
榮新江　敦煌學十八講　北京大學出版社　2001. 8　p. 91
榮新江　略談于闐對敦煌石窟的貢獻　2000 年敦煌學國際學術討論會文集(歷史文化卷上)　甘肅民族出版社　2003. 9　p. 75
沙武田　趙曉星　歸義軍時期敦煌文獻中的太子　敦煌研究 2003 年第 4 期(總第 80 期)　p. 46
施萍婷　敦煌研究院藏土地廟寫本源自藏經洞　敦煌研究 1999 年第 2 期　p. 43
施萍婷　邰惠莉　敦煌研究院藏敦煌文獻敘錄　敦煌研究文集　甘肅民族出版社　2000. 9　p. 22
孫修身　伯 3718《李府君邈真贊》有關問題考　敦煌研究 1991 年第 1 期　p. 74
孫修身　伯 2155《曹元忠致甘州回鶻可汗狀》時代考　敦煌研究 1991 年第 2 期　p. 29
孫修身　試論瓜沙曹氏與甘州回鶻之關係　1990 敦煌學國際研討會文集(石窟史地、語文編)　遼寧美術出版社　1995. 7　p. 114、116 注 7
譚蟬雪　敦煌馬文化　敦煌研究 1996 年第 1 期(總第 47 期)　p. 114
譚嬋雪　敦煌歲時文化導論　(臺北)新文豐出版公司　1998. 12　p. 122
譚嬋雪　駝馬神　敦煌學大辭典　上海辭書出版社　1998. 12　p. 449
譚嬋雪　馬毬　敦煌學大辭典　上海辭書出版社　1998. 12　p. 600
譚嬋雪　《君者者狀》辨析——河西達怛國的一份書狀　1994 年敦煌學國際研討會文集(宗教文史卷

下） 甘肅民族出版社 2000.6 p.103
譚嬋雪 敦煌的粟特居民及祆神祈賽 2000年敦煌學國際學術討論會文集(歷史文化卷下) 甘肅民族出版社 2003.9 p.64
王進玉 從敦煌文物看中西文化交流 西域研究1999年第1期 p.60注2
解梅 唐五代敦煌地區賽祆儀式考 敦煌學輯刊2005年第2期(總48期) 2005.6 p.145
謝重光 吐蕃佔領期與歸義軍時期的敦煌僧官制度 敦煌研究1991年第3期 p.58注43
楊森 晚唐五代兩件《女人社》文書劄記 敦煌研究1998年第1期(總第55期) p.71
楊森 五代宋時期于闐皇太子在敦煌的太子莊 敦煌研究2003年第4期(總第80期) p.41
張廣達 榮新江 關於敦煌出土于闐文獻的年代及其相關問題 紀念陳寅恪先生誕辰百年學術論文集 江西教育出版社 1989.12 p.293
鄭炳林 敦煌碑銘贊輯釋 甘肅教育出版社 1992.7 p.17、271注8
鄭炳林 唐五代敦煌手工業研究 敦煌歸義軍史專題研究 蘭州大學出版社 1997.9 p.251
鄭炳林 唐五代敦煌的粟特人與歸義軍政權 敦煌歸義軍史專題研究 蘭州大學出版社 1997.9 p.402、422

敦研002

林聰明 敦煌吐魯番文書解詁指例 (臺北)新文豐出版公司 2001.6 p.107
施萍婷 邰惠莉 敦煌研究院藏敦煌文獻敍錄 敦煌研究文集 甘肅民族出版社 2000.9 p.22

敦研003

施萍婷 邰惠莉 敦煌研究院藏敦煌文獻敍錄 敦煌研究文集 甘肅民族出版社 2000.9 p.23

敦研004

黃征 敦煌俗字典 上海教育出版社 2005.5 p.前言22、73
施萍婷 優婆塞戒經卷第七業品第二十四之餘 敦煌 甘肅人民出版社 1990.7 p.287、251條目解說、236圖版
施萍婷 邰惠莉 敦煌研究院藏敦煌文獻敍錄 敦煌研究文集 甘肅民族出版社 2000.9 p.23
楊森 敦研0010號《佛說祝毒經》書法風格——從北朝經生體書法談起 敦煌研究1995年第1期(總第43期) p.169

敦研005

施萍婷 邰惠莉 敦煌研究院藏敦煌文獻敍錄 敦煌研究文集 甘肅民族出版社 2000.9 p.23

敦研006

施萍婷 邰惠莉 敦煌研究院藏敦煌文獻敍錄 敦煌研究文集 甘肅民族出版社 2000.9 p.24

敦研007

白玉岱 隋唐五代時期甘肅的圖書出版事業 甘肅出版1989年第3期 p.59
韓惠言 甘藏敦煌漢文文獻概況 敦煌學輯刊2000年第2期(總第38期) p.70
黃征 敦煌俗字典 上海教育出版社 2005.5 p.前言26,正文9、20、49、116
黃征 敦煌俗字種類考辨 敦煌學・日本學 上海辭書出版社 2005.12 p.118
李正宇 晚唐至宋敦煌僧人聽食“淨肉” 敦煌學第25輯 2004.9 p.192

施萍婷　興安三年(西元454年)大慈如來告疏　敦煌　甘肅人民出版社　1990.7　p.287、253 條目解說、237 圖版

施萍婷　敦煌遺書題記隋董孝纘寫經考略　周紹良先生欣開九秩慶壽文集　中華書局　1997.3　p.123

施萍婷　邰惠莉　敦煌研究院藏敦煌文獻敘錄　敦煌研究文集　甘肅民族出版社　2000.9　p.24

譚嬋雪　敦煌歲時掇瑣　九州學刊第5卷第4期　1993.6　p.95

王惠民　北魏佛教傳貼原件《大慈如來告疏》研究　敦煌研究文集　甘肅民族出版社　2000.9　p.173

溫玉成　《大慈如來告疏》研究　佛學研究(第12期)　2003.12　p.211

沃興華　敦煌書法藝術　上海人民出版社　1994.12　p.101 圖版、102

向達　國立敦煌藝術研究所發現六朝殘經　向達先生紀念論文集　新疆人民出版社　1986.2　p.4、5

趙聲良　南北朝寫經書法藝術　敦煌書法庫(第1輯)　甘肅人民美術出版社　1994.1　p.17

趙聲良　早期敦煌寫本書法的時代分期和類型　敦煌書法庫(第2輯)　甘肅人民美術出版社　1994.1　p.3

趙聲良　敦煌寫卷書法(上)　文史知識 1997 年第3期　p.73

趙聲良　十誦比丘戒本　敦煌學大辭典　上海辭書出版社　1998.12　p.279

趙聲良　早期敦煌寫本書法的分期研究　1994 年敦煌學國際研討會文集(石窟藝術卷)　甘肅民族出版社　2000.6　p.263

鄭汝中　敦煌書法管窺　敦煌研究 1991 年第4期(總第29期)　p.38

鄭汝中　敦煌書法概述　敦煌書法庫(第1輯)　甘肅人民美術出版社　1994.1　p.11

敦研 008

黃征　敦煌俗字典　上海教育出版社　2005.5　p.30、43、65、100

施萍婷　邰惠莉　敦煌研究院藏敦煌文獻敘錄　敦煌研究文集　甘肅民族出版社　2000.9　p.24

向達　國立敦煌藝術研究所發現六朝殘經　向達先生紀念論文集　新疆人民出版社　1986.2　p.5

敦研 008V

黃征　敦煌俗字典　上海教育出版社　2005.5　p.115

敦研 009

池田溫　中國古代寫本識語集錄　(東京)大藏出版株式會社　1990.3　p.93 第104號

黃征　敦煌俗字典　上海教育出版社　2005.5　p.359

李小榮　敦煌密教文獻論稿　人民文學出版社　2003.7　p.26

林聰明　敦煌吐魯番文書解詁指例　(臺北)新文豐出版公司　2001.6　p.126

施萍婷　邰惠莉　敦煌研究院藏敦煌文獻敘錄　敦煌研究文集　甘肅民族出版社　2000.9　p.25

向達　國立敦煌藝術研究所發現六朝殘經　向達先生紀念論文集　新疆人民出版社　1986.2　p.5

楊森　淺談北朝經生體楷筆的演化　社科縱橫 1994 年第4期　p.61

趙聲良　早期敦煌寫本書法的時代分期和類型　敦煌書法庫(第2輯)　甘肅人民美術出版社　1994.1　p.2

趙聲良　早期敦煌寫本書法的分期研究　1994 年敦煌學國際研討會文集(石窟藝術卷)　甘肅民族出版社　2000.6　p.261

趙秀榮　北朝石窟中的神王像　敦煌學輯刊 1995 年第 1 期(總第 27 期)　p. 69

敦研 010

韓惠言　甘藏敦煌漢文文獻概況　敦煌學輯刊 2000 年第 2 期(總第 38 期)　p. 69
黄征　敦煌俗字典　上海教育出版社　2005. 5　p. 前言 22,正文 58、113
黄征　敦煌俗字種類考辨　敦煌學・日本學　上海辭書出版社　2005. 12　p. 113
李正宇　土地廟遺書的發現、特點和入藏年代　敦煌研究 1985 年第 3 期　p. 95
施萍婷　邰惠莉　敦煌研究院藏敦煌文獻敘錄　敦煌研究文集　甘肅民族出版社　2000. 9　p. 25
蘇晉仁　敦煌逸經《祝毒經》考　敦煌研究文集　甘肅民族出版社　2000. 9　p. 167
向達　國立敦煌藝術研究所發現六朝殘經　向達先生紀念論文集　新疆人民出版社　1986. 2　p. 5
楊森　淺談北朝經生體楷筆的演化　社科縱橫 1994 年第 4 期　p. 59
楊森　敦研 0010 號《佛說祝毒經》書法風格——從北朝經生體書法談起　敦煌研究 1995 年第 1 期(總第 43 期)　p. 169
趙聲良　早期敦煌寫本書法的時代分期和類型　敦煌書法庫(第 2 輯)　甘肅人民美術出版社　1994. 1　p. 1
趙聲良　早期敦煌寫本書法的分期研究　1994 年敦煌學國際研討會文集(石窟藝術卷)　甘肅民族出版社　2000. 6　p. 258
周丕顯　敦煌文獻研究　甘肅文化出版社　1995. 6　p. 19

敦研 011

施萍婷　邰惠莉　敦煌研究院藏敦煌文獻敘錄　敦煌研究文集　甘肅民族出版社　2000. 9　p. 26

敦研 012

施萍婷　邰惠莉　敦煌研究院藏敦煌文獻敘錄　敦煌研究文集　甘肅民族出版社　2000. 9　p. 26
向達　國立敦煌藝術研究所發現六朝殘經　向達先生紀念論文集　新疆人民出版社　1986. 2　p. 5
張涌泉　敦煌故里對敦煌學的新奉獻　敦煌研究 2001 年第 1 期(總第 67 期)　p. 184

敦研 013

李正宇　土地廟遺書的發現、特點和入藏年代　敦煌研究 1985 年第 3 期　p. 93
施萍婷　邰惠莉　敦煌研究院藏敦煌文獻敘錄　敦煌研究文集　甘肅民族出版社　2000. 9　p. 26

敦研 014

李正宇　土地廟遺書的發現、特點和入藏年代　敦煌研究 1985 年第 3 期　p. 93
施萍婷　邰惠莉　敦煌研究院藏敦煌文獻敘錄　敦煌研究文集　甘肅民族出版社　2000. 9　p. 27

敦研 015

池田溫　中國古代寫本識語集錄　(東京)大藏出版株式會社　1990. 3　p. 98 第 142 號
李正宇　土地廟遺書的發現、特點和入藏年代　敦煌研究 1985 年第 3 期　p. 93
林聰明　敦煌吐魯番文書解詁指例　(臺北)新文豐出版公司　2001. 6　p. 156
施萍婷　邰惠莉　敦煌研究院藏敦煌文獻敘錄　敦煌研究文集　甘肅民族出版社　2000. 9　p. 27

敦研 016

黄征　敦煌俗字典　上海教育出版社　2005. 5　p. 23、51、76、104

施萍婷　邰惠莉　敦煌研究院藏敦煌文獻敘錄　敦煌研究文集　甘肅民族出版社　2000.9　p.27

敦研 017

黄征　敦煌俗字典　上海教育出版社　2005.5　p.15
施萍婷　邰惠莉　敦煌研究院藏敦煌文獻敘錄　敦煌研究文集　甘肅民族出版社　2000.9　p.28

敦研 018

黄征　敦煌俗字典　上海教育出版社　2005.5　p.45、78
李正宇　土地廟遺書的發現、特點和入藏年代　敦煌研究 1985 年第 3 期　p.95
施萍婷　邰惠莉　敦煌研究院藏敦煌文獻敘錄　敦煌研究文集　甘肅民族出版社　2000.9　p.28

敦研 019

韓惠言　甘藏敦煌漢文文獻概況　敦煌學輯刊 2000 年第 2 期(總第 38 期)　p.68
胡同慶　安忠義　佛教藝術　敦煌文藝出版社　2004.2　p.296
黄征　敦煌俗字典　上海教育出版社　2005.5　p.55、76、99、117
劉濤　敦煌書法庫　敦煌吐魯番研究第二卷　北京大學出版社　1997.10　p.403
施萍婷　敦煌研究院藏土地廟寫本源自藏經洞　敦煌研究 1999 年第 2 期　p.45
施萍婷　邰惠莉　敦煌研究院藏敦煌文獻敘錄　敦煌研究文集　甘肅民族出版社　2000.9　p.28
王志銘　論敦煌書法的藝術價值　敦煌佛教藝術文化論文集　蘭州大學出版社　2002.7　p.610
趙聲良　早期敦煌寫本書法的時代分期和類型　敦煌書法庫(第 2 輯)　甘肅人民美術出版社　1994.1　p.2
趙聲良　北魏寫本《大般涅槃經如來性品》　敦煌書法庫(第 2 輯)　甘肅人民美術出版社　1994.1　p.72
趙聲良　敦煌寫卷書法(上)　文史知識 1997 年第 3 期　p.72
趙聲良　早期敦煌寫本書法的分期研究　1994 年敦煌學國際研討會文集(石窟藝術卷)　甘肅民族出版社　2000.6　p.261
鄭汝中　敦煌書法管窺　敦煌研究 1991 年第 4 期(總第 29 期)　p.38

敦研 020

韓惠言　甘藏敦煌漢文文獻概況　敦煌學輯刊 2000 年第 2 期(總第 38 期)　p.68
黄征　敦煌俗字例釋　敦煌吐魯番研究第八卷　北京大學出版社　2005.1　p.249
黄征　敦煌俗字典　上海教育出版社　2005.5　p.1、11、19、72、84、
景盛軒　試論敦煌佛經異文研究的價值和意義　敦煌研究 2004 年第 5 期　p.86
劉濤　敦煌書法庫　敦煌吐魯番研究第二卷　北京大學出版社　1997.10　p.403
施萍婷　大般涅槃經卷第六如來性品第四之三　敦煌　甘肅人民出版社　1990.7　p.287,248 條目解說,232、233 圖版
施萍婷　邰惠莉　敦煌研究院藏敦煌文獻敘錄　敦煌研究文集　甘肅民族出版社　2000.9　p.29
楊森　淺談北朝經生體楷筆的演化　社科縱横 1994 年第 4 期　p.61
楊森　敦研 0010 號《佛說祝毒經》書法風格——從北朝經生體書法談起　敦煌研究 1995 年第 1 期(總第 43 期)　p.169
趙聲良　南北朝寫經書法藝術　敦煌書法庫(第 1 輯)　甘肅人民美術出版社　1994.1　p.17
趙聲良　早期敦煌寫本書法的時代分期和類型　敦煌書法庫(第 2 輯)　甘肅人民美術出版社

1994.1　p.2
趙聲良　北魏寫本《大般涅槃經如來性品》　敦煌書法庫(第2輯)　甘肅人民美術出版社　1994.1　p.72
趙聲良　敦煌寫卷書法(上)　文史知識1997年第3期　p.72
趙聲良　大般涅槃經如來性品第四　敦煌學大辭典　上海辭書出版社　1998.12　p.280
趙聲良　早期敦煌寫本書法的分期研究　1994年敦煌學國際研討會文集(石窟藝術卷)　甘肅民族出版社　2000.6　p.261

敦研021

黄征　敦煌俗字典　上海教育出版社　2005.5　p.9、63、109、123
施萍婷　大般涅槃經卷第六如來性品第四之三　敦煌　甘肅人民出版社　1990.7　p.287,248條目解說,232、233圖版
施萍婷　邰惠莉　敦煌研究院藏敦煌文獻敘錄　敦煌研究文集　甘肅民族出版社　2000.9　p.29
楊森　淺談北朝經生體楷筆的演化　社科縱橫1994年第4期　p.61
鄭炳林　唐五代敦煌的醫事研究　敦煌歸義軍史專題研究　蘭州大學出版社　1997.9　p.526
鄭汝中　敦煌書法概述　敦煌書法庫(第1輯)　甘肅人民美術出版社　1994.1　p.11

敦研022

施萍婷　敦煌研究院藏土地廟寫本源自藏經洞　敦煌研究1999年第2期　p.45
施萍婷　邰惠莉　敦煌研究院藏敦煌文獻敘錄　敦煌研究文集　甘肅民族出版社　2000.9　p.30

敦研023

施萍婷　敦煌研究院藏土地廟寫本源自藏經洞　敦煌研究1999年第2期　p.46
施萍婷　邰惠莉　敦煌研究院藏敦煌文獻敘錄　敦煌研究文集　甘肅民族出版社　2000.9　p.30

敦研024

黄征　敦煌俗字例釋　敦煌吐魯番研究第八卷　北京大學出版社　2005.1　p.252
黄征　敦煌俗字典　上海教育出版社　2005.5　p.3、12、24、68、101
黄征　敦煌俗字種類考辨　敦煌學・日本學　上海辭書出版社　2005.12　p.115
施萍婷　邰惠莉　敦煌研究院藏敦煌文獻敘錄　敦煌研究文集　甘肅民族出版社　2000.9　p.31

敦研025

李正宇　土地廟遺書的發現、特點和入藏年代　敦煌研究1985年第3期　p.93
施萍婷　敦煌研究院藏土地廟寫本源自藏經洞　敦煌研究1999年第2期　p.42
施萍婷　邰惠莉　敦煌研究院藏敦煌文獻敘錄　敦煌研究文集　甘肅民族出版社　2000.9　p.31

敦研026

李正宇　土地廟遺書的發現、特點和入藏年代　敦煌研究1985年第3期　p.93
施萍婷　敦煌研究院藏土地廟寫本源自藏經洞　敦煌研究1999年第2期　p.42
施萍婷　邰惠莉　敦煌研究院藏敦煌文獻敘錄　敦煌研究文集　甘肅民族出版社　2000.9　p.31

敦研027

李正宇　土地廟遺書的發現、特點和入藏年代　敦煌研究1985年第3期　p.93

施萍婷　敦煌研究院藏土地廟寫本源自藏經洞　敦煌研究 1999 年第 2 期　p. 42
施萍婷　邰惠莉　敦煌研究院藏敦煌文獻敘錄　敦煌研究文集　甘肅民族出版社　2000. 9　p. 32
向達　國立敦煌藝術研究所發現六朝殘經　向達先生紀念論文集　新疆人民出版社　1986. 2　p. 7

敦研 028

李正宇　土地廟遺書的發現、特點和入藏年代　敦煌研究 1985 年第 3 期　p. 93
施萍婷　敦煌研究院藏土地廟寫本源自藏經洞　敦煌研究 1999 年第 2 期　p. 42
施萍婷　邰惠莉　敦煌研究院藏敦煌文獻敘錄　敦煌研究文集　甘肅民族出版社　2000. 9　p. 32
向達　國立敦煌藝術研究所發現六朝殘經　向達先生紀念論文集　新疆人民出版社　1986. 2　p. 7

敦研 029

池田溫　中國古代寫本識語集錄　（東京）大藏出版株式會社　1990. 3　p. 96 第 126 號
方廣錩　大般涅槃經　敦煌學大辭典　上海辭書出版社　1998. 12　p. 693
黃征　敦煌俗字典　上海教育出版社　2005. 5　p. 82、111
施萍婷　邰惠莉　敦煌研究院藏敦煌文獻敘錄　敦煌研究文集　甘肅民族出版社　2000. 9　p. 32
向達　國立敦煌藝術研究所發現六朝殘經　向達先生紀念論文集　新疆人民出版社　1986. 2　p. 7

敦研 030

池田溫　中國古代寫本識語集錄　（東京）大藏出版株式會社　1990. 3　p. 98 第 139 號
黃征　敦煌俗字典　上海教育出版社　2005. 5　p. 18、59
施萍婷　邰惠莉　敦煌研究院藏敦煌文獻敘錄　敦煌研究文集　甘肅民族出版社　2000. 9　p. 33
向達　國立敦煌藝術研究所發現六朝殘經　向達先生紀念論文集　新疆人民出版社　1986. 2　p. 7

敦研 031

黃征　敦煌俗字典　上海教育出版社　2005. 5　p. 10、29、32
施萍婷　敦煌研究院藏土地廟寫本源自藏經洞　敦煌研究 1999 年第 2 期　p. 45
施萍婷　邰惠莉　敦煌研究院藏敦煌文獻敘錄　敦煌研究文集　甘肅民族出版社　2000. 9　p. 33

敦研 032

薄小瑩　敦煌遺書漢文紀年卷編年　長春出版社　1990. 3　p. 73
黃征　敦煌俗字典　上海教育出版社　2005. 5　p. 22、、31、81、135
施萍婷　邰惠莉　敦煌研究院藏敦煌文獻敘錄　敦煌研究文集　甘肅民族出版社　2000. 9　p. 33

敦研 033

韓惠言　甘藏敦煌漢文文獻概況　敦煌學輯刊 2000 年第 2 期（總第 38 期）　p. 69
黃征　敦煌俗字例釋　敦煌吐魯番研究第八卷　北京大學出版社　2005. 1　p. 251
黃征　敦煌俗字典　上海教育出版社　2005. 5　p. 2、22、54
施萍婷　邰惠莉　敦煌研究院藏敦煌文獻敘錄　敦煌研究文集　甘肅民族出版社　2000. 9　p. 34

敦研 034

黃征　敦煌俗字典　上海教育出版社　2005. 5　p. 100
施萍婷　邰惠莉　敦煌研究院藏敦煌文獻敘錄　敦煌研究文集　甘肅民族出版社　2000. 9　p. 34

敦研 035

黄征　敦煌俗字典　上海教育出版社　2005.5　p.15、29、67

黄征　敦煌俗字種類考辨　敦煌學・日本學　上海辭書出版社　2005.12　p.121

施萍婷　敦煌研究院藏土地廟寫本源自藏經洞　敦煌研究 1999 年第 2 期　p.41

施萍婷　邰惠莉　敦煌研究院藏敦煌文獻敘錄　敦煌研究文集　甘肅民族出版社　2000.9　p.34

敦研 036

黄征　敦煌俗字典　上海教育出版社　2005.5　p.25、55、104

施萍婷　邰惠莉　敦煌研究院藏敦煌文獻敘錄　敦煌研究文集　甘肅民族出版社　2000.9　p.35

敦研 037

黄征　敦煌俗字典　上海教育出版社　2005.5　p.29、45、101

黄征　敦煌俗字種類考辨　敦煌學・日本學　上海辭書出版社　2005.12　p.120

李正宇　土地廟遺書的發現、特點和入藏年代　敦煌研究 1985 年第 3 期　p.95

施萍婷　邰惠莉　敦煌研究院藏敦煌文獻敘錄　敦煌研究文集　甘肅民族出版社　2000.9　p.35

敦研 038

施萍婷　邰惠莉　敦煌研究院藏敦煌文獻敘錄　敦煌研究文集　甘肅民族出版社　2000.9　p.35

敦研 039

施萍婷　邰惠莉　敦煌研究院藏敦煌文獻敘錄　敦煌研究文集　甘肅民族出版社　2000.9　p.35

敦研 040

施萍婷　邰惠莉　敦煌研究院藏敦煌文獻敘錄　敦煌研究文集　甘肅民族出版社　2000.9　p.36

敦研 041

黄征　敦煌俗字典　上海教育出版社　2005.5　p.245

施萍婷　敦煌研究院藏土地廟寫本源自藏經洞　敦煌研究 1999 年第 2 期　p.45

施萍婷　邰惠莉　敦煌研究院藏敦煌文獻敘錄　敦煌研究文集　甘肅民族出版社　2000.9　p.36

敦研 042

黄征　敦煌俗字例釋　敦煌吐魯番研究第八卷　北京大學出版社　2005.1　p.250

黄征　敦煌俗字要論　敦煌研究 2005 年第 1 期（總第 89 期）　p.87

黄征　敦煌俗字典　上海教育出版社　2005.5　p.2、14、62、85

黄征　敦煌俗字種類考辨　敦煌學・日本學　上海辭書出版社　2005.12　p.120

施萍婷　邰惠莉　敦煌研究院藏敦煌文獻敘錄　敦煌研究文集　甘肅民族出版社　2000.9　p.36

敦研 043

黄征　敦煌俗字典　上海教育出版社　2005.5　p.274

施萍婷　邰惠莉　敦煌研究院藏敦煌文獻敘錄　敦煌研究文集　甘肅民族出版社　2000.9　p.37

敦研 044

黄征　敦煌俗字典　上海教育出版社　2005.5　p.17、43、129

李正宇　土地廟遺書的發現、特點和入藏年代　敦煌研究 1985 年第 3 期　p.95

施萍婷　韓波娑论卷第十四中阴處　敦煌　甘肅人民出版社　1990.7　p.287、250 條目解說、236 圖版

施萍婷　邰惠莉　敦煌研究院藏敦煌文獻敘錄　敦煌研究文集　甘肅民族出版社　2000.9　p.37

敦研 045

黄征　敦煌俗字典　上海教育出版社　2005.5　p.22、114、132

黄征　敦煌俗字種類考辨　敦煌學・日本學　上海辭書出版社　2005.12　p.113

李正宇　土地廟遺書的發現、特點和入藏年代　敦煌研究 1985 年第 3 期　p.95

施萍婷　邰惠莉　敦煌研究院藏敦煌文獻敘錄　敦煌研究文集　甘肅民族出版社　2000.9　p.37

敦研 046

施萍婷　邰惠莉　敦煌研究院藏敦煌文獻敘錄　敦煌研究文集　甘肅民族出版社　2000.9　p.38

敦研 047

黄征　敦煌俗字典　上海教育出版社　2005.5　p.29、115

黄征　敦煌俗字種類考辨　敦煌學・日本學　上海辭書出版社　2005.12　p.121

施萍婷　邰惠莉　敦煌研究院藏敦煌文獻敘錄　敦煌研究文集　甘肅民族出版社　2000.9　p.38

敦研 048

黄征　敦煌俗字要論　敦煌研究 2005 年第 1 期（總第 89 期）　p.84

黄征　敦煌俗字典　上海教育出版社　2005.5　p.23、125

施萍婷　邰惠莉　敦煌研究院藏敦煌文獻敘錄　敦煌研究文集　甘肅民族出版社　2000.9　p.38

敦研 049

施萍婷　邰惠莉　敦煌研究院藏敦煌文獻敘錄　敦煌研究文集　甘肅民族出版社　2000.9　p.38

敦研 050

李正宇　土地廟遺書的發現、特點和入藏年代　敦煌研究 1985 年第 3 期　p.93

施萍婷　邰惠莉　敦煌研究院藏敦煌文獻敘錄　敦煌研究文集　甘肅民族出版社　2000.9　p.38

敦研 051

黄征　敦煌俗字典　上海教育出版社　2005.5　p.80

施萍婷　邰惠莉　敦煌研究院藏敦煌文獻敘錄　敦煌研究文集　甘肅民族出版社　2000.9　p.39

敦研 052

李正宇　土地廟遺書的發現、特點和入藏年代　敦煌研究 1985 年第 3 期　p.96

施萍婷　敦煌研究院藏土地廟寫本源自藏經洞　敦煌研究 1999 年第 2 期　p.42

施萍婷　邰惠莉　敦煌研究院藏敦煌文獻敘錄　敦煌研究文集　甘肅民族出版社　2000.9　p.39

敦研 053

施萍婷　邰惠莉　敦煌研究院藏敦煌文獻敘錄　敦煌研究文集　甘肅民族出版社　2000. 9　p. 39

敦研 054

施萍婷　邰惠莉　敦煌研究院藏敦煌文獻敘錄　敦煌研究文集　甘肅民族出版社　2000. 9　p. 40

敦研 055

施萍婷　佛說灌頂章句拔出過罪生死得度經　敦煌　甘肅人民出版社　1990. 7　p. 288、259 條目解說、243 圖版

施萍婷　邰惠莉　敦煌研究院藏敦煌文獻敘錄　敦煌研究文集　甘肅民族出版社　2000. 9　p. 40

向達　國立敦煌藝術研究所發現六朝殘經　向達先生紀念論文集　新疆人民出版社　1986. 2　p. 9

敦研 056

施萍婷　敦煌研究院藏土地廟寫本源自藏經洞　敦煌研究 1999 年第 2 期　p. 46

施萍婷　邰惠莉　敦煌研究院藏敦煌文獻敘錄　敦煌研究文集　甘肅民族出版社　2000. 9　p. 40

敦研 057

施萍婷　邰惠莉　敦煌研究院藏敦煌文獻敘錄　敦煌研究文集　甘肅民族出版社　2000. 9　p. 41

敦研 058

施萍婷　邰惠莉　敦煌研究院藏敦煌文獻敘錄　敦煌研究文集　甘肅民族出版社　2000. 9　p. 42

敦研 059

施萍婷　邰惠莉　敦煌研究院藏敦煌文獻敘錄　敦煌研究文集　甘肅民族出版社　2000. 9　p. 42

敦研 060

施萍婷　邰惠莉　敦煌研究院藏敦煌文獻敘錄　敦煌研究文集　甘肅民族出版社　2000. 9　p. 42

敦研 061

施萍婷　邰惠莉　敦煌研究院藏敦煌文獻敘錄　敦煌研究文集　甘肅民族出版社　2000. 9　p. 42

敦研 062

薄小瑩　敦煌遺書漢文紀年卷編年　長春出版社　1990. 3　p. 84

池田溫　中國古代寫本識語集錄　（東京）大藏出版株式會社　1990. 3　p. 93 第 105 號

方廣錩　金光明經　敦煌學大辭典　上海辭書出版社　1998. 12　p. 678

林聰明　談敦煌文書的抄寫問題　紀念陳寅恪先生誕辰百年學術論文集　江西教育出版社　1989. 12　p. 292

林聰明　敦煌文書年代考探略述　1990 年敦煌學國際研討會文集（石窟史地語文編）　遼寧美術出版社　1995. 7　p. 551

林聰明　敦煌吐魯番文書解詁指例　（臺北）新文豐出版公司　2001. 6　p. 59 注 14、253

施萍婷　太和十二年張安寧習字　敦煌　甘肅人民出版社　1990. 7　p. 288、261 條目解說、244 圖

版
施萍婷　郃惠莉　敦煌研究院藏敦煌文獻敘録　敦煌研究文集　甘肅民族出版社　2000.9　p.43
楊森　淺談北朝經生體楷筆的演化　社科縱横1994年第4期　1994.4　p.61
趙聲良　早期敦煌寫本書法的時代分期和類型　敦煌書法庫(第2輯)　甘肅人民美術出版社　1994.1　p.2
趙聲良　早期敦煌寫本書法的分期研究　1994年敦煌學國際研討會文集(石窟藝術卷)　甘肅民族出版社　2000.6　p.261

敦研063

黄征　敦煌俗字典　上海教育出版社　2005.5　p.251
李正宇　土地廟遺書的發現、特點和入藏年代　敦煌研究1985年第3期　p.96
施萍婷　郃惠莉　敦煌研究院藏敦煌文獻敘録　敦煌研究文集　甘肅民族出版社　2000.9　p.43

敦研064

施萍婷　郃惠莉　敦煌研究院藏敦煌文獻敘録　敦煌研究文集　甘肅民族出版社　2000.9　p.43

敦研065

黄征　敦煌俗字典　上海教育出版社　2005.5　p.101
施萍婷　郃惠莉　敦煌研究院藏敦煌文獻敘録　敦煌研究文集　甘肅民族出版社　2000.9　p.44

敦研066

李正宇　土地廟遺書的發現、特點和入藏年代　敦煌研究1985年第3期　p.93
施萍婷　郃惠莉　敦煌研究院藏敦煌文獻敘録　敦煌研究文集　甘肅民族出版社　2000.9　p.44

敦研067

李正宇　土地廟遺書的發現、特點和入藏年代　敦煌研究1985年第3期　p.93
施萍婷　郃惠莉　敦煌研究院藏敦煌文獻敘録　敦煌研究文集　甘肅民族出版社　2000.9　p.45

敦研068

施萍婷　郃惠莉　敦煌研究院藏敦煌文獻敘録　敦煌研究文集　甘肅民族出版社　2000.9　p.45
湯長平　敦煌研究院藏《北魏軍官集簿》辨析　敦煌研究文集　甘肅民族出版社　2000.9　p.45
向達　國立敦煌藝術研究所發現六朝殘經　向達先生紀念論文集　新疆人民出版社　1986.2　p.11
楊森　敦煌研究院藏卷《北魏禁軍軍官集簿》考述　敦煌研究1987年第2期(總第11期)　p.21
楊森　敦研0010號《佛説祝毒經》書法風格——從北朝經生體書法談起　敦煌研究1995年第1期(總第43期)　p.169

敦研069

施萍婷　郃惠莉　敦煌研究院藏敦煌文獻敘録　敦煌研究文集　甘肅民族出版社　2000.9　p.45

敦研070

施萍婷　郃惠莉　敦煌研究院藏敦煌文獻敘録　敦煌研究文集　甘肅民族出版社　2000.9　p.46

敦研 071

黃征　敦煌俗字例釋　敦煌吐魯番研究第八卷　北京大學出版社　2005.1　p.251
黃征　敦煌俗字典　上海教育出版社　2005.5　p.2、83
施萍婷　邰惠莉　敦煌研究院藏敦煌文獻敘錄　敦煌研究文集　甘肅民族出版社　2000.9　p.46

敦研 072

施萍婷　邰惠莉　敦煌研究院藏敦煌文獻敘錄　敦煌研究文集　甘肅民族出版社　2000.9　p.46

敦研 073

施萍婷　邰惠莉　敦煌研究院藏敦煌文獻敘錄　敦煌研究文集　甘肅民族出版社　2000.9　p.47

敦研 074

施萍婷　邰惠莉　敦煌研究院藏敦煌文獻敘錄　敦煌研究文集　甘肅民族出版社　2000.9　p.47

敦研 075

施萍婷　邰惠莉　敦煌研究院藏敦煌文獻敘錄　敦煌研究文集　甘肅民族出版社　2000.9　p.47

敦研 076

施萍婷　邰惠莉　敦煌研究院藏敦煌文獻敘錄　敦煌研究文集　甘肅民族出版社　2000.9　p.48

敦研 077

施萍婷　邰惠莉　敦煌研究院藏敦煌文獻敘錄　敦煌研究文集　甘肅民族出版社　2000.9　p.48

敦研 078

施萍婷　敦煌研究院藏土地廟寫本源自藏經洞　敦煌研究 1999 年第 2 期　p.45
施萍婷　邰惠莉　敦煌研究院藏敦煌文獻敘錄　敦煌研究文集　甘肅民族出版社　2000.9　p.48

敦研 079

施萍婷　邰惠莉　敦煌研究院藏敦煌文獻敘錄　敦煌研究文集　甘肅民族出版社　2000.9　p.48

敦研 080

施萍婷　邰惠莉　敦煌研究院藏敦煌文獻敘錄　敦煌研究文集　甘肅民族出版社　2000.9　p.49

敦研 081

施萍婷　邰惠莉　敦煌研究院藏敦煌文獻敘錄　敦煌研究文集　甘肅民族出版社　2000.9　p.49

敦研 082

施萍婷　邰惠莉　敦煌研究院藏敦煌文獻敘錄　敦煌研究文集　甘肅民族出版社　2000.9　p.49

敦研 083

施萍婷　敦煌研究院藏土地廟寫本源自藏經洞　敦煌研究 1999 年第 2 期　p.41

施萍婷　郜惠莉　敦煌研究院藏敦煌文獻敘錄　敦煌研究文集　甘肅民族出版社　2000. 9　p. 49

敦研 084

施萍婷　郜惠莉　敦煌研究院藏敦煌文獻敘錄　敦煌研究文集　甘肅民族出版社　2000. 9　p. 50

敦研 085

施萍婷　郜惠莉　敦煌研究院藏敦煌文獻敘錄　敦煌研究文集　甘肅民族出版社　2000. 9　p. 50

敦研 086

施萍婷　敦煌研究院藏土地廟寫本源自藏經洞　敦煌研究 1999 年第 2 期　p. 42
施萍婷　郜惠莉　敦煌研究院藏敦煌文獻敘錄　敦煌研究文集　甘肅民族出版社　2000. 9　p. 50

敦研 087

施萍婷　郜惠莉　敦煌研究院藏敦煌文獻敘錄　敦煌研究文集　甘肅民族出版社　2000. 9　p. 50

敦研 088

施萍婷　郜惠莉　敦煌研究院藏敦煌文獻敘錄　敦煌研究文集　甘肅民族出版社　2000. 9　p. 51

敦研 089

施萍婷　郜惠莉　敦煌研究院藏敦煌文獻敘錄　敦煌研究文集　甘肅民族出版社　2000. 9　p. 51

敦研 090

施萍婷　郜惠莉　敦煌研究院藏敦煌文獻敘錄　敦煌研究文集　甘肅民族出版社　2000. 9　p. 51

敦研 091

施萍婷　郜惠莉　敦煌研究院藏敦煌文獻敘錄　敦煌研究文集　甘肅民族出版社　2000. 9　p. 51

敦研 092

施萍婷　郜惠莉　敦煌研究院藏敦煌文獻敘錄　敦煌研究文集　甘肅民族出版社　2000. 9　p. 52
王卡　敦煌道教文獻研究　中國社會科學出版社　2004. 1　p. 201

敦研 093

施萍婷　郜惠莉　敦煌研究院藏敦煌文獻敘錄　敦煌研究文集　甘肅民族出版社　2000. 9　p. 52

敦研 094

李小榮　敦煌密教文獻論稿　人民文學出版社　2003. 7　p. 21
施萍婷　郜惠莉　敦煌研究院藏敦煌文獻敘錄　敦煌研究文集　甘肅民族出版社　2000. 9　p. 52

敦研 095

施萍婷　郜惠莉　敦煌研究院藏敦煌文獻敘錄　敦煌研究文集　甘肅民族出版社　2000. 9　p. 52
郜惠莉　敦煌本《李翰自注蒙求》初探　敦煌研究文集　甘肅民族出版社　2000. 9　p. 438
汪泛舟　敦煌古代兒童課本　甘肅人民出版社　2000. 6　p. 4

汪泛舟　《蒙求》（補足本）　敦煌研究文集　甘肅民族出版社　2000. 9　p. 366
徐俊　敦煌詩集殘卷輯考　中華書局　2000. 6　p. 355
楊寶玉　蒙求　敦煌學大辭典　上海辭書出版社　1998. 12　p. 781
鄭阿財　朱鳳玉　敦煌蒙書研究　甘肅教育出版社　2002. 12　p. 231
鄭阿財　敦煌本《蒙求》及注文之考訂與研究　敦煌學第 24 輯　2003. 6　p. 180

敦研 096

薄小瑩　敦煌遺書漢文紀年卷編年　長春出版社　1990. 3　p. 66
陳麗萍　敦煌女性寫經題記及反映的婦女問題　敦煌佛教藝術文化論文集　蘭州大學出版社　2002. 7　p. 435
林聰明　敦煌吐魯番文書解詁指例　（臺北）新文豐出版公司　2001. 6　p. 211 注 4、223
馬德　敦煌文書《道家雜齋文範集》及有關問題述略　道家文化研究（第 13 輯）　三聯書店　1998. 4　p. 245
施萍婷　邰惠莉　敦煌研究院藏敦煌文獻敘錄　敦煌研究文集　甘肅民族出版社　2000. 9　p. 53
王卡　敦煌道教文獻研究　中國社會科學出版社　2004. 1　p. 24

敦研 097

施萍婷　邰惠莉　敦煌研究院藏敦煌文獻敘錄　敦煌研究文集　甘肅民族出版社　2000. 9　p. 53

敦研 098

施萍婷　邰惠莉　敦煌研究院藏敦煌文獻敘錄　敦煌研究文集　甘肅民族出版社　2000. 9　p. 53

敦研 099（2－1）

黃征　敦煌俗字典　上海教育出版社　2005. 5　p. 127
施萍婷　邰惠莉　敦煌研究院藏敦煌文獻敘錄　敦煌研究文集　甘肅民族出版社　2000. 9　p. 53

敦研 100

施萍婷　邰惠莉　敦煌研究院藏敦煌文獻敘錄　敦煌研究文集　甘肅民族出版社　2000. 9　p. 54

敦研 101

黃征　敦煌俗字典　上海教育出版社　2005. 5　p. 16
施萍婷　邰惠莉　敦煌研究院藏敦煌文獻敘錄　敦煌研究文集　甘肅民族出版社　2000. 9　p. 54

敦研 102（1－1）

黃征　敦煌俗字典　上海教育出版社　2005. 5　p. 前言 29、25
施萍婷　邰惠莉　敦煌研究院藏敦煌文獻敘錄　敦煌研究文集　甘肅民族出版社　2000. 9　p. 54

敦研 103

施萍婷　邰惠莉　敦煌研究院藏敦煌文獻敘錄　敦煌研究文集　甘肅民族出版社　2000. 9　p. 54

敦研 104

施萍婷　邰惠莉　敦煌研究院藏敦煌文獻敘錄　敦煌研究文集　甘肅民族出版社　2000. 9　p. 55

敦研 105

黄征　敦煌俗字典　上海教育出版社　2005. 5　p. 60、78、101、123
施萍婷　邰惠莉　敦煌研究院藏敦煌文獻敘錄　敦煌研究文集　甘肅民族出版社　2000. 9　p. 55

敦研 106

黄征　敦煌俗字典　上海教育出版社　2005. 5　p. 132
施萍婷　敦煌研究院藏土地廟寫本源自藏經洞　敦煌研究 1999 年第 2 期　p. 45
施萍婷　邰惠莉　敦煌研究院藏敦煌文獻敘錄　敦煌研究文集　甘肅民族出版社　2000. 9　p. 55

敦研 107

黄征　敦煌俗字典　上海教育出版社　2005. 5　p. 前言 29，正文 22、65
黄征　敦煌俗字種類考辨　敦煌學・日本學　上海辭書出版社　2005. 12　p. 121
施萍婷　敦煌研究院藏土地廟寫本源自藏經洞　敦煌研究 1999 年第 2 期　p. 42
施萍婷　邰惠莉　敦煌研究院藏敦煌文獻敘錄　敦煌研究文集　甘肅民族出版社　2000. 9　p. 56

敦研 108（2－1）

黄征　敦煌俗字例釋　敦煌吐魯番研究第八卷　北京大學出版社　2005. 1　p. 254

敦研 108（2－2）

黄征　敦煌俗字典　上海教育出版社　2005. 5　p. 前言 29，正文 4、55、101
黄征　敦煌俗字種類考辨　敦煌學・日本學　上海辭書出版社　2005. 12　p. 120
施萍婷　邰惠莉　敦煌研究院藏敦煌文獻敘錄　敦煌研究文集　甘肅民族出版社　2000. 9　p. 56

敦研 109

施萍婷　邰惠莉　敦煌研究院藏敦煌文獻敘錄　敦煌研究文集　甘肅民族出版社　2000. 9　p. 56

敦研 110

施萍婷　邰惠莉　敦煌研究院藏敦煌文獻敘錄　敦煌研究文集　甘肅民族出版社　2000. 9　p. 57

敦研 111

施萍婷　邰惠莉　敦煌研究院藏敦煌文獻敘錄　敦煌研究文集　甘肅民族出版社　2000. 9　p. 57

敦研 112

施萍婷　邰惠莉　敦煌研究院藏敦煌文獻敘錄　敦煌研究文集　甘肅民族出版社　2000. 9　p. 57

敦研 113

方廣錩　許培鈴　敦煌遺書中的《維摩詰所說經》及其註疏　敦煌研究 1994 年第 4 期（總第 41 期）p. 146
何劍平　作爲民間寫經和禮懺儀式的維摩詰信仰　敦煌學輯刊 2005 年第 4 期（總 50 期）　p. 55
黄征　敦煌俗字典　上海教育出版社　2005. 5　p. 525
施萍婷　邰惠莉　敦煌研究院藏敦煌文獻敘錄　敦煌研究文集　甘肅民族出版社　2000. 9　p. 57

趙聲良　早期敦煌寫本書法的時代分期和類型　敦煌書法庫（第 2 輯）　甘肅人民美術出版社　1994. 1　p. 2

趙聲良　早期敦煌寫本書法的分期研究　1994 年敦煌學國際研討會文集（石窟藝術卷）　甘肅民族出版社　2000. 6　p. 260

敦研 114

施萍婷　邰惠莉　敦煌研究院藏敦煌文獻敘錄　敦煌研究文集　甘肅民族出版社　2000. 9　p. 57

敦研 115

黄征　敦煌俗字典　上海教育出版社　2005. 5　p. 58、116

施萍婷　邰惠莉　敦煌研究院藏敦煌文獻敘錄　敦煌研究文集　甘肅民族出版社　2000. 9　p. 57

敦研 116

黄征　敦煌俗字典　上海教育出版社　2005. 5　p. 33

施萍婷　邰惠莉　敦煌研究院藏敦煌文獻敘錄　敦煌研究文集　甘肅民族出版社　2000. 9　p. 58

敦研 117

黄征　敦煌俗字例釋　敦煌吐魯番研究第八卷　北京大學出版社　2005. 1　p. 251

黄征　敦煌俗字典　上海教育出版社　2005. 5　p. 前言 29，正文 2、42、76、109、133

黄征　敦煌俗字種類考辨　敦煌學・日本學　上海辭書出版社　2005. 12　p. 121

施萍婷　邰惠莉　敦煌研究院藏敦煌文獻敘錄　敦煌研究文集　甘肅民族出版社　2000. 9　p. 58

敦研 118

黄征　敦煌俗字例釋　敦煌吐魯番研究第八卷　北京大學出版社　2005. 1　p. 251

黄征　敦煌俗字典　上海教育出版社　2005. 5　p. 2、18、61、105

施萍婷　邰惠莉　敦煌研究院藏敦煌文獻敘錄　敦煌研究文集　甘肅民族出版社　2000. 9　p. 58

敦研 119（2 –2）

黄征　敦煌俗字典　上海教育出版社　2005. 5　p. 23、40、83、120

黄征　敦煌俗字種類考辨　敦煌學・日本學　上海辭書出版社　2005. 12　p. 115

施萍婷　邰惠莉　敦煌研究院藏敦煌文獻敘錄　敦煌研究文集　甘肅民族出版社　2000. 9　p. 58

敦研 120（2 –1）

黄征　敦煌俗字典　上海教育出版社　2005. 5　p. 31

施萍婷　邰惠莉　敦煌研究院藏敦煌文獻敘錄　敦煌研究文集　甘肅民族出版社　2000. 9　p. 59

敦研 121

施萍婷　邰惠莉　敦煌研究院藏敦煌文獻敘錄　敦煌研究文集　甘肅民族出版社　2000. 9　p. 59

敦研 122

施萍婷　邰惠莉　敦煌研究院藏敦煌文獻敘錄　敦煌研究文集　甘肅民族出版社　2000. 9　p. 59

敦研 123(2－2)

黃征　敦煌俗字典　上海教育出版社　2005. 5　p. 22
黃征　敦煌俗字種類考辨　敦煌學・日本學　上海辭書出版社　2005. 12　p. 113
施萍婷　邰惠莉　敦煌研究院藏敦煌文獻敘錄　敦煌研究文集　甘肅民族出版社　2000. 9　p. 59

敦研 124

施萍婷　邰惠莉　敦煌研究院藏敦煌文獻敘錄　敦煌研究文集　甘肅民族出版社　2000. 9　p. 60

敦研 125

黃征　敦煌俗字典　上海教育出版社　2005. 5　p. 253
施萍婷　邰惠莉　敦煌研究院藏敦煌文獻敘錄　敦煌研究文集　甘肅民族出版社　2000. 9　p. 60

敦研 126

黃征　敦煌俗字典　上海教育出版社　2005. 5　p. 369
施萍婷　邰惠莉　敦煌研究院藏敦煌文獻敘錄　敦煌研究文集　甘肅民族出版社　2000. 9　p. 60

敦研 127

黃征　敦煌俗字典　上海教育出版社　2005. 5　p. 59、123
施萍婷　大般涅槃經卷第六如來性品第四之三　敦煌　甘肅人民出版社　1990. 7　p. 287,248 條目解說,232、233 圖版
施萍婷　邰惠莉　敦煌研究院藏敦煌文獻敘錄　敦煌研究文集　甘肅民族出版社　2000. 9　p. 60

敦研 128

黃征　敦煌俗字例釋　敦煌吐魯番研究第八卷　北京大學出版社　2005. 1　p. 251
黃征　敦煌俗字典　上海教育出版社　2005. 5　p. 2、12
施萍婷　邰惠莉　敦煌研究院藏敦煌文獻敘錄　敦煌研究文集　甘肅民族出版社　2000. 9　p. 61

敦研 129

黃征　敦煌俗字典　上海教育出版社　2005. 5　p. 59
施萍婷　邰惠莉　敦煌研究院藏敦煌文獻敘錄　敦煌研究文集　甘肅民族出版社　2000. 9　p. 61

敦研 130

施萍婷　邰惠莉　敦煌研究院藏敦煌文獻敘錄　敦煌研究文集　甘肅民族出版社　2000. 9　p. 61

敦研 131

施萍婷　邰惠莉　敦煌研究院藏敦煌文獻敘錄　敦煌研究文集　甘肅民族出版社　2000. 9　p. 61

敦研 132

黃征　敦煌俗字典　上海教育出版社　2005. 5　p. 24
施萍婷　邰惠莉　敦煌研究院藏敦煌文獻敘錄　敦煌研究文集　甘肅民族出版社　2000. 9　p. 62

敦研 133

施萍婷　邰惠莉　敦煌研究院藏敦煌文獻敘錄　敦煌研究文集　甘肅民族出版社　2000.9　p.62

敦研 134

景盛軒　敦煌寫本《大般涅槃經》著錄商補　浙江與敦煌學——常書鴻先生誕辰一百周年紀念文集　浙江古籍出版社　2004.12　p.345

施萍婷　邰惠莉　敦煌研究院藏敦煌文獻敘錄　敦煌研究文集　甘肅民族出版社　2000.9　p.62

敦研 135

黃征　敦煌俗字典　上海教育出版社　2005.5　p.13、22、84

施萍婷　邰惠莉　敦煌研究院藏敦煌文獻敘錄　敦煌研究文集　甘肅民族出版社　2000.9　p.62

敦研 136

黃征　敦煌俗字典　上海教育出版社　2005.5　p.85、103

施萍婷　邰惠莉　敦煌研究院藏敦煌文獻敘錄　敦煌研究文集　甘肅民族出版社　2000.9　p.63

敦研 137

黃征　敦煌俗字典　上海教育出版社　2005.5　p.92、107

施萍婷　邰惠莉　敦煌研究院藏敦煌文獻敘錄　敦煌研究文集　甘肅民族出版社　2000.9　p.63

敦研 138

黃征　敦煌俗字典　上海教育出版社　2005.5　p.15、118

施萍婷　邰惠莉　敦煌研究院藏敦煌文獻敘錄　敦煌研究文集　甘肅民族出版社　2000.9　p.63

敦研 139

黃征　敦煌俗字典　上海教育出版社　2005.5　p.78

施萍婷　邰惠莉　敦煌研究院藏敦煌文獻敘錄　敦煌研究文集　甘肅民族出版社　2000.9　p.64

敦研 140

黃征　敦煌俗字典　上海教育出版社　2005.5　p.328

施萍婷　邰惠莉　敦煌研究院藏敦煌文獻敘錄　敦煌研究文集　甘肅民族出版社　2000.9　p.64

敦研 141

施萍婷　邰惠莉　敦煌研究院藏敦煌文獻敘錄　敦煌研究文集　甘肅民族出版社　2000.9　p.64

敦研 142

黃征　敦煌俗字典　上海教育出版社　2005.5　p.463

施萍婷　邰惠莉　敦煌研究院藏敦煌文獻敘錄　敦煌研究文集　甘肅民族出版社　2000.9　p.64

敦研 143

黃征　敦煌俗字典　上海教育出版社　2005.5　p.336

施萍婷　邰惠莉　敦煌研究院藏敦煌文獻敘錄　敦煌研究文集　甘肅民族出版社　2000. 9　p. 64

敦研 144

施萍婷　邰惠莉　敦煌研究院藏敦煌文獻敘錄　敦煌研究文集　甘肅民族出版社　2000. 9　p. 65

敦研 145(1－1)

黄征　敦煌俗字例釋　敦煌吐魯番研究第八卷　北京大學出版社　2005. 1　p. 252
黄征　敦煌俗字典　上海教育出版社　2005. 5　p. 3、19、123
施萍婷　邰惠莉　敦煌研究院藏敦煌文獻敘錄　敦煌研究文集　甘肅民族出版社　2000. 9　p. 65

敦研 146

施萍婷　邰惠莉　敦煌研究院藏敦煌文獻敘錄　敦煌研究文集　甘肅民族出版社　2000. 9　p. 65

敦研 147

施萍婷　邰惠莉　敦煌研究院藏敦煌文獻敘錄　敦煌研究文集　甘肅民族出版社　2000. 9　p. 65

敦研 148

施萍婷　邰惠莉　敦煌研究院藏敦煌文獻敘錄　敦煌研究文集　甘肅民族出版社　2000. 9　p. 66

敦研 149

黄征　敦煌俗字典　上海教育出版社　2005. 5　p. 120
施萍婷　邰惠莉　敦煌研究院藏敦煌文獻敘錄　敦煌研究文集　甘肅民族出版社　2000. 9　p. 66

敦研 150(1－1)

黄征　敦煌俗字典　上海教育出版社　2005. 5　p. 9
施萍婷　邰惠莉　敦煌研究院藏敦煌文獻敘錄　敦煌研究文集　甘肅民族出版社　2000. 9　p. 66

敦研 151

黄征　敦煌俗字典　上海教育出版社　2005. 5　p. 19、59、96、122
施萍婷　邰惠莉　敦煌研究院藏敦煌文獻敘錄　敦煌研究文集　甘肅民族出版社　2000. 9　p. 67

敦研 152

黄征　敦煌俗字典　上海教育出版社　2005. 5　p. 9、101
施萍婷　敦煌研究院藏土地廟寫本源自藏經洞　敦煌研究 1999 年第 2 期　p. 45
施萍婷　邰惠莉　敦煌研究院藏敦煌文獻敘錄　敦煌研究文集　甘肅民族出版社　2000. 9　p. 67

敦研 153

施萍婷　邰惠莉　敦煌研究院藏敦煌文獻敘錄　敦煌研究文集　甘肅民族出版社　2000. 9　p. 67

敦研 154

施萍婷　邰惠莉　敦煌研究院藏敦煌文獻敘錄　敦煌研究文集　甘肅民族出版社　2000. 9　p. 67

敦研 155

黃征　敦煌俗字典　上海教育出版社　2005. 5　p. 80
施萍婷　邰惠莉　敦煌研究院藏敦煌文獻敘錄　敦煌研究文集　甘肅民族出版社　2000. 9　p. 68

敦研 156

施萍婷　邰惠莉　敦煌研究院藏敦煌文獻敘錄　敦煌研究文集　甘肅民族出版社　2000. 9　p. 68

敦研 157

施萍婷　邰惠莉　敦煌研究院藏敦煌文獻敘錄　敦煌研究文集　甘肅民族出版社　2000. 9　p. 68

敦研 158

施萍婷　邰惠莉　敦煌研究院藏敦煌文獻敘錄　敦煌研究文集　甘肅民族出版社　2000. 9　p. 68

敦研 159

施萍婷　邰惠莉　敦煌研究院藏敦煌文獻敘錄　敦煌研究文集　甘肅民族出版社　2000. 9　p. 68

敦研 160

黃征　敦煌俗字典　上海教育出版社　2005. 5　p. 28、124
施萍婷　邰惠莉　敦煌研究院藏敦煌文獻敘錄　敦煌研究文集　甘肅民族出版社　2000. 9　p. 68

敦研 161

施萍婷　邰惠莉　敦煌研究院藏敦煌文獻敘錄　敦煌研究文集　甘肅民族出版社　2000. 9　p. 69

敦研 162

施萍婷　邰惠莉　敦煌研究院藏敦煌文獻敘錄　敦煌研究文集　甘肅民族出版社　2000. 9　p. 69

敦研 163

施萍婷　邰惠莉　敦煌研究院藏敦煌文獻敘錄　敦煌研究文集　甘肅民族出版社　2000. 9　p. 69

敦研 164

施萍婷　邰惠莉　敦煌研究院藏敦煌文獻敘錄　敦煌研究文集　甘肅民族出版社　2000. 9　p. 69

敦研 165

施萍婷　邰惠莉　敦煌研究院藏敦煌文獻敘錄　敦煌研究文集　甘肅民族出版社　2000. 9　p. 70

敦研 166

黃征　敦煌俗字典　上海教育出版社　2005. 5　p. 61、96、127
施萍婷　邰惠莉　敦煌研究院藏敦煌文獻敘錄　敦煌研究文集　甘肅民族出版社　2000. 9　p. 70

敦研 167

施萍婷　敦煌研究院藏土地廟寫本源自藏經洞　敦煌研究 1999 年第 2 期　p. 42

施萍婷　邰惠莉　敦煌研究院藏敦煌文獻敘錄　敦煌研究文集　甘肅民族出版社　2000.9　p.70

敦研 168

施萍婷　邰惠莉　敦煌研究院藏敦煌文獻敘錄　敦煌研究文集　甘肅民族出版社　2000.9　p.70

敦研 169

施萍婷　邰惠莉　敦煌研究院藏敦煌文獻敘錄　敦煌研究文集　甘肅民族出版社　2000.9　p.71

敦研 170(1－1)

黃征　敦煌俗字典　上海教育出版社　2005.5　p.29、129
施萍婷　邰惠莉　敦煌研究院藏敦煌文獻敘錄　敦煌研究文集　甘肅民族出版社　2000.9　p.71

敦研 171

施萍婷　敦煌研究院藏土地廟寫本源自藏經洞　敦煌研究 1999 年第 2 期　p.42
施萍婷　邰惠莉　敦煌研究院藏敦煌文獻敘錄　敦煌研究文集　甘肅民族出版社　2000.9　p.71

敦研 172

施萍婷　邰惠莉　敦煌研究院藏敦煌文獻敘錄　敦煌研究文集　甘肅民族出版社　2000.9　p.71

敦研 173

施萍婷　大方廣三戒經卷中　敦煌　甘肅人民出版社　1990.7　p.287,254 條目解說,238、239 圖版
施萍婷　邰惠莉　敦煌研究院藏敦煌文獻敘錄　敦煌研究文集　甘肅民族出版社　2000.9　p.72

敦研 174

施萍婷　邰惠莉　敦煌研究院藏敦煌文獻敘錄　敦煌研究文集　甘肅民族出版社　2000.9　p.72

敦研 175

黃征　敦煌俗字典　上海教育出版社　2005.5　p.76、114
施萍婷　敦煌研究院藏土地廟寫本源自藏經洞　敦煌研究 1999 年第 2 期　p.41
施萍婷　邰惠莉　敦煌研究院藏敦煌文獻敘錄　敦煌研究文集　甘肅民族出版社　2000.9　p.72

敦研 176

韓惠言　甘藏敦煌漢文文獻概況　敦煌學輯刊 2000 年第 2 期(總第 38 期)　p.69
施萍婷　邰惠莉　敦煌研究院藏敦煌文獻敘錄　敦煌研究文集　甘肅民族出版社　2000.9　p.72

敦研 177

施萍婷　邰惠莉　敦煌研究院藏敦煌文獻敘錄　敦煌研究文集　甘肅民族出版社　2000.9　p.72

敦研 178

黃征　敦煌俗字典　上海教育出版社　2005.5　p.114
施萍婷　佛說八師經(別譯本)　敦煌　甘肅人民出版社　1990.7　p.288、258 條目解說、242 圖版

施萍婷　邰惠莉　敦煌研究院藏敦煌文獻敘錄　敦煌研究文集　甘肅民族出版社　2000.9　p.73

敦研178V

韓惠言　甘藏敦煌漢文文獻概況　敦煌學輯刊2000年第2期(總第38期)　p.69

黃征　敦煌俗字典　上海教育出版社　2005.5　p.52

敦研179－3

黃征　敦煌俗字典　上海教育出版社　2005.5　p.103

施萍婷　敦煌研究院藏土地廟寫本源自藏經洞　敦煌研究1999年第2期　p.41

施萍婷　邰惠莉　敦煌研究院藏敦煌文獻敘錄　敦煌研究文集　甘肅民族出版社　2000.9　p.73

敦研180

黃征　敦煌俗字典　上海教育出版社　2005.5　p.42、114

施萍婷　邰惠莉　敦煌研究院藏敦煌文獻敘錄　敦煌研究文集　甘肅民族出版社　2000.9　p.73

敦研181

黃征　敦煌俗字典　上海教育出版社　2005.5　p.29、50、91、125

黃征　敦煌俗字種類考辨　敦煌學・日本學　上海辭書出版社　2005.12　p.121

施萍婷　邰惠莉　敦煌研究院藏敦煌文獻敘錄　敦煌研究文集　甘肅民族出版社　2000.9　p.74

敦研182

黃征　敦煌俗字典　上海教育出版社　2005.5　p.304

施萍婷　邰惠莉　敦煌研究院藏敦煌文獻敘錄　敦煌研究文集　甘肅民族出版社　2000.9　p.74

敦研183

黃征　敦煌俗字典　上海教育出版社　2005.5　p.12、57、118

施萍婷　敦煌研究院藏土地廟寫本源自藏經洞　敦煌研究1999年第2期　p.45

施萍婷　邰惠莉　敦煌研究院藏敦煌文獻敘錄　敦煌研究文集　甘肅民族出版社　2000.9　p.74

敦研184

施萍婷　邰惠莉　敦煌研究院藏敦煌文獻敘錄　敦煌研究文集　甘肅民族出版社　2000.9　p.74

敦研185

黃征　敦煌俗字典　上海教育出版社　2005.5　p.29、48、78、101

黃征　敦煌俗字種類考辨　敦煌學・日本學　上海辭書出版社　2005.12　p.115

施萍婷　邰惠莉　敦煌研究院藏敦煌文獻敘錄　敦煌研究文集　甘肅民族出版社　2000.9　p.75

敦研186

黃征　敦煌俗字典　上海教育出版社　2005.5　p.29、51、100、120

黃征　敦煌俗字種類考辨　敦煌學・日本學　上海辭書出版社　2005.12　p.120

施萍婷　邰惠莉　敦煌研究院藏敦煌文獻敘錄　敦煌研究文集　甘肅民族出版社　2000.9　p.75

敦研 187

黃征　敦煌俗字典　上海教育出版社　2005. 5　p. 23、43、124
黃征　敦煌俗字種類考辨　敦煌學・日本學　上海辭書出版社　2005. 12　p. 115、124
施萍婷　邰惠莉　敦煌研究院藏敦煌文獻敘錄　敦煌研究文集　甘肅民族出版社　2000. 9　p. 75

敦研 188

黃征　敦煌俗字典　上海教育出版社　2005. 5　p. 24、80、103
施萍婷　邰惠莉　敦煌研究院藏敦煌文獻敘錄　敦煌研究文集　甘肅民族出版社　2000. 9　p. 75

敦研 189

黃征　敦煌俗字典　上海教育出版社　2005. 5　p. 11、44、97
施萍婷　邰惠莉　敦煌研究院藏敦煌文獻敘錄　敦煌研究文集　甘肅民族出版社　2000. 9　p. 76

敦研 190

黃征　敦煌俗字典　上海教育出版社　2005. 5　p. 377
施萍婷　邰惠莉　敦煌研究院藏敦煌文獻敘錄　敦煌研究文集　甘肅民族出版社　2000. 9　p. 76

敦研 191

施萍婷　邰惠莉　敦煌研究院藏敦煌文獻敘錄　敦煌研究文集　甘肅民族出版社　2000. 9　p. 76

敦研 192

施萍婷　邰惠莉　敦煌研究院藏敦煌文獻敘錄　敦煌研究文集　甘肅民族出版社　2000. 9　p. 76

敦研 193

韓惠言　甘藏敦煌漢文文獻概況　敦煌學輯刊 2000 年第 2 期(總第 38 期)　p. 69
黃征　敦煌俗字典　上海教育出版社　2005. 5　p. 29、55、89
施萍婷　邰惠莉　敦煌研究院藏敦煌文獻敘錄　敦煌研究文集　甘肅民族出版社　2000. 9　p. 77

敦研 194

黃征　敦煌俗字典　上海教育出版社　2005. 5　p. 26、43、96
施萍婷　敦煌研究院藏土地廟寫本源自藏經洞　敦煌研究 1999 年第 2 期　p. 42
施萍婷　邰惠莉　敦煌研究院藏敦煌文獻敘錄　敦煌研究文集　甘肅民族出版社　2000. 9　p. 77

敦研 195

黃征　敦煌俗字典　上海教育出版社　2005. 5　p. 52、101
施萍婷　敦煌研究院藏土地廟寫本源自藏經洞　敦煌研究 1999 年第 2 期　p. 42
施萍婷　邰惠莉　敦煌研究院藏敦煌文獻敘錄　敦煌研究文集　甘肅民族出版社　2000. 9　p. 77

敦研 196

黃征　敦煌俗字典　上海教育出版社　2005. 5　p. 24、57、101、131
黃征　敦煌俗字種類考辨　敦煌學・日本學　上海辭書出版社　2005. 12　p. 115

施萍婷　敦煌研究院藏土地廟寫本源自藏經洞　敦煌研究 1999 年第 2 期　p. 42
施萍婷　邰惠莉　敦煌研究院藏敦煌文獻敘錄　敦煌研究文集　甘肅民族出版社　2000. 9　p. 77

敦研 197

施萍婷　邰惠莉　敦煌研究院藏敦煌文獻敘錄　敦煌研究文集　甘肅民族出版社　2000. 9　p. 78

敦研 198

施萍婷　邰惠莉　敦煌研究院藏敦煌文獻敘錄　敦煌研究文集　甘肅民族出版社　2000. 9　p. 78

敦研 199

施萍婷　敦煌研究院藏土地廟寫本源自藏經洞　敦煌研究 1999 年第 2 期　p. 45
施萍婷　邰惠莉　敦煌研究院藏敦煌文獻敘錄　敦煌研究文集　甘肅民族出版社　2000. 9　p. 78

敦研 200

施萍婷　邰惠莉　敦煌研究院藏敦煌文獻敘錄　敦煌研究文集　甘肅民族出版社　2000. 9　p. 78

敦研 201

施萍婷　邰惠莉　敦煌研究院藏敦煌文獻敘錄　敦煌研究文集　甘肅民族出版社　2000. 9　p. 78

敦研 202

施萍婷　邰惠莉　敦煌研究院藏敦煌文獻敘錄　敦煌研究文集　甘肅民族出版社　2000. 9　p. 79

敦研 203

施萍婷　敦煌研究院藏土地廟寫本源自藏經洞　敦煌研究 1999 年第 2 期　p. 46
施萍婷　邰惠莉　敦煌研究院藏敦煌文獻敘錄　敦煌研究文集　甘肅民族出版社　2000. 9　p. 79

敦研 204

施萍婷　邰惠莉　敦煌研究院藏敦煌文獻敘錄　敦煌研究文集　甘肅民族出版社　2000. 9　p. 79

敦研 205

施萍婷　邰惠莉　敦煌研究院藏敦煌文獻敘錄　敦煌研究文集　甘肅民族出版社　2000. 9　p. 79

敦研 206

施萍婷　邰惠莉　敦煌研究院藏敦煌文獻敘錄　敦煌研究文集　甘肅民族出版社　2000. 9　p. 80

敦研 207

黃征　敦煌俗字典　上海教育出版社　2005. 5　p. 59
施萍婷　敦煌研究院藏土地廟寫本源自藏經洞　敦煌研究 1999 年第 2 期　p. 46
施萍婷　邰惠莉　敦煌研究院藏敦煌文獻敘錄　敦煌研究文集　甘肅民族出版社　2000. 9　p. 80

敦研 208

黃征　敦煌俗字典　上海教育出版社　2005. 5　p. 93

施萍婷　敦煌研究院藏土地廟寫本源自藏經洞　敦煌研究 1999 年第 2 期　p. 42
施萍婷　邰惠莉　敦煌研究院藏敦煌文獻敘錄　敦煌研究文集　甘肅民族出版社　2000. 9　p. 80

敦研 209

黄征　敦煌俗字典　上海教育出版社　2005. 5　p. 28、65、124
施萍婷　敦煌研究院藏土地廟寫本源自藏經洞　敦煌研究 1999 年第 2 期　p. 45
施萍婷　邰惠莉　敦煌研究院藏敦煌文獻敘錄　敦煌研究文集　甘肅民族出版社　2000. 9　p. 80

敦研 210

施萍婷　敦煌研究院藏土地廟寫本源自藏經洞　敦煌研究 1999 年第 2 期　p. 46
施萍婷　邰惠莉　敦煌研究院藏敦煌文獻敘錄　敦煌研究文集　甘肅民族出版社　2000. 9　p. 81

敦研 211

施萍婷　邰惠莉　敦煌研究院藏敦煌文獻敘錄　敦煌研究文集　甘肅民族出版社　2000. 9　p. 81

敦研 212

施萍婷　邰惠莉　敦煌研究院藏敦煌文獻敘錄　敦煌研究文集　甘肅民族出版社　2000. 9　p. 81

敦研 213

黄征　敦煌俗字典　上海教育出版社　2005. 5　p. 40、127
施萍婷　邰惠莉　敦煌研究院藏敦煌文獻敘錄　敦煌研究文集　甘肅民族出版社　2000. 9　p. 81

敦研 214

施萍婷　邰惠莉　敦煌研究院藏敦煌文獻敘錄　敦煌研究文集　甘肅民族出版社　2000. 9　p. 81

敦研 215

黄征　敦煌俗字典　上海教育出版社　2005. 5　p. 30、66、107
施萍婷　敦煌研究院藏土地廟寫本源自藏經洞　敦煌研究 1999 年第 2 期　p. 42
施萍婷　邰惠莉　敦煌研究院藏敦煌文獻敘錄　敦煌研究文集　甘肅民族出版社　2000. 9　p. 82

敦研 216

施萍婷　敦煌研究院藏土地廟寫本源自藏經洞　敦煌研究 1999 年第 2 期　p. 45
施萍婷　邰惠莉　敦煌研究院藏敦煌文獻敘錄　敦煌研究文集　甘肅民族出版社　2000. 9　p. 82

敦研 217

施萍婷　邰惠莉　敦煌研究院藏敦煌文獻敘錄　敦煌研究文集　甘肅民族出版社　2000. 9　p. 82

敦研 218

施萍婷　邰惠莉　敦煌研究院藏敦煌文獻敘錄　敦煌研究文集　甘肅民族出版社　2000. 9　p. 82

敦研 219

黄征　敦煌俗字典　上海教育出版社　2005. 5　p. 424

施萍婷　邰惠莉　敦煌研究院藏敦煌文獻敘錄　敦煌研究文集　甘肅民族出版社　2000. 9　p. 83

敦研 220

黄征　敦煌俗字例釋　敦煌吐魯番研究第八卷　北京大學出版社　2005. 1　p. 254
黄征　敦煌俗字典　上海教育出版社　2005. 5　p. 4、77、128
施萍婷　邰惠莉　敦煌研究院藏敦煌文獻敘錄　敦煌研究文集　甘肅民族出版社　2000. 9　p. 83

敦研 221

施萍婷　邰惠莉　敦煌研究院藏敦煌文獻敘錄　敦煌研究文集　甘肅民族出版社　2000. 9　p. 83

敦研 222

施萍婷　邰惠莉　敦煌研究院藏敦煌文獻敘錄　敦煌研究文集　甘肅民族出版社　2000. 9　p. 83

敦研 223

黄征　敦煌俗字典　上海教育出版社　2005. 5　p. 84
施萍婷　邰惠莉　敦煌研究院藏敦煌文獻敘錄　敦煌研究文集　甘肅民族出版社　2000. 9　p. 83

敦研 224

施萍婷　邰惠莉　敦煌研究院藏敦煌文獻敘錄　敦煌研究文集　甘肅民族出版社　2000. 9　p. 84

敦研 225

黄征　敦煌俗字典　上海教育出版社　2005. 5　p. 2、93、123
黄征　敦煌俗字例釋　敦煌吐魯番研究第八卷　北京大學出版社　2005. 1　p. 251
施萍婷　邰惠莉　敦煌研究院藏敦煌文獻敘錄　敦煌研究文集　甘肅民族出版社　2000. 9　p. 84

敦研 226

施萍婷　邰惠莉　敦煌研究院藏敦煌文獻敘錄　敦煌研究文集　甘肅民族出版社　2000. 9　p. 84

敦研 227

施萍婷　邰惠莉　敦煌研究院藏敦煌文獻敘錄　敦煌研究文集　甘肅民族出版社　2000. 9　p. 84

敦研 228

施萍婷　邰惠莉　敦煌研究院藏敦煌文獻敘錄　敦煌研究文集　甘肅民族出版社　2000. 9　p. 85

敦研 229

施萍婷　邰惠莉　敦煌研究院藏敦煌文獻敘錄　敦煌研究文集　甘肅民族出版社　2000. 9　p. 85

敦研 230

施萍婷　邰惠莉　敦煌研究院藏敦煌文獻敘錄　敦煌研究文集　甘肅民族出版社　2000. 9　p. 85

敦研 231

施萍婷　邰惠莉　敦煌研究院藏敦煌文獻敘錄　敦煌研究文集　甘肅民族出版社　2000. 9　p. 85

敦研 232

黄征　敦煌俗字典　上海教育出版社　2005. 5　p. 16、115
施萍婷　敦煌研究院藏土地廟寫本源自藏經洞　敦煌研究 1999 年第 2 期　p. 45
施萍婷　邰惠莉　敦煌研究院藏敦煌文獻敘錄　敦煌研究文集　甘肅民族出版社　2000. 9　p. 86

敦研 233

施萍婷　邰惠莉　敦煌研究院藏敦煌文獻敘錄　敦煌研究文集　甘肅民族出版社　2000. 9　p. 86

敦研 234

黄征　敦煌俗字典　上海教育出版社　2005. 5　p. 30、65、109
施萍婷　邰惠莉　敦煌研究院藏敦煌文獻敘錄　敦煌研究文集　甘肅民族出版社　2000. 9　p. 86

敦研 235

黄征　敦煌俗字典　上海教育出版社　2005. 5　p. 96、135
施萍婷　邰惠莉　敦煌研究院藏敦煌文獻敘錄　敦煌研究文集　甘肅民族出版社　2000. 9　p. 87

敦研 236

施萍婷　敦煌研究院藏土地廟寫本源自藏經洞　敦煌研究 1999 年第 2 期　p. 45
施萍婷　邰惠莉　敦煌研究院藏敦煌文獻敘錄　敦煌研究文集　甘肅民族出版社　2000. 9　p. 87

敦研 237

黄征　敦煌俗字典　上海教育出版社　2005. 5　p. 354
施萍婷　敦煌研究院藏土地廟寫本源自藏經洞　敦煌研究 1999 年第 2 期　p. 42
施萍婷　邰惠莉　敦煌研究院藏敦煌文獻敘錄　敦煌研究文集　甘肅民族出版社　2000. 9　p. 87

敦研 238

黄征　敦煌俗字典　上海教育出版社　2005. 5　p. 29
黄征　敦煌俗字種類考辨　敦煌學・日本學　上海辭書出版社　2005. 12　p. 121
施萍婷　邰惠莉　敦煌研究院藏敦煌文獻敘錄　敦煌研究文集　甘肅民族出版社　2000. 9　p. 87

敦研 239

黄征　敦煌俗字典　上海教育出版社　2005. 5　p. 39
施萍婷　邰惠莉　敦煌研究院藏敦煌文獻敘錄　敦煌研究文集　甘肅民族出版社　2000. 9　p. 87

敦研 240

施萍婷　邰惠莉　敦煌研究院藏敦煌文獻敘錄　敦煌研究文集　甘肅民族出版社　2000. 9　p. 88

敦研 241

黄征　敦煌俗字典　上海教育出版社　2005. 5　p. 29、52、101
施萍婷　敦煌研究院藏土地廟寫本源自藏經洞　敦煌研究 1999 年第 2 期　p. 42
施萍婷　邰惠莉　敦煌研究院藏敦煌文獻敘錄　敦煌研究文集　甘肅民族出版社　2000. 9　p. 88

敦研 242

黄征　敦煌俗字典　上海教育出版社　2005. 5　p. 9
施萍婷　邰惠莉　敦煌研究院藏敦煌文獻敘錄　敦煌研究文集　甘肅民族出版社　2000. 9　p. 88

敦研 243

施萍婷　邰惠莉　敦煌研究院藏敦煌文獻敘錄　敦煌研究文集　甘肅民族出版社　2000. 9　p. 88

敦研 244

黄征　敦煌俗字典　上海教育出版社　2005. 5　p. 59
施萍婷　敦煌研究院藏土地廟寫本源自藏經洞　敦煌研究 1999 年第 2 期　p. 45
施萍婷　邰惠莉　敦煌研究院藏敦煌文獻敘錄　敦煌研究文集　甘肅民族出版社　2000. 9　p. 89

敦研 245

施萍婷　邰惠莉　敦煌研究院藏敦煌文獻敘錄　敦煌研究文集　甘肅民族出版社　2000. 9　p. 89

敦研 246

施萍婷　邰惠莉　敦煌研究院藏敦煌文獻敘錄　敦煌研究文集　甘肅民族出版社　2000. 9　p. 89

敦研 247

李正宇　土地廟遺書的發現、特點和入藏年代　敦煌研究 1985 年第 3 期　p. 97
施萍婷　邰惠莉　敦煌研究院藏敦煌文獻敘錄　敦煌研究文集　甘肅民族出版社　2000. 9　p. 89

敦研 248

李正宇　土地廟遺書的發現、特點和入藏年代　敦煌研究 1985 年第 3 期　p. 97
施萍婷　邰惠莉　敦煌研究院藏敦煌文獻敘錄　敦煌研究文集　甘肅民族出版社　2000. 9　p. 90

敦研 249

李正宇　土地廟遺書的發現、特點和入藏年代　敦煌研究 1985 年第 3 期　p. 97
施萍婷　邰惠莉　敦煌研究院藏敦煌文獻敘錄　敦煌研究文集　甘肅民族出版社　2000. 9　p. 90

敦研 250

李正宇　土地廟遺書的發現、特點和入藏年代　敦煌研究 1985 年第 3 期　p. 97
施萍婷　邰惠莉　敦煌研究院藏敦煌文獻敘錄　敦煌研究文集　甘肅民族出版社　2000. 9　p. 91

敦研 251

李正宇　土地廟遺書的發現、特點和入藏年代　敦煌研究 1985 年第 3 期　p. 97
施萍婷　邰惠莉　敦煌研究院藏敦煌文獻敘錄　敦煌研究文集　甘肅民族出版社　2000. 9　p. 91

敦研 252

黄征　敦煌俗字典　上海教育出版社　2005. 5　p. 31、135
李正宇　土地廟遺書的發現、特點和入藏年代　敦煌研究 1985 年第 3 期　p. 97

施萍婷　邰惠莉　敦煌研究院藏敦煌文獻敘錄　敦煌研究文集　甘肅民族出版社　2000. 9　p. 91

敦研 253

施萍婷　邰惠莉　敦煌研究院藏敦煌文獻敘錄　敦煌研究文集　甘肅民族出版社　2000. 9　p. 92

敦研 254

黃征　敦煌俗字典　上海教育出版社　2005. 5　p. 47
施萍婷　邰惠莉　敦煌研究院藏敦煌文獻敘錄　敦煌研究文集　甘肅民族出版社　2000. 9　p. 92

敦研 255

荒見泰史　敦煌本夢書雜識　漢語史學報專集(第 3 輯)　上海教育出版社　2003. 5　p. 328
荒見泰史　漢文譬喻經典及其綱要本的作用　佛經文學研究論集　復旦大學出版社　2004. 12　p. 280

施萍婷　新發現《增一阿含經》摘要　敦煌研究文集　甘肅民族出版社　2000. 9　p. 160
施萍婷　邰惠莉　敦煌研究院藏敦煌文獻敘錄　敦煌研究文集　甘肅民族出版社　2000. 9　p. 92
王小盾　從敦煌本共住修道故事看唐代佛教詩歌文體的來源　中國俗文化研究(第 1 輯)　巴蜀書社　2003. 5　p. 21

敦研 256

黃征　敦煌俗字典　上海教育出版社　2005. 5　p. 91、118
施萍婷　邰惠莉　敦煌研究院藏敦煌文獻敘錄　敦煌研究文集　甘肅民族出版社　2000. 9　p. 92

敦研 257

黃征　敦煌俗字例釋　敦煌吐魯番研究第八卷　北京大學出版社　2005. 1　p. 251
黃征　敦煌俗字典　上海教育出版社　2005. 5　p. 7、53、108
施萍婷　邰惠莉　敦煌研究院藏敦煌文獻敘錄　敦煌研究文集　甘肅民族出版社　2000. 9　p. 93

敦研 258

黃征　敦煌俗字典　上海教育出版社　2005. 5　p. 431
施萍婷　邰惠莉　敦煌研究院藏敦煌文獻敘錄　敦煌研究文集　甘肅民族出版社　2000. 9　p. 93

敦研 259

施萍婷　邰惠莉　敦煌研究院藏敦煌文獻敘錄　敦煌研究文集　甘肅民族出版社　2000. 9　p. 93

敦研 260

施萍婷　敦煌研究院藏土地廟寫本源自藏經洞　敦煌研究 1999 年第 2 期　p. 45
施萍婷　邰惠莉　敦煌研究院藏敦煌文獻敘錄　敦煌研究文集　甘肅民族出版社　2000. 9　p. 93

敦研 261

施萍婷　邰惠莉　敦煌研究院藏敦煌文獻敘錄　敦煌研究文集　甘肅民族出版社　2000. 9　p. 94

敦研 262

施萍婷　敦煌研究院藏土地廟寫本源自藏經洞　敦煌研究 1999 年第 2 期　p. 42
施萍婷　邰惠莉　敦煌研究院藏敦煌文獻敘錄　敦煌研究文集　甘肅民族出版社　2000. 9　p. 94

敦研 263

施萍婷　邰惠莉　敦煌研究院藏敦煌文獻敘錄　敦煌研究文集　甘肅民族出版社　2000. 9　p. 94

敦研 264

施萍婷　邰惠莉　敦煌研究院藏敦煌文獻敘錄　敦煌研究文集　甘肅民族出版社　2000. 9　p. 94

敦研 265

施萍婷　邰惠莉　敦煌研究院藏敦煌文獻敘錄　敦煌研究文集　甘肅民族出版社　2000. 9　p. 95

敦研 266

施萍婷　邰惠莉　敦煌研究院藏敦煌文獻敘錄　敦煌研究文集　甘肅民族出版社　2000. 9　p. 95

敦研 267

黃征　敦煌俗字典　上海教育出版社　2005. 5　p. 361
施萍婷　邰惠莉　敦煌研究院藏敦煌文獻敘錄　敦煌研究文集　甘肅民族出版社　2000. 9　p. 95

敦研 268

黃征　敦煌俗字典　上海教育出版社　2005. 5　p. 17、114、134
施萍婷　邰惠莉　敦煌研究院藏敦煌文獻敘錄　敦煌研究文集　甘肅民族出版社　2000. 9　p. 95

敦研 269

韓惠言　甘藏敦煌漢文文獻概況　敦煌學輯刊 2000 年第 2 期(總第 38 期)　p. 69
施萍婷　邰惠莉　敦煌研究院藏敦煌文獻敘錄　敦煌研究文集　甘肅民族出版社　2000. 9　p. 96

敦研 270

黃征　敦煌俗字典　上海教育出版社　2005. 5　p. 29、54、93、118
施萍婷　邰惠莉　敦煌研究院藏敦煌文獻敘錄　敦煌研究文集　甘肅民族出版社　2000. 9　p. 96

敦研 271

施萍婷　邰惠莉　敦煌研究院藏敦煌文獻敘錄　敦煌研究文集　甘肅民族出版社　2000. 9　p. 96

敦研 272

施萍婷　邰惠莉　敦煌研究院藏敦煌文獻敘錄　敦煌研究文集　甘肅民族出版社　2000. 9　p. 96

敦研 273

施萍婷　邰惠莉　敦煌研究院藏敦煌文獻敘錄　敦煌研究文集　甘肅民族出版社　2000. 9　p. 97

敦研 274

施萍婷　敦煌研究院藏土地廟寫本源自藏經洞　敦煌研究 1999 年第 2 期　p. 45
施萍婷　邰惠莉　敦煌研究院藏敦煌文獻敘錄　敦煌研究文集　甘肅民族出版社　2000. 9　p. 97

敦研 275

施萍婷　邰惠莉　敦煌研究院藏敦煌文獻敘錄　敦煌研究文集　甘肅民族出版社　2000. 9　p. 97

敦研 276

黃征　敦煌俗字典　上海教育出版社　2005. 5　p. 43、106
施萍婷　邰惠莉　敦煌研究院藏敦煌文獻敘錄　敦煌研究文集　甘肅民族出版社　2000. 9　p. 97

敦研 277

黃征　敦煌俗字典　上海教育出版社　2005. 5　p. 20、49、92、104
施萍婷　敦煌研究院藏土地廟寫本源自藏經洞　敦煌研究 1999 年第 2 期　p. 41
施萍婷　邰惠莉　敦煌研究院藏敦煌文獻敘錄　敦煌研究文集　甘肅民族出版社　2000. 9　p. 97

敦研 278

施萍婷　邰惠莉　敦煌研究院藏敦煌文獻敘錄　敦煌研究文集　甘肅民族出版社　2000. 9　p. 98

敦研 279

黃征　敦煌俗字典　上海教育出版社　2005. 5　p. 360
施萍婷　邰惠莉　敦煌研究院藏敦煌文獻敘錄　敦煌研究文集　甘肅民族出版社　2000. 9　p. 98

敦研 280

施萍婷　邰惠莉　敦煌研究院藏敦煌文獻敘錄　敦煌研究文集　甘肅民族出版社　2000. 9　p. 98

敦研 281

施萍婷　邰惠莉　敦煌研究院藏敦煌文獻敘錄　敦煌研究文集　甘肅民族出版社　2000. 9　p. 99

敦研 282

施萍婷　敦煌研究院藏土地廟寫本源自藏經洞　敦煌研究 1999 年第 2 期　p. 46
施萍婷　邰惠莉　敦煌研究院藏敦煌文獻敘錄　敦煌研究文集　甘肅民族出版社　2000. 9　p. 99

敦研 283

施萍婷　敦煌研究院藏土地廟寫本源自藏經洞　敦煌研究 1999 年第 2 期　p. 46
施萍婷　邰惠莉　敦煌研究院藏敦煌文獻敘錄　敦煌研究文集　甘肅民族出版社　2000. 9　p. 99

敦研 284

施萍婷　邰惠莉　敦煌研究院藏敦煌文獻敘錄　敦煌研究文集　甘肅民族出版社　2000. 9　p. 99

敦研 285

施萍婷　邰惠莉　敦煌研究院藏敦煌文獻敘錄　敦煌研究文集　甘肅民族出版社　2000. 9　p. 99

敦研 286

施萍婷　敦煌研究院藏土地廟寫本源自藏經洞　敦煌研究 1999 年第 2 期　p. 46
施萍婷　邰惠莉　敦煌研究院藏敦煌文獻敘錄　敦煌研究文集　甘肅民族出版社　2000. 9　p. 100

敦研 287

白化文　晉人抄三國志　敦煌學大辭典　上海辭書出版社　1998. 12　p. 775
池田溫著　盧秀文譯　用鮮明的圖版全面介紹敦煌　敦煌研究 1992 年第 4 期　p. 115
韓惠言　甘藏敦煌漢文文獻概況　敦煌學輯刊 2000 年第 2 期(總第 38 期)　p. 69
李永寧　劉忠貴　《三國志·步騭傳》寫本殘卷考釋　敦煌　甘肅人民出版社　1990. 7　p. 287、247 條目解說
劉濤　敦煌書法庫　敦煌吐魯番研究第二卷　北京大學出版社　1997. 10　p. 405
劉濤　《三國志·吳書·步騭傳》寫本殘卷辨僞　敦煌與絲路文化學術講座(第 2 輯)　北京圖書館出版社　2005. 1　p. 95
劉濤　從書法的角度談古代寫本的辨僞　敦煌學國際研討會論文集　北京圖書館出版社　2005. 3　p. 260
劉忠貴　敦煌寫本《三國志·步騭傳》殘卷考釋　敦煌研究文集　甘肅民族出版社　2000. 9　p. 134
施萍婷　邰惠莉　敦煌研究院藏敦煌文獻敘錄　敦煌研究文集　甘肅民族出版社　2000. 9　p. 100
史葦湘　產生敦煌佛教藝術審美的社會因素　敦煌石窟研究國際討論會文集　遼寧美術出版社　1990. 10　p. 301
楊森　淺談北朝經生體楷筆的演化　社科縱橫 1994 年第 4 期　p. 61
楊森　敦研 0010 號《佛說祝毒經》書法風格——從北朝經生體書法談起　敦煌研究 1995 年第 1 期(總第 43 期)　p. 171
張涌泉　《三國志·步騭傳》非僞卷辨　敦煌研究 2006 年第 1 期(總第 95 期) p. 82
趙聲良　敦煌南北朝寫本的書法藝術　敦煌研究 1991 年第 4 期(總第 29 期)　p. 43
趙聲良　南北朝寫經書法藝術　敦煌書法庫(第 1 輯)　甘肅人民美術出版社　1994. 1　p. 16
趙聲良　早期敦煌寫本書法的時代分期和類型　敦煌書法庫(第 2 輯)　甘肅人民美術出版社　1994. 1　p. 1
趙聲良　晉寫本《三國志·步陟傳》　敦煌書法庫(第 2 輯)　甘肅人民美術出版社　1994. 1　p. 11
趙聲良　早期敦煌寫本書法的分期研究　1994 年敦煌學國際研討會文集(石窟藝術卷)　甘肅民族出版社　2000. 6　p. 258
鄭汝中　敦煌書法管窺　敦煌研究 1991 年第 4 期(總第 29 期)　p. 38
鄭汝中　敦煌書法概述　敦煌書法庫(第 1 輯)　甘肅人民美術出版社　1994. 1　p. 11

敦研 288

施萍婷　邰惠莉　敦煌研究院藏敦煌文獻敘錄　敦煌研究文集　甘肅民族出版社　2000. 9　p. 100

敦研 289

施萍婷　邰惠莉　敦煌研究院藏敦煌文獻敘錄　敦煌研究文集　甘肅民族出版社　2000. 9　p. 101

敦研 290

施萍婷　邰惠莉　敦煌研究院藏敦煌文獻敘錄　敦煌研究文集　甘肅民族出版社　2000. 9　p. 101

敦研 291

施萍婷　邰惠莉　敦煌研究院藏敦煌文獻敘錄　敦煌研究文集　甘肅民族出版社　2000. 9　p. 101

敦研 292

施萍婷　邰惠莉　敦煌研究院藏敦煌文獻敘錄　敦煌研究文集　甘肅民族出版社　2000. 9　p. 101

敦研 293

施萍婷　邰惠莉　敦煌研究院藏敦煌文獻敘錄　敦煌研究文集　甘肅民族出版社　2000. 9　p. 102

敦研 294

方廣錩　觀佛三昧海經　敦煌學大辭典　上海辭書出版社　1998. 12　p. 663
施萍婷　邰惠莉　敦煌研究院藏敦煌文獻敘錄　敦煌研究文集　甘肅民族出版社　2000. 9　p. 102

敦研 295

施萍婷　邰惠莉　敦煌研究院藏敦煌文獻敘錄　敦煌研究文集　甘肅民族出版社　2000. 9　p. 102

敦研 296

施萍婷　敦煌研究院藏土地廟寫本源自藏經洞　敦煌研究 1999 年第 2 期　p. 42
施萍婷　邰惠莉　敦煌研究院藏敦煌文獻敘錄　敦煌研究文集　甘肅民族出版社　2000. 9　p. 102

敦研 297

施萍婷　敦煌研究院藏土地廟寫本源自藏經洞　敦煌研究 1999 年第 2 期　p. 42
施萍婷　邰惠莉　敦煌研究院藏敦煌文獻敘錄　敦煌研究文集　甘肅民族出版社　2000. 9　p. 103

敦研 298

陳國燦　王修智請賣胡奴市券案記　敦煌學大辭典　上海辭書出版社　1998. 12　p. 416
程喜霖　公驗　敦煌學大辭典　上海辭書出版社　1998. 12　p. 387
池田温　中國古代籍帳研究　東京大學東洋文化研究所　1979. 3　p. 490
韓惠言　甘藏敦煌漢文文獻概況　敦煌學輯刊 2000 年第 2 期(總第 38 期)　p. 70
李明偉　隋唐絲綢之路——中世紀的中國西北社會與文明　甘肅人民出版社　1994. 10　p. 48、147
李明偉　絲綢之路貿易史　甘肅人民出版社　1997. 3　p. 217、321
李天石　敦煌所出賣身、典身契約年代考　敦煌學輯刊 1998 年第 1 期(總第 33 期)　p. 25
沙知　敦煌契約文書輯校　江蘇古籍出版社　1998. 1　p. 72
施萍婷　從一件奴婢買賣文書看唐代階級壓迫　文物 1972 年第 12 期　p. 69
施萍婷　邰惠莉　敦煌研究院藏敦煌文獻敘錄　敦煌研究文集　甘肅民族出版社　2000. 9　p. 103
王震亞　趙熒　敦煌殘卷爭訟文牒集釋　甘肅人民出版社　1993. 7　p. 1
楊惠玲　敦煌契約文書中的保人、見人、口承人、同便人、同取人　敦煌研究 2002 年第 6 期(總第 76 期)　p. 40
楊際平　元代買賣手續——從敦煌研究院藏元祐三年永昌稅使司文書談起　敦煌研究 1990 年第 4 期　p. 65
張涌泉　敦煌故里對敦煌學的新奉獻　敦煌研究 2001 年第 1 期(總第 67 期)　p. 184

敦研 299

程喜霖　公驗　敦煌學大辭典　上海辭書出版社　1998. 12　p. 387
韓惠言　甘藏敦煌漢文文獻概況　敦煌學輯刊 2000 年第 2 期(總第 38 期)　p. 70
李天石　敦煌所出賣身、典身契約年代考　敦煌學輯刊 1998 年第 1 期(總第 33 期)　p. 25
沙知　敦煌契約文書輯校　江蘇古籍出版社　1998. 1　p. 72
施萍婷　本所藏敦煌唐代奴婢買賣文書介紹　敦煌研究文集　甘肅民族出版社　2000. 9　p. 277
施萍婷　延祐三年奴婢買賣文書跋　敦煌研究文集　甘肅民族出版社　2000. 9　p. 277
施萍婷　邰惠莉　敦煌研究院藏敦煌文獻敘錄　敦煌研究文集　甘肅民族出版社　2000. 9　p. 104
楊惠玲　敦煌契約文書中的保人、見人、口承人、同便人、同取人　敦煌研究 2002 年第 6 期(總第 76 期)　p. 40
楊際平　元代買賣奴婢手續——从敦煌研究院藏延祐三年永昌稅吏司文書談起　敦煌研究文集　甘肅民族出版社　2000. 9　p. 555
張涌泉　敦煌故里對敦煌學的新奉獻　敦煌研究 2001 年第 1 期(總第 67 期)　p. 184

敦研 300

施萍婷　邰惠莉　敦煌研究院藏敦煌文獻敘錄　敦煌研究文集　甘肅民族出版社　2000. 9　p. 104

敦研 301

黃征　敦煌俗字例釋　敦煌吐魯番研究第八卷　北京大學出版社　2005. 1　p. 250
黃征　敦煌俗字典　上海教育出版社　2005. 5　p. 1、21、49、62
施萍婷　邰惠莉　敦煌研究院藏敦煌文獻敘錄　敦煌研究文集　甘肅民族出版社　2000. 9　p. 104

敦研 302

黃征　敦煌俗字典　上海教育出版社　2005. 5　p. 364
施萍婷　邰惠莉　敦煌研究院藏敦煌文獻敘錄　敦煌研究文集　甘肅民族出版社　2000. 9　p. 104

敦研 303

施萍婷　邰惠莉　敦煌研究院藏敦煌文獻敘錄　敦煌研究文集　甘肅民族出版社　2000. 9　p. 105

敦研 304

施萍婷　邰惠莉　敦煌研究院藏敦煌文獻敘錄　敦煌研究文集　甘肅民族出版社　2000. 9　p. 105

敦研 305

施萍婷　敦煌研究院藏土地廟寫本源自藏經洞　敦煌研究 1999 年第 2 期　p. 46
施萍婷　邰惠莉　敦煌研究院藏敦煌文獻敘錄　敦煌研究文集　甘肅民族出版社　2000. 9　p. 105

敦研 306

黃征　敦煌俗字典　上海教育出版社　2005. 5　p. 7、60
施萍婷　邰惠莉　敦煌研究院藏敦煌文獻敘錄　敦煌研究文集　甘肅民族出版社　2000. 9　p. 105

敦研 307

施萍婷　邰惠莉　敦煌研究院藏敦煌文獻敘錄　敦煌研究文集　甘肅民族出版社　2000. 9　p. 106

敦研 308

施萍婷　邰惠莉　敦煌研究院藏敦煌文獻敘錄　敦煌研究文集　甘肅民族出版社　2000. 9　p. 106

敦研 309

黄征　敦煌俗字典　上海教育出版社　2005. 5　p. 12、49、86、109、129
黄征　敦煌俗字種類考辨　敦煌學・日本學　上海辭書出版社　2005. 12　p. 117
施萍婷　邰惠莉　敦煌研究院藏敦煌文獻敘錄　敦煌研究文集　甘肅民族出版社　2000. 9　p. 106

敦研 310

施萍婷　敦煌研究院藏土地廟寫本源自藏經洞　敦煌研究 1999 年第 2 期　p. 45
施萍婷　邰惠莉　敦煌研究院藏敦煌文獻敘錄　敦煌研究文集　甘肅民族出版社　2000. 9　p. 107

敦研 311

黄征　敦煌俗字典　上海教育出版社　2005. 5　p. 23、45、70、109、118
黄征　敦煌俗字種類考辨　敦煌學・日本學　上海辭書出版社　2005. 12　p. 118
施萍婷　邰惠莉　敦煌研究院藏敦煌文獻敘錄　敦煌研究文集　甘肅民族出版社　2000. 9　p. 107

敦研 312

黄征　敦煌俗字典　上海教育出版社　2005. 5　p. 24、38
施萍婷　邰惠莉　敦煌研究院藏敦煌文獻敘錄　敦煌研究文集　甘肅民族出版社　2000. 9　p. 107

敦研 313

黄征　敦煌俗字典　上海教育出版社　2005. 5　p. 39、108
施萍婷　邰惠莉　敦煌研究院藏敦煌文獻敘錄　敦煌研究文集　甘肅民族出版社　2000. 9　p. 107

敦研 314

馬德　辛普德搜集敦煌寫經殘片内容辨識　敦煌研究 2004 年第 5 期　p. 71
施萍婷　邰惠莉　敦煌研究院藏敦煌文獻敘錄　敦煌研究文集　甘肅民族出版社　2000. 9　p. 108

敦研 315

施萍婷　邰惠莉　敦煌研究院藏敦煌文獻敘錄　敦煌研究文集　甘肅民族出版社　2000. 9　p. 108

敦研 316

施萍婷　邰惠莉　敦煌研究院藏敦煌文獻敘錄　敦煌研究文集　甘肅民族出版社　2000. 9　p. 108

敦研 317

施萍婷　邰惠莉　敦煌研究院藏敦煌文獻敘錄　敦煌研究文集　甘肅民族出版社　2000. 9　p. 108

敦研 318

施萍婷　邰惠莉　敦煌研究院藏敦煌文獻敘錄　敦煌研究文集　甘肅民族出版社　2000. 9　p. 109

敦研 319

施萍婷　邰惠莉　敦煌研究院藏敦煌文獻敘錄　敦煌研究文集　甘肅民族出版社　2000. 9　p. 109

敦研 320

黄征　敦煌俗字典　上海教育出版社　2005. 5　p. 48、92
施萍婷　邰惠莉　敦煌研究院藏敦煌文獻敘錄　敦煌研究文集　甘肅民族出版社　2000. 9　p. 109
趙聲良　南北朝寫經書法藝術　敦煌書法庫(第 1 輯)　甘肅人民美術出版社　1994. 1　p. 21
趙聲良　早期敦煌寫本書法的時代分期和類型　敦煌書法庫(第 2 輯)　甘肅人民美術出版社　1994. 1　p. 1

敦研 321

施萍婷　敦煌研究院藏土地廟寫本源自藏經洞　敦煌研究 1999 年第 2 期　p. 42
施萍婷　邰惠莉　敦煌研究院藏敦煌文獻敘錄　敦煌研究文集　甘肅民族出版社　2000. 9　p. 109

敦研 322

川口久雄　敦煌窟龕造成資料ノ一ト續昭　東洋研究所二十周年紀念論文集　1982. 2　p. 39－83
段文傑　唐代後期的莫高窟藝術　中國石窟・敦煌莫高窟　文物出版社　1987. 3　p. 167 注 19
段文傑　莫高窟晚期的藝術　中國石窟・敦煌莫高窟　文物出版社　1987. 9　p. 161 注 1
韓惠言　甘藏敦煌漢文文獻概況　敦煌學輯刊 2000 年第 2 期(總第 38 期)　p. 70
郝春文　隋唐五代宋初佛社與寺院的關係　敦煌學輯刊 1990 年第 1 期　p. 17
賀世哲　敦煌莫高窟供養人題記校勘　中國史研究 1980 年第 3 期　p. 36 注 9
賀世哲　從供養人題記看莫高窟部分洞窟的營建年代　敦煌莫高窟供養人題記　文物出版社　1986. 12　p. 208、215
賀世哲　孫修身　瓜沙曹氏與敦煌莫高窟　敦煌研究文集　甘肅民族出版社　1982. 3　p. 239 注 11
姜伯勤　敦煌寺院文書中"梁戶"的性質　中國史研究 1980 年第 3 期　p.　注 9
金維諾　敦煌窟龕名數考　文物 1959 年第 5 期　p. 54
金維諾　敦煌窟龕名數考補　敦煌研究文集　甘肅民族出版社　2000. 9　p. 336
李正宇　道真　敦煌學大辭典　上海辭書出版社　1998. 12　p. 365
馬德　吳和尚・吳和尚窟・吳家窟——臘八燃燈分配窟龕名數叢識之一　敦煌研究 1987 年第 3 期　p. 61
馬德　靈圖寺・靈圖寺窟及其他——臘八燃燈分配窟龕名數叢識之二　敦煌研究 1989 年第 2 期　p. 1
馬德　都僧統之"家窟"及其營建——臘八燃燈分配窟龕名數叢識之三　敦煌研究 1989 年第 4 期　p. 54
馬德　曹氏三大窟營建的社會背景　敦煌研究 1991 年第 1 期　p.　注 3、注 6
馬德　尚書曹仁貴史事鉤沈　敦煌學輯刊 1998 年第 2 期　p.　注 11
馬德　《乘恩貼》述略　敦煌研究 1992 年第 1 期　p. 24 注 3
馬德　論莫高窟佛教的社會性　敦煌佛教文獻研究　敦煌研究院文獻研究所　1993. 1　p. 15
馬德　敦煌遺書莫高窟營建史料淺論　敦煌學國際研討會文集(石窟考古編)　遼寧美術出版社　1995. 7　p. 139
馬德　莫高窟張都衙窟及有關問題　敦煌研究 1996 年第 2 期(總第 48 期)　p. 30

馬德　敦煌工匠與敦煌石窟　段文傑敦煌研究五十年紀念文集　世界圖書出版公司　1996. 8　p. 129
馬德　敦煌莫高窟史研究　甘肅教育出版社　1996. 12　p. 146
馬德　九、十世紀敦煌工匠史料述論　慶祝潘石禪先生九秩華誕敦煌學特刊　文津出版社　1996. 12　p. 320
馬德　10 世紀中期的莫高窟崖面概觀　敦煌研究文集　甘肅民族出版社　2000. 9　p. 350
榮新江　沙州歸義軍歷任節度使稱號研究　敦煌吐魯番學研究論文集　漢語大詞典出版社　1990. 6　p. 784
沙武田　莫高窟“天王堂”質疑　敦煌研究 2004 年第 2 期(總第 84 期)　p. 24
沙武田　藏經洞史話　民族出版社　2004. 5　p. 3
施萍婷　三界寺・道真・敦煌藏經　敦煌學國際研討會文集　遼寧美術出版社　1995. 7　p. 179
施萍婷　敦煌遺書編目雜記一則　敦煌研究文集　甘肅民族出版社　2000. 9　p. 362
施萍婷　邰惠莉　敦煌研究院藏敦煌文獻敘錄　敦煌研究文集　甘肅民族出版社　2000. 9　p. 110
孫修身　敦煌石窟《臘八燃燈分配窟龕名數》寫作時代考　絲路訪古　甘肅人民出版社　1983. 4　p. 209
譚嬋雪　敦煌歲時掇瑣　九州學刊第 5 卷第 4 期　九州學刊雜誌社　1993. 6　p. 106
譚嬋雪　敦煌歲時文化導論　(臺北)新文豐出版公司　1998. 12　p. 371
譚嬋雪　臘八燃燈　敦煌學大辭典　上海辭書出版社　1998. 12　p. 436
譚蟬雪　唐宋敦煌歲時佛俗——八月至十二月　敦煌研究 2001 年第 2 期(總第 68 期)　p. 76
唐耕耦　陸宏基　敦煌社會經濟文獻真迹釋錄第一輯　書目文獻出版社　1986. 11　p. 393
土肥義和　莫高窟千佛洞と大寺と蘭若と　講座敦煌(3)　(東京)大東出版社　1980. 8　p. 351
吳曼公　敦煌石窟臘八燃燈分配窟龕名數　敦煌研究文集　甘肅民族出版社　2000. 9　p. 320
謝重光　敦煌石窟臘八燃燈分配窟龕名數　敦煌學大辭典　上海辭書出版社　1998. 12　p. 644
徐俊　敦煌詩集殘卷輯考　中華書局　2000. 6　p. 114
楊森　跋《子年三月五日計料海濟受戒衣缽具色一一如後》帳及卷背《釋門教授帖》文書　敦煌研究 1998 年第 4 期(總第 58 期)　p. 102
袁德領　歸義軍時期莫高窟與敦煌寺院的關係　敦煌研究 2000 年第 3 期(總第 65 期)　p. 174
湛如　跋上博藏敦煌平康鄉百姓索鐵子牒　段文傑敦煌研究五十年紀念文集　世界圖書出版公司　1996. 8　p. 108
湛如　論敦煌佛寺禪窟蘭若得組織及其他　段文傑敦煌研究五十年紀念文集　世界圖書出版公司　1996. 8　p. 108
湛如　敦煌佛教律儀制度研究　中華書局　2003. 8　p. 78
鄭炳林　敦煌碑銘贊輯釋　甘肅教育出版社　1992. 7　p. 56 注 1、66 注 7
鄭炳林　《梁幸德邈真贊》與梁願清《莫高窟功德記》　敦煌吐魯番文獻研究　蘭州大學出版社　1995. 8　p. 266
鄭炳林　讀敦煌文書伯 2859《後唐清泰三年六月沙州儭司教授福集等狀》劄記　敦煌吐魯番文獻研究　蘭州大學出版社　1995. 8　p. 610

敦研 322V

施萍婷　大般若波羅蜜多經　敦煌　甘肅人民出版社　1990. 7　p. 291、286 條目解說、264 圖版

敦研 323

薄小瑩　敦煌遺書漢文紀年卷編年　長春出版社　1990. 3　p. 4
施萍婷　邰惠莉　敦煌研究院藏敦煌文獻敘錄　敦煌研究文集　甘肅民族出版社　2000. 9　p. 111
楊森　淺談北朝經生體楷筆的演化　社科縱橫 1994 年第 4 期　p. 61
張涌泉　敦煌卷子辨僞研究——基於字形分析角度的考察　文史 2003 年第 4 輯　p. 223
趙聲良　南北朝寫經書法藝術　敦煌書法庫(第 1 輯)　甘肅人民美術出版社　1994. 1　p. 21
鄭汝中　南齊寫本《金剛般若波羅蜜經》　敦煌書法庫(第 2 輯)　甘肅人民美術出版社　1994. 1　p. 103

敦研 324

林聰明　談敦煌文書的抄寫問題　紀念陳寅恪先生誕辰百年學術論文集　江西教育出版社　1989. 12　p. 293
林聰明　敦煌吐魯番文書解詁指例　(臺北)新文豐出版公司　2001. 6　p. 166
施萍婷　妙法蓮華經卷第七　敦煌　甘肅人民出版社　1990. 7　p. 288、263 條目解說、244 圖版
施萍婷　邰惠莉　敦煌研究院藏敦煌文獻敘錄　敦煌研究文集　甘肅民族出版社　2000. 9　p. 111

敦研 325

施萍婷　邰惠莉　敦煌研究院藏敦煌文獻敘錄　敦煌研究文集　甘肅民族出版社　2000. 9　p. 112

敦研 326

林聰明　談敦煌文書的抄寫問題　紀念陳寅恪先生誕辰百年學術論文集　江西教育出版社　1989. 12　p. 297
林聰明　敦煌吐魯番文書解詁指例　(臺北)新文豐出版公司　2001. 6　p. 48
施萍婷　邰惠莉　敦煌研究院藏敦煌文獻敘錄　敦煌研究文集　甘肅民族出版社　2000. 9　p. 112

敦研 327

施萍婷　邰惠莉　敦煌研究院藏敦煌文獻敘錄　敦煌研究文集　甘肅民族出版社　2000. 9　p. 113

敦研 328

李永寧　敦煌文物研究所藏《說苑・反質篇》殘卷校勘　敦煌研究文集　甘肅民族出版社　2000. 9　p. 226
劉勝角　古代楷書發展史　中國戲劇出版社　2002. 5　p. 302
施萍婷　說苑・反質第二十　敦煌　甘肅人民出版社　1990. 7　p. 264、265 條目解說、246 圖版
施萍婷　邰惠莉　敦煌研究院藏敦煌文獻敘錄　敦煌研究文集　甘肅民族出版社　2000. 9　p. 113
王利器　敦煌寫本《說苑・反質篇》殘卷校記跋尾　敦煌研究文集　甘肅民族出版社　2000. 9　p. 223
王素　敦煌吐魯番文獻　文物出版社　2002. 4　p. 143
趙聲良　唐寫本《說苑・反質篇》　敦煌書法庫(第 4 輯)　甘肅人民美術出版社　1994. 1　p. 62
鄭汝中　唐代書法藝術與敦煌寫卷　敦煌書法庫(第 4 輯)　甘肅人民美術出版社　1994. 1　p. 11

敦研 329

施萍婷　邰惠莉　敦煌研究院藏敦煌文獻敘錄　敦煌研究文集　甘肅民族出版社　2000. 9　p. 114

張涌泉　敦煌卷子辨僞研究——基於字形分析角度的考察　文史 2003 年第 4 輯　p. 223

敦研 330

施萍婷　邰惠莉　敦煌研究院藏敦煌文獻敘錄　敦煌研究文集　甘肅民族出版社　2000. 9　p. 114
張涌泉　敦煌卷子辨僞研究——基於字形分析角度的考察　文史 2003 年第 4 輯　p. 223

敦研 331

施萍婷　邰惠莉　敦煌研究院藏敦煌文獻敘錄　敦煌研究文集　甘肅民族出版社　2000. 9　p. 114
張涌泉　敦煌卷子辨僞研究——基於字形分析角度的考察　文史 2003 年第 4 輯　p. 223

敦研 332

施萍婷　邰惠莉　敦煌研究院藏敦煌文獻敘錄　敦煌研究文集　甘肅民族出版社　2000. 9　p. 114

敦研 333

施萍婷　邰惠莉　敦煌研究院藏敦煌文獻敘錄　敦煌研究文集　甘肅民族出版社　2000. 9　p. 115

敦研 334

施萍婷　邰惠莉　敦煌研究院藏敦煌文獻敘錄　敦煌研究文集　甘肅民族出版社　2000. 9　p. 116

敦研 335

施萍婷　邰惠莉　敦煌研究院藏敦煌文獻敘錄　敦煌研究文集　甘肅民族出版社　2000. 9　p. 116

敦研 336

劉勝角　古代楷書發展史　中國戲劇出版社　2002. 5　p. 308
施萍婷　佛說大藥善巧方便經卷上　敦煌　甘肅人民出版社　1990. 7　p. 289 條目解說、248 圖版
施萍婷　邰惠莉　敦煌研究院藏敦煌文獻敘錄　敦煌研究文集　甘肅民族出版社　2000. 9　p. 116
楊森　敦煌遺書《佛說大藥善巧方便經・卷上》劄記　敦煌研究 1989 年第 4 期(總第 21 期)　p. 108
楊森　唐寫本《佛說大藥善巧方便經卷上》　敦煌書法庫(第 3 輯)　甘肅人民美術出版社　1994. 1　p. 159
張鴻勳　敦煌遺書中的中印、中日文學因緣——讀敦煌遺書劄記　敦煌學輯刊 1998 年第 1 期　p. 47
趙聲良　佛說大藥善巧方便經卷上　敦煌學大辭典　上海辭書出版社　1998. 12　p. 284
鄭汝中　唐代書法藝術與敦煌寫卷　敦煌研究 1996 年第 2 期(總第 48 期)　p. 127
周丕顯　敦煌文獻研究　甘肅文化出版社　1995. 6　p. 19

敦研 337

施萍婷　邰惠莉　敦煌研究院藏敦煌文獻敘錄　敦煌研究文集　甘肅民族出版社　2000. 9　p. 117

敦研 338

施萍婷　邰惠莉　敦煌研究院藏敦煌文獻敘錄　敦煌研究文集　甘肅民族出版社　2000. 9　p. 117

敦研 339

施萍婷　邰惠莉　敦煌研究院藏敦煌文獻敘錄　敦煌研究文集　甘肅民族出版社　2000. 9　p. 117

敦研 340

榮新江　驚沙撼大漠——向達的敦煌考察及其學術意義　敦煌吐魯番研究第七卷　北京大學出版社　2002.8　p.112

施安昌　唐武周時期的刻經與敦煌寫經　善本碑帖論集　紫禁城出版社　2002.2　p.119

施萍婷　采華違王上佛授決號妙華經　敦煌　甘肅人民出版社　1990.7　p.289、269 條目解說、248 圖版

施萍婷　邰惠莉　敦煌研究院藏敦煌文獻敘錄　敦煌研究文集　甘肅民族出版社　2000.9　p.119

敦研 341

白化文　倪平　唐代的告身　文物 1977 年第 11 期　p.79

大庭修　唐告身の古文書學の研究　西域文化研究第三　日本法藏館　1960.3　p.279－298

韓惠言　甘藏敦煌漢文文獻概況　敦煌學輯刊 2000 年第 2 期(總第 38 期)　p.70

菊池英夫　西域出土文書中の唐代軍制史料管見　史學雜誌(70－12)　(東京)山川出版社　1961.12　p.85－86

施萍婷　邰惠莉　敦煌研究院藏敦煌文獻敘錄　敦煌研究文集　甘肅民族出版社　2000.9　p.119

史葦湘　絲綢之路上的敦煌與莫高窟　敦煌研究文集　甘肅民族出版社　1982.3　p.62

王三慶　敦煌研究院藏品張大千先生題署的《景雲二年張君義告身》　敦煌學第 18 輯　1992.3　p.97

王三慶　《般若波羅蜜多心經》注本價值試論——敦煌塔出土文物之一　敦煌學國際研討會文集　遼寧美術出版社　1995.7　p.473 注 1

朱雷　跋敦煌所出《唐景雲二年張君義勳告》　敦煌研究文集　甘肅民族出版社　2000.9　p.257

朱雷　敦煌研究院藏《唐景雲二年張君義勳告》真僞辨　2000 年敦煌學國際學術討論會文集　甘肅民族出版社　2003.9　p.257

敦研 342

施萍婷　邰惠莉　敦煌研究院藏敦煌文獻敘錄　敦煌研究文集　甘肅民族出版社　2000.9　p.120

敦研 343

李小榮　敦煌密教文獻論稿　人民文學出版社　2003.7　p.26

施萍婷　皇興二年發願文　敦煌　甘肅人民出版社　1990.7　p.288、260 條目解說、243 圖版

施萍婷　邰惠莉　敦煌研究院藏敦煌文獻敘錄　敦煌研究文集　甘肅民族出版社　2000.9　p.120

譚嬋雪　敦煌歲時掇瑣　九州學刊第 5 卷第 4 期　九州學刊雜誌社　1993.6　p.95

譚嬋雪　敦煌歲時文化導論　(臺北)新文豐出版公司　1998.12　p.150

譚蟬雪　唐宋敦煌歲時佛俗　敦煌研究 2001 年第 1 期(總第 67 期)　p.99

楊森　淺談北朝經生體楷筆的演化　社科縱橫 1994 年第 4 期　p.59

楊森　敦研 0010 號《佛說祝毒經》書法風格——從北朝經生體書法談起　敦煌研究 1995 年第 1 期(總第 43 期)　p.169

趙聲良　早期敦煌寫本書法的時代分期和類型　敦煌書法庫(第 2 輯)　甘肅人民美術出版社　1994.1　p.3

趙聲良　早期敦煌寫本書法的分期研究　1994 年敦煌學國際研討會文集(石窟藝術卷)　甘肅民族出版社　2000.6　p.263

鄭汝中　敦煌書法管窺　敦煌研究 1991 年第 4 期(總第 29 期)　p. 38
鄭汝中　敦煌書法概述　敦煌書法庫(第 1 輯)　甘肅人民美術出版社　1994. 1　p. 11

敦研 344

施萍婷　邰惠莉　敦煌研究院藏敦煌文獻敘錄　敦煌研究文集　甘肅民族出版社　2000. 9　p. 120

敦研 345

池田温　中國古代寫本識語集錄　(東京)大藏出版株式會社　1990. 3　p. 556
方廣錩　敦煌佛教經錄輯校(下)　江蘇古籍出版社　1997. 8　p. 910 – 921
黃征　吳偉　敦煌願文集　岳麓書社　1995. 11　p. 925
李正宇　敦煌遺書宋人詩輯校　敦煌研究 1992 年第 2 期　p. 39
李正宇　道真　敦煌學大辭典　上海辭書出版社　1998. 12　p. 365
林聰明　敦煌吐魯番文書解詁指例　(臺北)新文豐出版公司　2001. 6　p. 177
榮新江　沙州歸義軍歷任節度使稱號研究　敦煌吐魯番學研究論文集　漢語大詞典出版社　1990. 6　p. 794
榮新江　敦煌藏經洞的性質及其封閉原因　敦煌吐魯番研究第二卷　北京大學出版社　1997. 10　p. 32
榮新江　敦煌學十八講　北京大學出版社　2001. 8　p. 84
施萍婷　三界寺藏內經論目錄　敦煌　甘肅人民出版社　1990. 7　p. 291、284 條目解說、262 圖版
施萍婷　三界寺・道真・敦煌藏經　敦煌學國際研討會文集　遼寧美術出版社　1995. 7　p. 179
施萍婷　邰惠莉　敦煌研究院藏敦煌文獻敘錄　敦煌研究文集　甘肅民族出版社　2000. 9　p. 121
徐俊　敦煌詩集殘卷輯考　中華書局　2000. 6　p. 114
鄭炳林　伯 2641 號背莫高窟再修功德記撰寫人探微　敦煌學輯刊 1991 年第 2 期(總第 20 期)　p. 52

敦研 346

李小榮　敦煌密教文獻論稿　人民文學出版社　2003. 7　p. 11
施萍婷　邰惠莉　敦煌研究院藏敦煌文獻敘錄　敦煌研究文集　甘肅民族出版社　2000. 9　p. 121

敦研 347

施萍婷　邰惠莉　敦煌研究院藏敦煌文獻敘錄　敦煌研究文集　甘肅民族出版社　2000. 9　p. 122

敦研 348

施萍婷　邰惠莉　敦煌研究院藏敦煌文獻敘錄　敦煌研究文集　甘肅民族出版社　2000. 9　p. 122

敦研 349

方廣錩　見一切入藏目錄　敦煌學大辭典　上海辭書出版社　1998. 12　p. 757
施萍婷　邰惠莉　敦煌研究院藏敦煌文獻敘錄　敦煌研究文集　甘肅民族出版社　2000. 9　p. 122
鄭炳林　敦煌寫本《張議潮處置涼州進表》拼接綴合與歸義軍對涼州的管理　國際敦煌學學術史研討會論文集　北京理工大學出版社　2002. 8　p. 185

敦研 350

施萍婷　邰惠莉　敦煌研究院藏敦煌文獻敘錄　敦煌研究文集　甘肅民族出版社　2000. 9　p. 122

敦研 351

施萍婷　邰惠莉　敦煌研究院藏敦煌文獻敘錄　敦煌研究文集　甘肅民族出版社　2000. 9　p. 123

敦研 352

施萍婷　邰惠莉　敦煌研究院藏敦煌文獻敘錄　敦煌研究文集　甘肅民族出版社　2000. 9　p. 123
張涌泉　敦煌卷子辨僞研究——基於字形分析角度的考察　文史 2003 年第 4 輯　p. 235

敦研 352V

王卡　敦煌道教文獻研究　中國社會科學出版社　2004. 1　p. 252
張涌泉　敦煌卷子辨僞研究——基於字形分析角度的考察　文史 2003 年第 4 輯　p. 235
周西波　敦研 352V"道經"考論　敦煌學國際研討會論文集　北京圖書館出版社　2005. 3　p. 141

敦研 353

施萍婷　敦煌研究院藏土地廟寫本源自藏經洞　敦煌研究 1999 年第 2 期　p. 45
施萍婷　邰惠莉　敦煌研究院藏敦煌文獻敘錄　敦煌研究文集　甘肅民族出版社　2000. 9　p. 123

敦研 354

施萍婷　邰惠莉　敦煌研究院藏敦煌文獻敘錄　敦煌研究文集　甘肅民族出版社　2000. 9　p. 124

敦研 355

施萍婷　邰惠莉　敦煌研究院藏敦煌文獻敘錄　敦煌研究文集　甘肅民族出版社　2000. 9　p. 124

敦研 356

李春遠　關於敦煌遺書的書法化趨向　敦煌學輯刊 2002 年第 1 期(總第 41 期)　p. 62
李永甯　本所藏《文選・運命論》殘卷介紹　敦煌研究文集　甘肅民族出版社　2000. 9　p. 211
李永甯　敦煌文物研究所藏《說苑・反質篇》殘卷校勘　敦煌研究文集　甘肅民族出版社　2000. 9　p. 226
李永甯　程亮　王重民敦煌遺書手稿整理　敦煌研究 2004 年第 5 期　p. 70
饒宗頤　敦煌吐魯番本文選　中華書局　2000. 5　p. 80 圖版
榮新江　驚沙撼大漠——向達的敦煌考察及其學術意義　國際敦煌學學術史研討會論文集　北京理工大學出版社　2002. 8　p. 75
施萍婷　邰惠莉　敦煌研究院藏敦煌文獻敘錄　敦煌研究文集　甘肅民族出版社　2000. 9　p. 124
徐俊　敦煌吐魯番本文選　敦煌吐魯番研究第五卷　北京大學出版社　2000. 5　p. 371
徐俊　敦煌本《文選》拾補　《文選》與"文選學"　學苑出版社　2003. 5　p. 661
遊志誠　敦煌古抄本文選五臣注研究　全國敦煌學研討會論文集　(臺灣)中正大學中國文學系　1995. 4　p. 150
趙聲良　唐寫本《文選・運命論》　敦煌書法庫(第 4 輯)　甘肅人民美術出版社　1994. 1　p. 16
趙聲良　敦煌寫卷書法(下)　文史知識 1997 第 5 期　p. 85

敦研 357

施萍婷　邰惠莉　敦煌研究院藏敦煌文獻敘錄　敦煌研究文集　甘肅民族出版社　2000. 9　p. 124

張涌泉　敦煌故里對敦煌學的新奉獻　敦煌研究 2001 年第 1 期(總第 67 期)　p. 183

敦研 358

黃征　敦煌俗字典　上海教育出版社　2005. 5　p. 76
施萍婷　邰惠莉　敦煌研究院藏敦煌文獻敘錄　敦煌研究文集　甘肅民族出版社　2000. 9　p. 125

敦研 359

黃征　敦煌俗字典　上海教育出版社　2005. 5　p. 116
施萍婷　邰惠莉　敦煌研究院藏敦煌文獻敘錄　敦煌研究文集　甘肅民族出版社　2000. 9　p. 125

敦研 360

施萍婷　邰惠莉　敦煌研究院藏敦煌文獻敘錄　敦煌研究文集　甘肅民族出版社　2000. 9　p. 125

敦研 361

黃征　敦煌俗字典　上海教育出版社　2005. 5　p. 29、43、94、124
黃征　敦煌俗字種類考辨　敦煌學・日本學　上海辭書出版社　2005. 12　p. 121
施萍婷　邰惠莉　敦煌研究院藏敦煌文獻敘錄　敦煌研究文集　甘肅民族出版社　2000. 9　p. 125

敦研 362

施萍婷　邰惠莉　敦煌研究院藏敦煌文獻敘錄　敦煌研究文集　甘肅民族出版社　2000. 9　p. 125

敦研 363

薄小瑩　敦煌遺書漢文紀年卷編年　長春出版社　1990. 3　p. 28
施萍婷　邰惠莉　敦煌研究院藏敦煌文獻敘錄　敦煌研究文集　甘肅民族出版社　2000. 9　p. 126

敦研 364

施萍婷　邰惠莉　敦煌研究院藏敦煌文獻敘錄　敦煌研究文集　甘肅民族出版社　2000. 9　p. 126

敦研 364V

林聰明　談敦煌文書的抄寫問題　紀念陳寅恪先生誕辰百年學術論文集　江西教育出版社　1989. 12　p. 296

敦研 365

黃征　敦煌俗字典　上海教育出版社　2005. 5　p. 7、40、89、129
施萍婷　邰惠莉　敦煌研究院藏敦煌文獻敘錄　敦煌研究文集　甘肅民族出版社　2000. 9　p. 126

敦研 366

韓惠言　甘藏敦煌漢文文獻概況　敦煌學輯刊 2000 年第 2 期(總第 38 期)　p. 69
林聰明　敦煌吐魯番文書解詁指例　(臺北)新文豐出版公司　2001. 6　p. 128
施萍婷　邰惠莉　敦煌研究院藏敦煌文獻敘錄　敦煌研究文集　甘肅民族出版社　2000. 9　p. 127
史葦湘　產生敦煌佛教藝術審美的社會因素　1987 年敦煌石窟研究國際討論會文集(石窟藝術編)　遼寧美術出版社　1990. 10　p. 301、326

徐俊　敦煌本《文選》拾補　《文選》與"文選學"　學苑出版社　2003.5　p.661
張鴻勳　敦煌遺書中的中印中日文學因緣　1994 年敦煌學國際研討會文集(宗教文史卷上)　甘肅民族出版社　2000.6　p.188

敦研 367

白化文　敦煌漢文遺書中雕版印刷資料綜述　中國敦煌吐魯番學會研究通訊 1987 年第 2 期　p.30
白化文　經折裝　敦煌學大辭典　上海辭書出版社　1998.12　p.592
施萍婷　邰惠莉　敦煌研究院藏敦煌文獻敘錄　敦煌研究文集　甘肅民族出版社　2000.9　p.127
邰惠莉　甘肅藏非敦煌文獻的真僞、來源及相關問題　敦煌學輯刊 2000 年第 2 期(總第 38 期)　p.73

敦研 368

饒宗頤　敦煌所出北魏寫本《國語・周語》舊注殘葉跋　敦煌研究文集　甘肅民族出版社　2000.9　p.143
施萍婷　邰惠莉　敦煌研究院藏敦煌文獻敘錄　敦煌研究文集　甘肅民族出版社　2000.9　p.127
譚嬋雪　青山慶示所捐敦煌文獻及三件校釋　敦煌研究 1999 年第 2 期(總第 60 期)　p.47

敦研 368V

鄧文寬　敦煌本北魏曆書與中國古代月蝕預報　敦煌研究文集　甘肅民族出版社　2000.9　p.147
劉操南　北魏太平真君十一年、十二年殘曆讀記　敦煌研究 1992 年第 1 期　p.44
蘇瑩輝　敦煌新出北魏寫本曆日　大陸雜誌 1950 年第 1 卷 9 期
譚嬋雪　青山慶示所捐敦煌文獻及三件校釋　敦煌研究 1999 年第 2 期(總第 60 期)　p.47

敦研 369

陳明　醫理精華——印度古典醫學在敦煌的實例分析　敦煌吐魯番研究第五卷　北京大學出版社　2001.5　p.236
高啓安　唐五代敦煌人的飲酒習俗述論　敦煌研究 2000 年第 3 期(總第 65 期)　p.82
高啓安　唐五代敦煌飲食文化研究　民族出版社　2004.12　p.198
韓惠言　甘藏敦煌漢文文獻概況　敦煌學輯刊 2000 年第 2 期(總第 38 期)　p.70
李軍　晚唐五代肅州相關史實考述　敦煌學輯刊 2005 年第 3 期(總 49 期)　p.97
沙武田　趙曉星　歸義軍時期敦煌文獻中的太子　敦煌研究 2003 年第 4 期(總第 80 期)　p.46
施萍婷　邰惠莉　敦煌研究院藏敦煌文獻敘錄　敦煌研究文集　甘肅民族出版社　2000.9　p.128
譚嬋雪　青山慶示所捐敦煌文獻及三件校釋　敦煌研究 1999 年第 2 期(總第 60 期)　p.47、51
楊森　五代宋時期于闐皇太子在敦煌的太子莊　敦煌研究 2003 年第 4 期(總第 80 期)　p.41

敦研 369V

達照　敦煌本 p.2039V 號《金剛經讚》的考察　法源(第 19 期)　中國佛學院　2001.12　p.100
達照　金剛經讚研究　宗教文化出版社　2002.12　p.2、32
達照　金剛經讚集　藏外佛教文獻(第 9 輯)　宗教文化出版社　2003.7　p.39
孟建國　八件敦煌文物回歸故里　甘肅日報 1997 年 10 月 10 日
譚嬋雪　青山慶示所捐敦煌文獻及三件校釋　敦煌研究 1999 年第 2 期(總第 60 期)　p.47

敦研 370

高啓安　索黛　唐五代敦煌飲食中的餅淺探　敦煌研究 1998 年第 4 期(總第 58 期)　p. 85
高啓安　唐五代敦煌飲食文化研究　民族出版社　2004. 12　p. 133
施萍婷　邰惠莉　敦煌研究院藏敦煌文獻敘錄　敦煌研究文集　甘肅民族出版社　2000. 9　p. 129
邰惠莉　敦煌寫本《佛圖澄所化經》初探　敦煌研究 1998 年第 4 期(總第 58 期)　p. 96
譚嬋雪　青山慶示所捐敦煌文獻及三件校釋　敦煌研究 1999 年第 2 期(總第 60 期)　p. 47

敦研 371

韓惠言　甘藏敦煌漢文文獻概況　敦煌學輯刊 2000 年第 2 期(總第 38 期)　p. 68
施萍婷　敦煌研究院藏土地廟寫本源自藏經洞　敦煌研究 1999 年第 2 期　p. 43、46
施萍婷　邰惠莉　敦煌研究院藏敦煌文獻敘錄　敦煌研究文集　甘肅民族出版社　2000. 9　p. 129
譚嬋雪　青山慶示所捐敦煌文獻及三件校釋　敦煌研究 1999 年第 2 期(總第 60 期)　p. 47

敦研 372

施萍婷　敦煌研究院藏土地廟寫本源自藏經洞　敦煌研究 1999 年第 2 期　1999. 6　p. 43
施萍婷　邰惠莉　敦煌研究院藏敦煌文獻敘錄　敦煌研究文集　甘肅民族出版社　2000. 9　p. 129
譚嬋雪　青山慶示所捐敦煌文獻及三件校釋　敦煌研究 1999 年第 2 期(總第 60 期)　p. 48

敦研 373

施萍婷　敦煌研究院藏土地廟寫本源自藏經洞　敦煌研究 1999 年第 2 期　p. 43
施萍婷　邰惠莉　敦煌研究院藏敦煌文獻敘錄　敦煌研究文集　甘肅民族出版社　2000. 9　p. 129
譚嬋雪　青山慶示所捐敦煌文獻及三件校釋　敦煌研究 1999 年第 2 期(總第 60 期)　p. 48

敦研 374

劉濤　《三國志・吳書・步騭傳》寫本殘卷辨僞　敦煌與絲路文化學術講座(第 2 輯)　北京圖書館出版社　2005. 1　p. 101
施萍婷　邰惠莉　敦煌研究院藏敦煌文獻敘錄　敦煌研究文集　甘肅民族出版社　2000. 9　p. 130
譚嬋雪　青山慶示所捐敦煌文獻及三件校釋　敦煌研究 1999 年第 2 期(總第 60 期)　p. 48

敦研 375

施萍婷　邰惠莉　敦煌研究院藏敦煌文獻敘錄　敦煌研究文集　甘肅民族出版社　2000. 9　p. 130
譚嬋雪　青山慶示所捐敦煌文獻及三件校釋　敦煌研究 1999 年第 2 期(總第 60 期)　p. 48

敦研 375V

譚嬋雪　青山慶示所捐敦煌文獻及三件校釋　敦煌研究 1999 年第 2 期(總第 60 期)　p. 48

敦研 376

施萍婷　邰惠莉　敦煌研究院藏敦煌文獻敘錄　敦煌研究文集　甘肅民族出版社　2000. 9　p. 130
王卡　敦煌道教文獻研究　中國社會科學出版社　2004. 1　p. 142

敦研 377

施萍婷　邰惠莉　敦煌研究院藏敦煌文獻敘錄　敦煌研究文集　甘肅民族出版社　2000. 9　p. 131

敦研 378

施萍婷　邰惠莉　敦煌研究院藏敦煌文獻敘錄　敦煌研究文集　甘肅民族出版社　2000.9　p.131

敦研 379

施萍婷　邰惠莉　敦煌研究院藏敦煌文獻敘錄　敦煌研究文集　甘肅民族出版社　2000.9　p.131

敦研 380

施萍婷　邰惠莉　敦煌研究院藏敦煌文獻敘錄　敦煌研究文集　甘肅民族出版社　2000.9　p.132

敦研 381

施萍婷　邰惠莉　敦煌研究院藏敦煌文獻敘錄　敦煌研究文集　甘肅民族出版社　2000.9　p.132

敦研 382

施萍婷　邰惠莉　敦煌研究院藏敦煌文獻敘錄　敦煌研究文集　甘肅民族出版社　2000.9　p.132

敦研 383

施萍婷　邰惠莉　敦煌研究院藏敦煌文獻敘錄　敦煌研究文集　甘肅民族出版社　2000.9　p.133

敦研附 073

施萍婷　邰惠莉　敦煌研究院藏敦煌文獻敘錄　敦煌研究文集　甘肅民族出版社　2000.9　p.133

敦研附 382

榮新江　驚沙撼大漠——向達的敦煌考察及其學術意義　國際敦煌學學術史研討會論文集　北京理工大學出版社　2002.8　p.74

施萍婷　龍種上尊王佛印法經　敦煌　甘肅人民出版社　1990.7　p.290,283 條目解說,262、263 圖版

施萍婷　兩件敦煌文物介紹　敦煌研究文集　甘肅民族出版社　2000.9　p.545

甘肅省博物館

甘博 001

陳國燦　昇平十二年淨明寫法句經記　敦煌學大辭典　上海辭書出版社　1998.12　p.453

韓惠言　甘藏敦煌漢文文獻概況　敦煌學輯刊 2000 年第 2 期(總第 38 期)　p.68

黃征　敦煌俗字例釋　敦煌吐魯番研究第八卷　北京大學出版社　2005.1　p.251

黃征　敦煌俗字典　上海教育出版社　2005.5　p.前言 29,正文 2、49、68

黃征　敦煌俗字種類考辨　敦煌學・日本學　上海辭書出版社　2005.12　p.120

秦明智　關於甘肅省博物館藏敦煌遺書之淺考和目錄　1983 年全國敦煌學術討論會文集　甘肅人民出版社　1987.3　p.460

王素　敦煌出土前涼文獻所見"建元"年號的歸屬　敦煌吐魯番研究第二卷　北京大學出版社　1997.10　p.18

文化　敦煌佛教寫經與士人書法的審美意識　敦煌研究 1997 年第 4 期(總第 54 期)　p.54

顔廷亮　敦煌文化　光明日報出版社　2000. 12　p. 342
楊森　“婆姨”與“優婆姨”稱謂芻議　敦煌研究 1994 年第 3 期(總第 40 期)　p. 125
趙聲良　早期敦煌寫本書法的時代分期和類型　敦煌書法庫(第 2 輯)　甘肅人民美術出版社　1994. 1　p. 2
趙聲良　敦煌寫卷書法(上)　文史知識 1997 年第 3 期　p. 72
趙聲良　早期敦煌寫本書法的分期研究　1994 年敦煌學國際研討會文集(石窟藝術卷)　甘肅民族出版社　2000. 6　p. 260

甘博 002

陳麗萍　敦煌女性寫經題記及反映的婦女問題　敦煌佛教藝術文化論文集　蘭州大學出版社　2002. 7　p. 430
方廣錩　入楞伽經　敦煌學大辭典　上海辭書出版社　1998. 12　p. 666
趙聲良　早期敦煌寫本書法的時代分期和類型　敦煌書法庫(第 2 輯)　甘肅人民美術出版社　1994. 1　p. 7

甘博 003

方廣錩　觀佛三昧海經　敦煌學大辭典　上海辭書出版社　1998. 12　p. 663
黄征　敦煌俗字例釋　敦煌吐魯番研究第八卷　北京大學出版社　2005. 1　p. 250
黄征　敦煌俗字典　上海教育出版社　2005. 5　p. 前言 29,正文 1、45
黄征　敦煌俗字種類考辨　敦煌學・日本學　上海辭書出版社　2005. 12　p. 116

甘博 004

陳麗萍　敦煌女性寫經題記及反映的婦女問題　敦煌佛教藝術文化論文集　蘭州大學出版社　2002. 7　p. 434
黄征　敦煌俗字典　上海教育出版社　2005. 5　p. 7、17、22、54、105
黄征　敦煌俗字種類考辨　敦煌學・日本學　上海辭書出版社　2005. 12　p. 118
劉永增　《賢愚經》的集成年代與敦煌莫高窟第 275 窟的開鑿　敦煌研究 2001 年第 4 期(總第 70 期)　p. 71
秦明智　關於甘肅省博物館藏敦煌遺書之淺考和目錄　1983 年全國敦煌學術討論會文集　甘肅民族出版社　1987. 3　p. 461
張涌泉　敦煌故里對敦煌學的新奉獻　敦煌研究 2001 年第 1 期(總第 67 期)　p. 182
趙聲良　早期敦煌寫本書法的時代分期和類型　敦煌書法庫(第 2 輯)　甘肅人民美術出版社　1994. 1　p. 7
趙聲良　早期敦煌寫本書法的分期研究　1994 年敦煌學國際研討會文集(石窟藝術卷)　甘肅民族出版社　2000. 6　p. 274

甘博 005

黄征　敦煌俗字典　上海教育出版社　2005. 5　p. 16
林聰明　敦煌吐魯番文書解詁指例　(臺北)新文豐出版公司　2001. 6　p. 163
王惠民　敦煌隋至唐前期藥師圖像考察　藝術史研究(2)　中山大學出版社　2000. 12　p. 297

甘博 006

胡同慶　安忠義　佛教藝術　敦煌文藝出版社　2004. 2　p. 297

甘博 008

林聰明　談敦煌文書的抄寫問題　紀念陳寅恪先生誕辰百年學術論文集　江西教育出版社　1989. 12　p. 283

林聰明　敦煌吐魯番文書解詁指例　(臺北)新文豐出版公司　2001. 6　p. 58 注 5

甘博 013

林聰明　敦煌吐魯番文書解詁指例　(臺北)新文豐出版公司　2001. 6　p. 124

甘博 015

韓惠言　甘藏敦煌漢文文獻概況　敦煌學輯刊 2000 年第 2 期(總第 38 期)　p. 69

李小榮　敦煌密教文獻論稿　人民文學出版社　2003. 7　p. 9、21

甘博 016

圓空　《新菩薩經》《勸善經》《救諸衆生苦難經》校錄及其流傳背景之探討　敦煌研究 1992 年第 1 期(總第 30 期)　p. 53

甘博 017

李並成　李春元　瓜沙史地研究　甘肅文化出版社　1996. 6　p. 133

李正宇　敦煌歷史地理導論　(臺北)新文豐出版公司　1997. 4　p. 57

林聰明　談敦煌文書的抄寫問題　紀念陳寅恪先生誕辰百年學術論文集　江西教育出版社　1989. 12　p. 292

林聰明　敦煌文書出處略考　季羨林教授八十華誕紀念論文集(下)　江西人民出版社　1991. 12　p. 858

林聰明　敦煌吐魯番文書解詁指例　(臺北)新文豐出版公司　2001. 6　p. 44

秦明智　關於甘肅省博物館藏敦煌遺書之淺考和目錄　1983 年全國敦煌學術討論會文集　甘肅人民出版社　1987. 3　p. 468

邵文實　敦煌道教試述　中國敦煌學百年文庫宗教卷(三)　甘肅文化出版社　1999　p. 336　又見《世界宗教研究》1996 年第 2 期

王卡　十戒經　敦煌學大辭典　上海辭書出版社　1998. 12　p. 765

王卡　敦煌道教文獻研究　中國社會科學出版社　2004. 1　p. 8、134

王卡　敦煌道教綜述　敦煌與絲路文化學術講座(第 2 輯)　北京圖書館出版社　2005. 1　p. 377

楊森　武則天至玄宗時代敦煌的三洞法師中嶽先生述略　敦煌研究 2003 年第 3 期(總第 79 期)　p. 43

周維平　從敦煌遺書看敦煌道教　西北民族研究 1999 年第 2 期(總 25 期)　p. 128

甘博 018

李小榮　敦煌密教文獻論稿　人民文學出版社　2003. 7　p. 309

林聰明　敦煌吐魯番文書解詁指例　(臺北)新文豐出版公司　2001. 6　p. 113

釋永有　敦煌遺書中的金剛經　敦煌佛教藝術文化論文集　蘭州大學出版社　2002. 7　p. 39

甘博 23

邰惠莉　甘肅藏非敦煌文獻的真僞、來源及相關問題　敦煌學輯刊 2000 年第 2 期(總第 38 期)

p. 77

甘博 028

黄征　吴偉　敦煌願文集　岳麓書社　1995. 11　p. 889
林聰明　敦煌吐魯番文書解詁指例　(臺北)新文豐出版公司　2001. 6　p. 186

甘博 029

林聰明　談敦煌文書的抄寫問題　紀念陳寅恪先生誕辰百年學術論文集　江西教育出版社　1989. 12　p. 286
林聰明　敦煌吐魯番文書解詁指例　(臺北)新文豐出版公司　2001. 6　p. 32
沙知　敦煌吐魯番文獻所見唐軍府名掇拾　敦煌學輯刊 1998 年第 1 期(總第 33 期)　p. 9

甘博 049

邰惠莉　甘肅藏非敦煌文獻的真僞、來源及相關問題　敦煌學輯刊 2000 年第 2 期(總第 38 期)　p. 72

甘博 055

黄征　敦煌俗字典　上海教育出版社　2005. 5　p. 22、134
景盛軒　敦煌寫本《大般涅槃經》著錄商補　浙江與敦煌學——常書鴻先生誕辰一百周年紀念文集　浙江古籍出版社　2004. 12　p. 354

甘博 058

王進玉　敦煌石窟探秘　四川教育出版社　1994. 8　p. 77
張涌泉　敦煌故里對敦煌學的新奉獻　敦煌研究 2001 年第 1 期(總第 67 期)　p. 184

甘博 059

李小榮　敦煌密教文獻論稿　人民文學出版社　2003. 7　p. 11
邰惠莉　甘肅藏非敦煌文獻的真僞、來源及相關問題　敦煌學輯刊 2000 年第 2 期(總第 38 期)　p. 77

甘博 078

黄征　敦煌俗字典　上海教育出版社　2005. 5　p. 24、85

甘博 81

邰惠莉　甘肅藏非敦煌文獻的真僞、來源及相關問題　敦煌學輯刊 2000 年第 2 期(總第 38 期)　p. 72

甘博 090

黄征　敦煌俗字典　上海教育出版社　2005. 5　p. 376

甘博 096

李際寧　佛母經　藏外佛教文獻(第 1 輯)　宗教文化出版社　1995. 12　p. 375

甘博 102

林聰明　敦煌吐魯番文書解詁指例　（臺北）新文豐出版公司　2001. 6　p. 139、190

甘博 107

林聰明　敦煌吐魯番文書解詁指例　（臺北）新文豐出版公司　2001. 6　p. 139

甘博 109

林聰明　敦煌吐魯番文書解詁指例　（臺北）新文豐出版公司　2001. 6　p. 128

甘博 121

韓惠言　甘藏敦煌漢文文獻概況　敦煌學輯刊 2000 年第 2 期（總第 38 期）　p. 68
榮新江　歸義軍史研究　上海古籍出版社　1996. 11　p. 56

甘博 129

黄征　敦煌俗字典　上海教育出版社　2005. 5　p. 101

甘博 133

邰惠莉　甘肅藏非敦煌文獻的真僞、來源及相關問題　敦煌學輯刊 2000 年第 2 期（總第 38 期）p. 75

甘博 135

林聰明　談敦煌文書的抄寫問題　紀念陳寅恪先生誕辰百年學術論文集　江西教育出版社　1989. 12　p. 285
林聰明　敦煌吐魯番文書解詁指例　（臺北）新文豐出版公司　2001. 6　p. 58 注 3
邰惠莉　甘肅藏非敦煌文獻的真僞、來源及相關問題　敦煌學輯刊 2000 年第 2 期（總第 38 期）p. 76

甘博 136

黄征　敦煌俗字典　上海教育出版社　2005. 5　p. 7、26、70、113
黄征　敦煌俗字種類考辨　敦煌學・日本學　上海辭書出版社　2005. 12　p. 117、123
邰惠莉　甘肅藏非敦煌文獻的真僞、來源及相關問題　敦煌學輯刊 2000 年第 2 期（總第 38 期）p. 75

甘博 137

邰惠莉　甘肅藏非敦煌文獻的真僞、來源及相關問題　敦煌學輯刊 2000 年第 2 期（總第 38 期）p. 73

甘博附 133

張涌泉　敦煌卷子辨僞研究——基於字形分析角度的考察　文史 2003 年第 4 輯　p. 223

甘博附 134

張涌泉　敦煌卷子辨僞研究——基於字形分析角度的考察　文史 2003 年第 4 輯　p. 223

甘博附 135

張涌泉　敦煌卷子辨僞研究——基於字形分析角度的考察　文史 2003 年第 4 輯　p. 234

甘肅省圖書館

甘圖 001

邰惠莉　鄉閣　甘肅省圖書館收藏敦煌文獻簡介　敦煌學輯刊 1998 年 第 2 期(總第 34 期)　p. 74

甘圖 002

邰惠莉　鄉閣　甘肅省圖書館收藏敦煌文獻簡介　敦煌學輯刊 1998 年第 2 期(總第 34 期)　p. 74

甘圖 003

邰惠莉　鄉閣　甘肅省圖書館收藏敦煌文獻簡介　敦煌學輯刊 1998 年第 2 期(總第 34 期)　p. 74

甘圖 006

邰惠莉　鄉閣　甘肅省圖書館收藏敦煌文獻簡介　敦煌學輯刊 1998 年第 2 期(總第 34 期)　p. 75

甘圖 012

榮新江　有關甘肅藏敦煌文獻的珍貴記錄　敦煌學新論　甘肅教育出版社　2002. 9　p. 93
余欣　許承堯舊藏敦煌文獻的調查與研究　敦煌學・日本學　上海辭書出版社　2005. 12　p. 155

甘圖 013

邰惠莉　鄉閣　甘肅省圖書館收藏敦煌文獻簡介　敦煌學輯刊 1998 年第 2 期(總第 34 期)　p. 74

甘圖 017

邰惠莉　鄉閣　甘肅省圖書館收藏敦煌文獻簡介　敦煌學輯刊 1998 年第 2 期(總第 34 期)　p. 76

甘圖 019

李小榮　敦煌密教文獻論稿　人民文學出版社　2003. 7　p. 11

甘圖 020

李小榮　敦煌密教文獻論稿　人民文學出版社　2003. 7　p. 11
榮新江　有關甘肅藏敦煌文獻的珍貴記錄　敦煌學新論　甘肅教育出版社　2002. 9　p. 93
余欣　許承堯舊藏敦煌文獻的調查與研究　敦煌學・日本學　上海辭書出版社　2005. 12　p. 155

甘圖 023

韓惠言　甘藏敦煌漢文文獻概況　敦煌學輯刊 2000 年第 2 期(總第 38 期)　p. 68
邰惠莉　甘肅藏非敦煌文獻的真僞、來源及相關問題　敦煌學輯刊 2000 年第 2 期(總第 38 期)　p. 77
余欣　許承堯舊藏敦煌文獻的調查與研究　敦煌學・日本學　上海辭書出版社　2005. 12　p. 155

甘圖 024

韓惠言　甘藏敦煌漢文文獻概況　敦煌學輯刊 2000 年第 2 期(總第 38 期)　p. 68

甘圖 025

郜惠莉　鄉閣　甘肅省圖書館收藏敦煌文獻簡介　敦煌學輯刊 1998 年第 2 期(總第 34 期)　p. 75

甘圖 026

景盛軒　敦煌寫本《大般涅槃經》著錄商補　浙江與敦煌學——常書鴻先生誕辰一百周年紀念文集　浙江古籍出版社　2004. 12　p. 349

甘圖 027

郜惠莉　鄉閣　甘肅省圖書館收藏敦煌文獻簡介　敦煌學輯刊 1998 年第 2 期(總第 34 期)　p. 75

甘圖 031

郜惠莉　甘肅藏非敦煌文獻的真僞、來源及相關問題　敦煌學輯刊 2000 年第 2 期(總第 38 期)　p. 77

甘圖 031V

郜惠莉　鄉閣　甘肅省圖書館收藏敦煌文獻簡介　敦煌學輯刊 1998 年第 2 期(總第 34 期)　p. 74

甘圖 032

郜惠莉　甘肅藏非敦煌文獻的真僞、來源及相關問題　敦煌學輯刊 2000 年第 2 期(總第 38 期)　p. 73

天津市藝術博物館

津藝 003

陳麗萍　敦煌女性寫經題記及反映的婦女問題　敦煌佛教藝術文化論文集　蘭州大學出版社　2002. 7　p. 434

杜正乾　唐代的《金剛經》信仰　敦煌研究 2004 年第 5 期　p. 53

津藝 017

郜惠莉　敦煌版畫敘錄　敦煌研究 2005 年第 2 期(總第 90 期)　p. 18

吳榮鑒　關於敦煌版畫製作的幾個問題　敦煌研究 2005 年第 2 期(總第 90 期)　p. 28

津藝 021

陳麗萍　敦煌女性寫經題記及反映的婦女問題　敦煌佛教藝術文化論文集　蘭州大學出版社　2002. 7　p. 435

津藝 022

黃征　敦煌俗字典　上海教育出版社　2005. 5　p. 16、53、105、133

黃征　敦煌俗字種類考辨　敦煌學・日本學　上海辭書出版社　2005. 12　p. 121

津藝 030

徐俊　敦煌詩集殘卷輯考　中華書局　2000. 6　p. 188

津藝 035

李小榮　敦煌密教文獻論稿　人民文學出版社　2003. 7　p. 13

津藝 038

黃征　敦煌俗字例釋　敦煌吐魯番研究第八卷　北京大學出版社　2005. 1　p. 252
黃征　敦煌俗字典　上海教育出版社　2005. 5　p. 3、22、40、74、100、130
黃征　敦煌俗字種類考辨　敦煌學・日本學　上海辭書出版社　2005. 12　p. 121

津藝 039

陳麗萍　敦煌女性寫經題記及反映的婦女問題　敦煌佛教藝術文化論文集　蘭州大學出版社　2002. 7　p. 432

津藝 041

沙武田　梁紅　敦煌千佛變畫稿刺孔研究　敦煌學輯刊 2005 年第 2 期(總 48 期)　p. 68
邰惠莉　敦煌版畫敘錄　敦煌研究 2005 年第 2 期(總第 90 期)　p. 18

津藝 061(4402V)

沙知　敦煌契約文書輯校　江蘇古籍出版社　1998. 1　p. 307
王啓濤　中古及近代法制文書語言研究　巴蜀書社　2003. 4　p. 233

津藝 061A

徐俊　敦煌詩集殘卷輯考　中華書局　2000. 6　p. 929

津藝 061D

郝春文　《敦煌社邑文書輯校》補遺(一)　首都師範大學學報 1999 年第 4 期　p. 28

津藝 061E

李小榮　敦煌密教文獻論稿　人民文學出版社　2003. 7　p. 11

津藝 061EV

鄭炳林　晚唐五代敦煌貿易市場的外來商品輯考　中華文史論叢(總 63 輯)　上海古籍出版社　2000. 9　p. 84

津藝 061F

徐俊　敦煌詩集殘卷輯考　中華書局　2000. 6　p. 930

津藝 061G

徐俊　敦煌詩集殘卷輯考　中華書局　2000. 6　p. 930

津藝 062

余欣　許承堯舊藏敦煌文獻的調查與研究　敦煌學・日本學　上海辭書出版社　2005. 12　p. 179
鄭阿財　臺灣地區敦煌寫本的收藏與研究之考察　敦煌學第 21 輯　1998. 6　p. 96

津藝 067（4408V）

沙知　敦煌契約文書輯校　江蘇古籍出版社　1998. 1　p. 265
王啓濤　中古及近代法制文書語言研究　巴蜀書社　2003. 4　p. 288

津藝 071

陳麗萍　敦煌女性寫經題記及反映的婦女問題　敦煌佛教藝術文化論文集　蘭州大學出版社　2002. 7　p. 447
黄征　敦煌俗字典　上海教育出版社　2005. 5　p. 114
林聰明　敦煌吐魯番文書解詁指例　（臺北）新文豐出版公司　2001. 6　p. 165
馬大東　天津市藝術博物館所藏經卷及社會文書述略　敦煌研究 1987 年第 2 期　p. 39

津藝 072

林聰明　談敦煌文書的抄寫問題　紀念陳寅恪先生誕辰百年學術論文集　江西教育出版社　1989. 12　p. 304

津藝 074

余欣　許承堯舊藏敦煌文獻的調查與研究　敦煌學・日本學　上海辭書出版社　2005. 12　p. 179
鄭阿財　臺灣地區敦煌寫本的收藏與研究之考察　敦煌學第 21 輯　1998. 6　p. 96

津藝 076

余欣　許承堯舊藏敦煌文獻的調查與研究　敦煌學・日本學　上海辭書出版社　2005. 12　p. 179
鄭阿財　臺灣地區敦煌寫本的收藏與研究之考察　敦煌學第 21 輯　1998. 6　p. 96

津藝 088

林聰明　敦煌吐魯番文書解詁指例　（臺北）新文豐出版公司　2001. 6　p. 119

津藝 089

馬大東　天津市藝術博物館所藏經卷及社會文書述略　敦煌研究 1987 年第 2 期　p. 39

津藝 090

郭俊葉　敦煌研究院藏絲質經帙標簽及其相關問題　敦煌研究 2005 年第 6 期（總第 94 期）p. 89

津藝 103

榮新江　有關敦煌本《歷代法寶記》的幾個問題　中日敦煌佛教學術會議論文集　中國社會科學院研究所　2002. 3　p. 71

津藝 103V

榮新江　有關敦煌本《歷代法寶記》的幾個問題　中日敦煌佛教學術會議論文集　中國社會科學院

研究所　2002.3　p.71

津藝 106

沙武田　梁紅　敦煌千佛變畫稿刺孔研究　敦煌學輯刊 2005 年第 2 期(總 48 期)　p.68
邰惠莉　敦煌版畫敘錄　敦煌研究 2005 年第 2 期(總第 90 期)　p.18

津藝 107

傅剛　文選版本研究　北京大學出版社　2000.5　圖版
羅國威　天津藝博館藏敦煌本《文選注》箋證　文史 1999 年第 4 輯　p.255
羅國威　敦煌本《文選注》箋證　巴蜀書社　1999.12　p.1
徐俊　《敦煌吐魯番本文选》　敦煌吐魯番研究第五卷　北京大學出版社　2000.5　p.374

津藝 109

馬大東　天津市藝術博物館所藏經卷及社會文書述略　敦煌研究 1987 年第 2 期　p.39
徐俊　敦煌詩集殘卷輯考　中華書局　2000.6　p.930

津藝 114

李小榮　敦煌密教文獻論稿　人民文學出版社　2003.7　p.11
馬大東　天津市藝術博物館所藏經卷及社會文書述略　敦煌研究 1987 年第 2 期　p.39

津藝 115

李小榮　敦煌密教文獻論稿　人民文學出版社　2003.7　p.11

津藝 116

林聰明　敦煌吐魯番文書解詁指例　(臺北)新文豐出版公司　2001.6　p.166
馬大東　天津市藝術博物館所藏經卷及社會文書述略　敦煌研究 1987 年第 2 期　p.39
王卡　敦煌道教文獻研究　中國社會科學出版社　2004.1　p.206

津藝 126

景盛軒　敦煌寫本《大般涅槃經》著錄商補　浙江與敦煌學——常書鴻先生誕辰一百周年紀念文集　浙江古籍出版社　2004.12　p.353

津藝 127

林聰明　敦煌吐魯番文書解詁指例　(臺北)新文豐出版公司　2001.6　p.144

津藝 131

葉貴良　《俄藏敦煌文獻》道經殘卷考述　浙江與敦煌學——常書鴻先生誕辰一百周年紀念文集　浙江古籍出版社　2004.12　p.365

津藝 134V

徐俊　敦煌詩集殘卷輯考　中華書局　2000.6　p.315
徐俊　兩首被誤讀的曲子詞　敦煌吐魯番研究第八卷　北京大學出版社　2005.1　p.300

津藝 160

馬大東　天津市藝術博物館所藏經卷及社會文書述略　敦煌研究 1987 年第 2 期　p. 39

津藝 166

馬大東　天津市藝術博物館所藏經卷及社會文書述略　敦煌研究 1987 年第 2 期　p. 39

津藝 169V

徐俊　敦煌詩集殘卷輯考　中華書局　2000. 6　p. 931

津藝 170

林聰明　敦煌吐魯番文書解詁指例　(臺北)新文豐出版公司　2001. 6　p. 126

釋永有　敦煌遺書中的金剛經　敦煌佛教藝術文化論文集　蘭州大學出版社　2002. 7　p. 32

津藝 171

鄧文寬　藏外佛教文獻第一輯　敦煌吐魯番研究第二卷　北京大學出版社　1997. 10　p. 375

方廣錩　佛爲心王菩薩說頭陀經　藏外佛教文獻(第 1 輯)　宗教文化出版社　1995. 12　p. 251

津藝 173

馬大東　天津市藝術博物館所藏經卷及社會文書述略　敦煌研究 1987 年第 2 期　p. 39

津藝 174

林聰明　敦煌吐魯番文書解詁指例　(臺北)新文豐出版公司　2001. 6　p. 118

津藝 175

李正宇　敦煌文學概論　甘肅人民出版社　1993. 3　p. 100

林聰明　敦煌吐魯番文書解詁指例　(臺北)新文豐出版公司　2001. 6　p. 121

文初　讀敦煌卷子劄記二則　敦煌語言文學研究通訊 1990 年第 2－3 期　p. 4

顔廷亮　敦煌文學概說　(臺北)新文豐出版公司　1995. 12　p. 232

津藝 176

劉屹　論《升玄經》的文本差異問題　文津學志第 1 輯　北京圖書館出版社　2003. 5　p. 202

萬毅　敦煌本《升玄内教經》試探　唐研究第一卷　北京大學出版社　1995. 12　p. 67

萬毅　敦煌本道教《升玄内教經》的文本順序　敦煌文獻論集　遼寧人民出版社　2000. 5　p. 599

王卡　敦煌道教文獻研究　中國社會科學出版社　2004. 1　p. 121

王卡　敦煌本《升玄内教經》殘卷校讀記　敦煌吐魯番研究第九卷　北京大學出版社　2006. 5　p. 64

津藝 178

嚴耀中　敦煌文書中的“平等大王”和唐宋間的均平思潮　唐研究第六卷　北京大學出版社　2000. 12　p. 19

張涌泉　敦煌卷子辨僞研究——基於字形分析角度的考察　文史 2003 年第 4 輯　p. 235

津藝 182

馬大東　天津市藝術博物館所藏經卷及社會文書述略　敦煌研究 1987 年第 2 期　p. 39

津藝 184

王卡　敦煌道教文獻研究　中國社會科學出版社　2004. 1　p. 118

津藝 190

林聰明　敦煌吐魯番文書解詁指例　(臺北)新文豐出版公司　2001. 6　p. 119

津藝 193

陳麗萍　敦煌女性寫經題記及反映的婦女問題　敦煌佛教藝術文化論文集　蘭州大學出版社　2002. 7　p. 435

方廣錩　佛說水月觀音菩薩經　藏外佛教文獻(第 1 輯)　宗教文化出版社　1995. 12　p. 349

李小榮　敦煌密教文獻論稿　人民文學出版社　2003. 7　p. 118

林聰明　敦煌吐魯番文書解詁指例　(臺北)新文豐出版公司　2001. 6　p. 198

施萍婷　一件完整的社会風俗史資料——敦煌随笔之三　敦煌研究 1987 年第 2 期　p. 34

王惠民　敦煌寫本《水月觀音經》研究　敦煌研究 1992 年第 3 期　p. 93

顏廷亮　敦煌文化　光明日報出版社　2000. 12　p. 271

津藝 199

林聰明　敦煌吐魯番文書解詁指例　(臺北)新文豐出版公司　2001. 6　p. 211 注 4

津藝 206

景盛軒　試論敦煌佛經異文研究的價值和意義　敦煌研究 2004 年第 5 期　p. 87

津藝 207

馬大東　天津市藝術博物館所藏經卷及社會文書述略　敦煌研究 1987 年第 2 期　p. 39

津藝 211

李小榮　敦煌密教文獻論稿　人民文學出版社　2003. 7　p. 11

津藝 215

林聰明　敦煌吐魯番文書解詁指例　(臺北)新文豐出版公司　2001. 6　p. 119

津藝 216

景盛軒　敦煌寫本《大般涅槃經》著錄商補　浙江與敦煌學——常書鴻先生誕辰一百周年紀念文集　浙江古籍出版社　2004. 12　p. 353

津藝 221

馬大東　天津市藝術博物館所藏經卷及社會文書述略　敦煌研究 1987 年第 2 期　p. 39

津藝233

馬大東　天津市藝術博物館所藏經卷及社會文書述略　敦煌研究 1987 年第 2 期　p. 39

津藝238

景盛軒　敦煌寫本《大般涅槃經》著錄商補　浙江與敦煌學——常書鴻先生誕辰一百周年紀念文集　浙江古籍出版社　2004. 12　p. 353

津藝262

陳麗萍　敦煌女性寫經題記及反映的婦女問題　敦煌佛教藝術文化論文集　蘭州大學出版社　2002. 7　p. 434

津藝271

林聰明　敦煌吐魯番文書解詁指例　（臺北）新文豐出版公司　2001. 6　p. 90

津藝276

馬大東　天津市藝術博物館所藏經卷及社會文書述略　敦煌研究 1987 年第 2 期　p. 39

津藝283

陳麗萍　敦煌女性寫經題記及反映的婦女問題　敦煌佛教藝術文化論文集　蘭州大學出版社　2002. 7　p. 435

余欣　許承堯舊藏敦煌文獻的調查與研究　敦煌學・日本學　上海辭書出版社　2005. 12　p. 157

津藝289

王卡　敦煌道教文獻研究　中國社會科學出版社　2004. 1　p. 118

津藝306

陳麗萍　敦煌女性寫經題記及反映的婦女問題　敦煌佛教藝術文化論文集　蘭州大學出版社　2002. 7　p. 433

津藝314

杜正乾　唐代的《金剛經》信仰　敦煌研究 2004 年第 5 期　p. 53

津藝403

榮新江　有關敦煌本《歷代法寶記》的幾個問題　中日敦煌佛教學術會議論文集　中國社會科學院研究所　2002. 3　p. 71

津藝610

鄭汝中　敦煌寫卷行草書法集　甘肅人民美術出版社　2003. 3　p. 293

天津市文物公司

津文 7(455)

劉勝角　古代楷書發展史　中國戲劇出版社　2002. 5　p. 308

津文 8(456)

劉勝角　古代楷書發展史　中國戲劇出版社　2002. 5　p. 309

津文 15

黄征　敦煌俗字典　上海教育出版社　2005. 5　p. 15、82

津文 16

黄征　敦煌俗字典　上海教育出版社　2005. 5　p. 33、54
黄征　敦煌俗字種類考辨　敦煌學・日本學　上海辭書出版社　2005. 12　p. 125

中國歷史博物館

徐俊　敦煌吐魯番本文選　敦煌吐魯番研究第五卷　北京大學出版社　2000. 5　p. 370

旅順博物館

旅博 1

王珍仁　孫慧珍　旅順博物館藏敦煌寫經目錄及訂正　段文傑敦煌研究五十年紀念文集　世界圖書出版公司　1996. 8　p. 324

旅博 2

王珍仁　孫慧珍　旅順博物館藏敦煌寫經目錄及訂正　段文傑敦煌研究五十年紀念文集　世界圖書出版公司　1996. 8　p. 324

旅博 3

王珍仁　孫慧珍　旅順博物館藏敦煌寫經目錄及訂正　段文傑敦煌研究五十年紀念文集　世界圖書出版公司　1996. 8　p. 325

旅博 4

王珍仁　孫慧珍　旅順博物館藏敦煌寫經目錄及訂正　段文傑敦煌研究五十年紀念文集　世界圖書出版公司　1996. 8　p. 325

旅博 5

王珍仁　孫慧珍　旅順博物館藏敦煌寫經目錄及訂正　段文傑敦煌研究五十年紀念文集　世界圖書出版公司　1996. 8　p. 325

旅博 6

王珍仁　孫慧珍　旅順博物館藏敦煌寫經目錄及訂正　段文傑敦煌研究五十年紀念文集　世界圖書

出版公司　1996.8　p.326

旅博7

王珍仁　孫慧珍　旅順博物館藏敦煌寫經目錄及訂正　段文傑敦煌研究五十年紀念文集　世界圖書出版公司　1996.8　p.326

旅博8

王珍仁　孫慧珍　旅順博物館藏敦煌寫經目錄及訂正　段文傑敦煌研究五十年紀念文集　世界圖書出版公司　1996.8　p.326

旅博9

王珍仁　孫慧珍　旅順博物館藏敦煌寫經目錄及訂正　段文傑敦煌研究五十年紀念文集　世界圖書出版公司　1996.8　p.327

上海博物館

上博01(2405)

李偉國　上海博物館藏敦煌吐魯番文獻綜論　中華文史論叢(總50輯)　上海古籍出版社　1992.12　p.32

上博02(2415)

李偉國　上海博物館藏敦煌吐魯番文獻綜論　中華文史論叢(總50輯)　上海古籍出版社　1992.12　p.31

沙知　李正宇　建文寺　敦煌學大辭典　上海辭書出版社　1998.12　p.627

上博03

公維章　涅槃、淨土的殿堂——敦煌莫高窟第148窟研究　民族出版社　2004.11　p.96

姜亮夫　敦煌莫高窟年表　姜亮夫全集(十一)　雲南人民出版社　2002.1　p.300

景盛軒　敦煌寫本《大般涅槃經》著錄商補　浙江與敦煌學——常書鴻先生誕辰一百周年紀念文集　浙江古籍出版社　2004.12　p.354

李偉國　上海博物館藏敦煌吐魯番文獻綜論　中華文史論叢(總50輯)　上海古籍出版社　1992.12　p.30

余欣　許承堯舊藏敦煌文獻的調查與研究　敦煌學・日本學　上海辭書出版社　2005.12　p.165

上博05

公維章　涅槃、淨土的殿堂——敦煌莫高窟第148窟研究　民族出版社　2004.11　p.73

李偉國　上海博物館藏敦煌吐魯番文獻綜論　中華文史論叢(總50輯)　上海古籍出版社　1992.12　p.30

上博06

郝春文　《上海博物館藏敦煌吐魯番文獻》讀後　敦煌學輯刊1994年第2期(總第26期)　p.123

李偉國　上海博物館藏敦煌吐魯番文獻綜論　中華文史論叢(總50輯)　上海古籍出版社　1992.12　p.33
邰惠莉　敦煌版畫敘錄　敦煌研究2005年第2期(總第90期)　p.18

上博07

李偉國　上海博物館藏敦煌吐魯番文獻綜論　中華文史論叢(總50輯)　上海古籍出版社　1992.12　p.41
馬德　敦煌版畫的背景意義　敦煌研究2005年第2期(總第90期)　p.2
邰惠莉　敦煌版畫敘錄　敦煌研究2005年第2期(總第90期)　p.18

上博08

邰惠莉　敦煌版畫敘錄　敦煌研究2005年第2期(總第90期)　p.18

上博10

李偉國　上海博物館藏敦煌吐魯番文獻綜論　中華文史論叢(總50輯)　上海古籍出版社　1992.12　p.39

上博12

鄭汝中　敦煌寫卷行草書法集　甘肅人民美術出版社　2000.3　p.122

上博13

池田溫著　李德範譯　敦煌吐魯番文獻圖錄的定本　敦煌學輯刊1995年第2期(總第28期)　p.135
李偉國　上海博物館藏敦煌吐魯番文獻綜論　中華文史論叢(總50輯)　上海古籍出版社　1992.12　p.29

上博14

李偉國　上海博物館藏敦煌吐魯番文獻綜論　中華文史論叢(總50輯)　上海古籍出版社　1992.12　p.33

上博15

方廣錩　敦煌遺書中的《法華經》注疏　世界宗教研究1998年第2期　p.77
方廣錩　敦煌遺書中的《妙法蓮華經》及有關文獻　敦煌學佛教學論叢(下)　中國佛教文化研究所　1998.8　p.89
方廣錩　法華經文外義　敦煌學大辭典　上海辭書出版社　1998.12　p.692
姜亮夫　敦煌莫高窟年表　姜亮夫全集(十一)　雲南人民出版社　2002.1　p.143
李偉國　上海博物館藏敦煌吐魯番文獻綜論　中華文史論叢(總50輯)　上海古籍出版社　1992.12　p.32
李正宇　敦煌地區古代祠廟寺觀簡志　敦煌學輯刊1988年第1、2期(總第13、14期)　p.75
李正宇　法海寺　敦煌學大辭典　上海辭書出版社　1998.12　p.628

上博16

何劍平　作爲民間寫經和禮懺儀式的維摩詰信仰　敦煌學輯刊2005年第4期(總50期)　p.59

黃征　吳偉　敦煌願文集　岳麓書社　1995. 11　p. 832
李偉國　上海博物館藏敦煌吐魯番文獻綜論　中華文史論叢(總 50 輯)　上海古籍出版社　1992. 12　p. 32
李小榮　敦煌密教文獻論稿　人民文學出版社　2003. 7　p. 198
聖凱　善導禮贊儀新探　法源(第 18 期)　中國佛學院　2000. 12　p. 174
汪娟　敦煌禮懺文研究　(臺北)法鼓文化公司　1998. 9　p. 18、181、357

上博 17

姜亮夫　敦煌莫高窟年表　姜亮夫全集(十一)　雲南人民出版社　2002. 1　p. 227
李偉國　上海博物館藏敦煌吐魯番文獻綜論　中華文史論叢(總 50 輯)　上海古籍出版社　1992. 12　p. 33
陶秋英輯錄　姜亮夫校訂　敦煌碎金　浙江古籍出版社　1992. 6　p. 92

上博 18

蔡忠霖　敦煌漢文寫卷俗字及其現象　文津出版社　2002. 5　p. 32
姜亮夫　敦煌莫高窟年表　姜亮夫全集(十一)　雲南人民出版社　2002. 1　p. 246
李偉國　上海博物館藏敦煌吐魯番文獻綜論　中華文史論叢(總 50 輯)　上海古籍出版社　1992. 12　p. 33

上博 19

李偉國　上海博物館藏敦煌吐魯番文獻綜論　中華文史論叢(總 50 輯)　上海古籍出版社　1992. 12　p. 33
釋永有　敦煌遺書中的金剛經　敦煌佛教藝術文化論文集　蘭州大學出版社　2002. 7　p. 42
陶秋英輯錄　姜亮夫校訂　敦煌碎金　浙江古籍出版社　1992. 6　p. 75
楊秀清　唐宋敦煌地區的世俗佛教信仰　新世紀敦煌學論集　巴蜀書社　2003. 3　p. 721

上博 21

郝春文　敦煌寫本社邑文書年代彙考(三)　社科縱橫 1993 年第 5 期　p. 8
姜伯勤　敦煌藝術宗教與禮樂文明　中國社會科學出版社　1996. 11　p. 304
姜伯勤　道釋相激:道教在敦煌　道家文化研究(第 13 輯)　三聯書店　1998. 4　p. 68
孟憲實　論敦煌渠人社　周秦漢唐文化研究(第 3 輯)　三秦出版社　2004. 11　p. 129
敏春芳　敦煌社邑文書量詞"事"、"笙"辨考　敦煌學輯刊 2005 年第 2 期(總 48 期)　p. 181
寧可　渠人轉帖　敦煌學大辭典　上海辭書出版社　1998. 12　p. 429
沙知　跋上博藏敦煌平康鄉百姓索鐵子牒　段文傑敦煌研究五十年紀念文集　世界圖書出版公司　1996. 8　p. 234
宋家鈺　戶役　敦煌學大辭典　上海辭書出版社　1998. 12　p. 411
王永興　敦煌經濟文書導論　(臺北)新文豐出版公司　1994. 6　p. 408
王震亞　趙熒　敦煌殘卷爭訟文牒集釋　甘肅人民出版社　1993. 7　p. 61
朱雷　敦煌所出《索鐵子牒》中所見歸義軍曹氏時期的"觀子戶"　中國古代史(先秦至隋唐)　中國人民大學書報資料中心　1994. 3　p. 113

上博 22

邰惠莉　敦煌版畫敘錄　敦煌研究 2005 年第 2 期(總第 90 期)　p. 18

上博 23

韓惠言　甘藏敦煌漢文文獻概況　敦煌學輯刊 2000 年第 2 期(總第 38 期)　p. 68

李偉國　上海博物館藏敦煌吐魯番文獻綜論　中華文史論叢(總 50 輯)　上海古籍出版社　1992. 12　p. 43

榮新江　日本天理圖書館藏敦煌文獻考察紀略　敦煌研究 1995 年第 4 期(總第 46 期)　甘肅人民出版社　p. 130

吴震　敦煌吐魯番寫經題記中"甘露"年號考辨　西域研究 1995 第 1 期　p. 17

姚培鋒　紹興人與敦煌學　敦煌學輯刊 2003 年第 1 期　p. 131

余欣　許承堯舊藏敦煌文獻的調查與研究　敦煌學・日本學　上海辭書出版社　2005. 12　p. 153、166

鄭阿財　臺灣地區敦煌寫本的收藏與研究之考察　敦煌學第 21 輯　1998. 6　p. 96

上博 24

榮新江　《唐寫本論語鄭氏注及其研究》拾遺　鳴沙集　(臺北)新文豐出版公司　1999. 9　p. 303

許建平　敦煌《論語集解》校證　敦煌吐魯番研究第五卷　北京大學出版社　2001. 5　p. 342

許建平　《俄藏敦煌文獻》儒家經典類寫本的定名與綴合　漢語史學報專集(第 3 輯)　上海教育出版社　2003. 5　p. 313

上博 25

郝春文　《上海博物館藏敦煌吐魯番文獻》讀後　敦煌學輯刊 1994 年第 2 期(總第 26 期)　p. 123

李偉國　上海博物館藏敦煌吐魯番文獻綜論　中華文史論叢(總 50 輯)　上海古籍出版社　1992. 12　p. 33

上博 26

鄭炳林　晚唐五代敦煌歸義軍行政區劃制度研究(之二)　敦煌研究 2002 年第 3 期(總第 73 期)　p. 72

上博 27

李偉國　上海博物館藏敦煌吐魯番文獻綜論　中華文史論叢(總 50 輯)　上海古籍出版社　1992. 12　p. 35

上博 28

李偉國　上海博物館藏敦煌吐魯番文獻綜論　中華文史論叢(總 50 輯)　上海古籍出版社　1992. 12　p. 43

上博 30

李偉國　上海博物館藏敦煌吐魯番文獻綜論　中華文史論叢(總 50 輯)　上海古籍出版社　1992. 12　p. 33

上博 31

陳國燦　吐魯番出土唐代文獻編年　(臺北)新文豐出版公司　2002. 12　p. 246

池田溫著　李德範譯　敦煌吐魯番文獻圖錄的定本　敦煌學輯刊 1995 年第 2 期(總第 28 期)　p. 135
李方　唐西州勾官编年考証　敦煌吐魯番研究第三卷　北京大學出版社　1998. 9　p. 145
李偉國　上海博物館藏敦煌吐魯番文獻綜論　中華文史論叢(總 50 輯)　上海古籍出版社　1992. 12　p. 33

上博 32

李偉國　上海博物館藏敦煌吐魯番文獻綜論　中華文史論叢(總 50 輯)　上海古籍出版社　1992. 12　p. 35

上博 33

李偉國　上海博物館藏敦煌吐魯番文獻綜論　中華文史論叢(總 50 輯)　上海古籍出版社　1992. 12　p. 35

上博 34

李偉國　上海博物館藏敦煌吐魯番文獻綜論　中華文史論叢(總 50 輯)　上海古籍出版社　1992. 12　p. 35

上博 36

榮新江　日本天理圖書館藏敦煌文獻考察紀略　敦煌研究 1995 年第 4 期(總第 46 期)　p. 130
余欣　許承堯舊藏敦煌文獻的調查與研究　敦煌學・日本學　上海辭書出版社　2005. 12　p. 179
鄭阿財　臺灣地區敦煌寫本的收藏與研究之考察　敦煌學第 21 輯　1998. 6　p. 96

上博 37

公維章　涅槃、淨土的殿堂——敦煌莫高窟第 148 窟研究　民族出版社　2004. 11　p. 71
李偉國　上海博物館藏敦煌吐魯番文獻綜論　中華文史論叢(總 50 輯)　上海古籍出版社　1992. 12　p. 35

上博 38

李小榮　敦煌密教文獻論稿　人民文學出版社　2003. 7　p. 13

上博 39

公維章　涅槃、淨土的殿堂——敦煌莫高窟第 148 窟研究　民族出版社　2004. 11　p. 96

上博 40

公維章　涅槃、淨土的殿堂——敦煌莫高窟第 148 窟研究　民族出版社　2004. 11　p. 38
馬德　敦煌莫高窟史研究　甘肅教育出版社　1996. 12　p. 80
顏廷亮　敦煌文化的靈魂論綱　甘肅社會科學 2000 第 4 期　p. 33
顏廷亮　敦煌文化　光明日報出版社　2000. 12　p. 429
鄭阿財　臺灣地區敦煌寫本的收藏與研究之考察　敦煌學第 21 輯　1998. 6　p. 97

上博 48

柴劍虹　開元皇帝勸十齋贊　敦煌學大辭典　上海辭書出版社　1998. 12　p. 546

陳自力　從陸機《百年歌》到敦煌《九想觀》詩　敦煌研究 2001 年第 3 期(總第 69 期)　甘肅人民出版社　p. 130
池田溫著　李德範譯　敦煌吐魯番文獻圖錄的定本　敦煌學輯刊 1995 年第 2 期(總第 28 期)　p. 135
方廣錩　敦煌佛教經录辑校(下)　江苏古籍出版社　1997. 8　p. 1031
郝春文　《上海博物館藏敦煌吐魯番文獻》讀後　敦煌學輯刊 1994 年第 2 期(總第 26 期)　p. 119
郝春文　唐後期五代宋初敦煌僧尼的社會生活　中國社會科學出版社　1998. 12　p. 21
黃征　敦煌語言文字學研究　甘肅教育出版社　2002. 12　p. 19
李偉國　上海博物館藏敦煌吐魯番文獻綜論　中華文史論叢(總 50 輯)　上海古籍出版社　1992. 12　p. 33
李小榮　敦煌密教文獻論稿　人民文學出版社　2003. 7　p. 20、58、150、198
林仁昱　論敦煌佛教歌曲特質與"弘法"的關係　敦煌學第 23 輯　2002. 3　p. 59
劉長東　晉唐彌陀淨土信仰研究　巴蜀書社　2000. 5　p. 443
劉屹　上博本《曹元深祭神文》的幾個問題　敦煌學國際研討會論文集　北京圖書館出版社　2005. 3　p. 150
馬德　敦煌冊子本《壇經》之性質及抄寫年代試探　敦煌吐魯番研究第九卷　北京大學出版社　2006. 5　p. 58
榮新江　上海博物館藏敦煌吐魯番文獻　敦煌吐魯番研究第一卷　北京大學出版社　1996. 4　p. 374
孫其芳　普勸四衆依教修行十二時　敦煌學大辭典　上海辭書出版社　1998. 12　p. 539
汪娟　敦煌禮懺文研究　(臺北)法鼓文化公司　1998. 9　p. 217
徐俊　敦煌寫本唐人詩歌存佚互見綜考　敦煌吐魯番研究第一卷　北京大學出版社　1996. 4　p. 129
徐俊　敦煌詩集殘卷輯考　中華書局　2000. 6　p. 278、894
徐俊　唐詞、唐曲子及其相關問題　國際敦煌學學術史研討會論文集　北京理工大學出版社　2002. 8　p. 373
徐俊　唐詞、唐曲子及其相關問題　敦煌吐魯番研究第三卷　北京大學出版社　2004. 1　p. 148
余欣　唐宋敦煌墓葬神煞研究　敦煌學輯刊 2003 年第 1 期　p. 55
張錫厚　敦煌文學源流　作家出版社　2000. 5　p. 53
張涌泉　敦煌本《佛說父母恩重經》研究　文史 1999 年第 4 輯　p. 66
張子開　敦煌文獻中的白話禪詩　敦煌學輯刊 2003 年第 1 期　p. 89
張總　地藏菩薩十齋日　藏外佛教文獻(第 7 輯)　宗教文化出版社　2000. 6　p. 350
張總　《閻羅王授記經》綴補研考　敦煌吐魯番研究第五卷　北京大學出版社　2001. 5　p. 102
鄭阿財　敦煌本佛教詩歌《九想觀》探論　(臺灣)中正大學學報第七卷第一期　1996. 12　p. 22
鄭阿財　敦煌寫本《九想觀》詩歌初探　敦煌文學論集　四川人民出版社　1997. 12　p. 27
鄭阿財　敦煌寫本《九想觀》詩歌新探　敦煌佛教藝術文化論文集　蘭州大學出版社　2002. 7　p. 513
鄭阿財　《父母恩重經》傳佈的歷史考察——以敦煌本爲中心　新世紀敦煌學論集　巴蜀書社　2003. 3　p. 30

上博 49

柴劍虹　婆羅樹歌　敦煌學大辭典　上海辭書出版社　1998. 12　p. 552

郝春文　《上海博物館藏敦煌吐魯番文獻》讀後　敦煌學輯刊 1994 年第 2 期(總第 26 期)　p. 122
榮新江　上海博物館藏敦煌吐魯番文獻　敦煌吐魯番研究第一卷　北京大學出版社　1996. 4　p. 375
沙知　敦煌契約文書輯校　江蘇古籍出版社　1998. 1　p. 210
邰惠莉　敦煌版畫敘錄　敦煌研究 2005 年第 2 期(總第 90 期)　p. 18

上博 50

李偉國　上海博物館藏敦煌吐魯番文獻綜論　中華文史論叢(總 50 輯)　上海古籍出版社　1992. 12　p. 32

上博 51

李偉國　上海博物館藏敦煌吐魯番文獻綜論　中華文史論叢(總 50 輯)　上海古籍出版社　1992. 12　p. 42

上博 53

李偉國　上海博物館藏敦煌吐魯番文獻綜論　中華文史論叢(總 50 輯)　上海古籍出版社　1992. 12　p. 33

上博 56

李偉國　上海博物館藏敦煌吐魯番文獻綜論　中華文史論叢(總 50 輯)　上海古籍出版社　1992. 12　p. 33
張涌泉　敦煌本《佛說父母恩重經》研究　文史 1999 年第 4 輯　p. 69
鄭阿財　《父母恩重經》傳佈的歷史考察——以敦煌本爲中心　新世紀敦煌學論集　巴蜀書社　2003. 3　p. 31

上博 57

陳麗萍　敦煌女性寫經題記及反映的婦女問題　敦煌佛教藝術文化論文集　蘭州大學出版社　2002. 7　p. 435
李偉國　上海博物館藏敦煌吐魯番文獻綜論　中華文史論叢(總 50 輯)　上海古籍出版社　1992. 12　p. 32

上博 61

景盛軒　敦煌寫本《大般涅槃經》著錄商補　浙江與敦煌學——常書鴻先生誕辰一百周年紀念文集　浙江古籍出版社　2004. 12　p. 350

上博 64

公維章　涅槃、淨土的殿堂——敦煌莫高窟第 148 窟研究　民族出版社　2004. 11　p. 96
李偉國　上海博物館藏敦煌吐魯番文獻綜論　中華文史論叢(總 50 輯)　上海古籍出版社　1992. 12　p. 33
鄭阿財　臺灣地區敦煌寫本的收藏與研究之考察　敦煌學第 21 輯　1998. 6　p. 94

上博 66

李偉國　上海博物館藏敦煌吐魯番文獻綜論　中華文史論叢(總 50 輯)　上海古籍出版社

1992. 12　p. 33

上博 68

郝春文　《上海博物館藏敦煌吐魯番文獻》讀後　敦煌學輯刊 1994 年第 2 期(總第 26 期)　p. 122

上博 80

景盛軒　敦煌寫本《大般涅槃經》著錄商補　浙江與敦煌學——常書鴻先生誕辰一百周年紀念文集　浙江古籍出版社　2004. 12　p. 349

上博附 01

姜亮夫　敦煌莫高窟年表　姜亮夫全集(十一)　雲南人民出版社　2002. 1　p. 587

李偉國　上海博物館藏敦煌吐魯番文獻綜論　中華文史論叢(總 50 輯)　上海古籍出版社　1992. 12　p. 45

上博附 02

李偉國　上海博物館藏敦煌吐魯番文獻綜論　中華文史論叢(總 50 輯)　上海古籍出版社　1992. 12　p. 44

上博附 03

鄭汝中　敦煌寫卷行草書法集　甘肅人民美術出版社　2000. 3　p. 100

上博附 05

李偉國　上海博物館藏敦煌吐魯番文獻綜論　中華文史論叢(總 50 輯)　上海古籍出版社　1992. 12　p. 45

上博附 06

李偉國　上海博物館藏敦煌吐魯番文獻綜論　中華文史論叢(總 50 輯)　上海古籍出版社　1992. 12　p. 45

上博附 07

李偉國　上海博物館藏敦煌吐魯番文獻綜論　中華文史論叢(總 50 輯)　上海古籍出版社　1992. 12　p. 45

上博附 08

李偉國　上海博物館藏敦煌吐魯番文獻綜論　中華文史論叢(總 50 輯)　上海古籍出版社　1992. 12　p. 44

上博附 09

李偉國　上海博物館藏敦煌吐魯番文獻綜論　中華文史論叢(總 50 輯)　上海古籍出版社　1992. 12　p. 45

上博附 11

李偉國　上海博物館藏敦煌吐魯番文獻綜論　中華文史論叢(總 50 輯)　上海古籍出版社

1992.12　p.44

上海圖書館

上圖 002

鄭炳林　吐蕃統治下的敦煌粟特人　敦煌歸義軍史專題研究　蘭州大學出版社　1997.9　p.389 注 18

鄭炳林　唐五代敦煌的粟特人與佛教　敦煌歸義軍史專題研究　蘭州大學出版社　1997.9　p.451

上圖 003

羅瑤　榆林窟第 20 窟新發現"供養人像"考　敦煌研究 2004 年第 2 期(總第 84 期)　p.21

上圖 003V

賀世哲　從供養人題記看莫高窟部分洞窟的營建年代　敦煌研究文集——敦煌石窟考古篇　甘肅民族出版社　2000.9　p.433

上圖 004

達照　金剛經讚研究　宗教文化出版社　2002.12　p.4

達照　金剛經讚集　藏外佛教文獻(第 9 輯)　宗教文化出版社　2003.7　p.41

釋永有　敦煌遺書中的金剛經　敦煌佛教藝術文化論文集　蘭州大學出版社　2002.7　p.34

上圖 007

張涌泉　敦煌卷子辨僞研究——基於字形分析角度的考察　文史 2003 年第 4 輯　p.223

上圖 008

鄭炳林　《康秀華寫經施入疏》與《炫和尚貨賣胡粉曆》研究　敦煌吐魯番研究第三卷　北京大學出版社　1998.9　p.196

上圖 009

榮新江　評《上海圖書館藏敦煌吐魯番文獻》　歷史文獻(第 7 輯)　上海古籍出版社　2004.7　p.324

上圖 016

黃征　張涌泉　敦煌變文校注　中華書局　1997.5　p.1093

榮新江　評《上海圖書館藏敦煌吐魯番文獻》　歷史文獻(第 7 輯)　上海古籍出版社　2004.7　p.324

余欣　許承堯舊藏敦煌文獻的調查與研究　敦煌學・日本學　上海辭書出版社　2005.12　p.178

上圖 017

郝春文　《敦煌寫本社邑文書輯校》補遺(四)　漢語史學報專集(第 3 輯)　上海教育出版社　2003.5　p.370

榮新江　評《上海圖書館藏敦煌吐魯番文獻》　歷史文獻(第 7 輯)　上海古籍出版社　2004.7

p. 324
余欣　許承堯舊藏敦煌文獻的調查與研究　敦煌學·日本學　上海辭書出版社　2005. 12　p. 162
趙貞　敦煌占卜文書与唐五代占卜研究　唐研究第八卷　北京大學出版社　2002. 12　p. 519
趙貞　敦煌占卜文書殘卷零拾　敦煌吐魯番研究第八卷　北京大學出版社　2005. 1　p. 211
鄭阿財　朱鳳玉　敦煌蒙書研究　甘肅教育出版社　2002. 12　p. 57

上圖 018

姜伯勤　敦煌藝術宗教與禮樂文明　中國社會科學出版社　1996. 11　p. 227
榮新江　評《上海圖書館藏敦煌吐魯番文獻》　歷史文獻(第 7 輯)　上海古籍出版社　2004. 7　p. 325
張澤洪　論唐代道教的寫經　敦煌研究 2000 年第 3 期(總第 65 期)　p. 132

上圖 019

陳國燦　吐魯番出土唐代文獻編年　(臺北)新文豐出版公司　2002. 12　p. 301
榮新江　評《上海圖書館藏敦煌吐魯番文獻》　歷史文獻(第 7 輯)　上海古籍出版社　2004. 7　p. 325

上圖 021

陳麗萍　敦煌女性寫經題記及反映的婦女問題　敦煌佛教藝術文化論文集　蘭州大學出版社　2002. 7　p. 432
林聰明　談敦煌學研究上的一些障礙問題　全國敦煌學研討會論文集　(臺灣)中正大學中國文學系　1995. 4　p. 241
林聰明　敦煌文書年代考探略述　敦煌學國際研討會文集(史地語文編)　遼寧美術出版社　1995. 7　p. 562
林聰明　敦煌吐魯番文書解詁指例　(臺北)新文豐出版公司　2001. 6　p. 217、270、432
榮新江　評《上海圖書館藏敦煌吐魯番文獻》　歷史文獻(第 7 輯)　上海古籍出版社　2004. 7　p. 323

上圖 022

陳麗萍　敦煌女性寫經題記及反映的婦女問題　敦煌佛教藝術文化論文集　蘭州大學出版社　2002. 7　p. 434

上圖 023

林聰明　敦煌吐魯番文書解詁指例　(臺北)新文豐出版公司　2001. 6　p. 136

上圖 026

陳國燦　景龍二年薛崇徽寫大涅槃經記　敦煌學大辭典　上海辭書出版社　1998. 12　p. 456
林聰明　敦煌吐魯番文書解詁指例　(臺北)新文豐出版公司　2001. 6　p. 171、190
釋永有　敦煌遺書中的金剛經　敦煌佛教藝術文化論文集　蘭州大學出版社　2002. 7　p. 42

上圖 027

陳麗萍　敦煌女性寫經題記及反映的婦女問題　敦煌佛教藝術文化論文集　蘭州大學出版社

2002.7　p.432
林聰明　敦煌吐魯番文書解詁指例　(臺北)新文豐出版公司　2001.6　p.164

上圖 028V

榮新江　評《上海圖書館藏敦煌吐魯番文獻》　歷史文獻(第7輯)　上海古籍出版社　2004.7　p.324

上圖 029

榮新江　評《上海圖書館藏敦煌吐魯番文獻》　歷史文獻(第7輯)　上海古籍出版社　2004.7　p.326

上圖 030

方廣錩　大方廣佛華嚴經　敦煌學大辭典　上海辭書出版社　1998.12　p.655
黄征　吳偉　敦煌願文集　岳麓書社　1995.11　p.857
鄭阿財　朱鳳玉　敦煌蒙書研究　甘肅教育出版社　2002.12　p.296

上圖 030V

屈直敏　從敦煌寫本類書《勵忠節鈔》看唐代的知識、道德與政治秩序　蘭州大學學報2006年第2期　p.29
榮新江　評《上海圖書館藏敦煌吐魯番文獻》　歷史文獻(第7輯)　上海古籍出版社　2004.7　p.325

上圖 031

黄征　吳偉　敦煌願文集　岳麓書社　1995.11　p.856
林聰明　敦煌吐魯番文書解詁指例　(臺北)新文豐出版公司　2001.6　p.114
馬德　敦煌寫經題記的社會意義　法源(第19期)　中國佛學院　2001.12　p.87
鄭阿財　臺灣地區敦煌寫本的收藏與研究之考察　敦煌學第21輯　1998.6　p.97

上圖 032

林聰明　談敦煌文書的抄寫問題　紀念陳寅恪先生誕辰百年學術論文集　江西教育出版社　1989.12　p.284
林聰明　敦煌文書出處略考　季羨林教授八十華誕紀念論文集(下)　江西人民出版社　1991.12　p.851
林聰明　敦煌吐魯番文書解詁指例　(臺北)新文豐出版公司　2001.6　p.59 注14
榮新江　評《上海圖書館藏敦煌吐魯番文獻》　歷史文獻(第7輯)　上海古籍出版社　2004.7　p.324
邰惠莉　敦煌版畫敘錄　敦煌研究2005年第2期(總第90期)　p.18

上圖 033

方廣錩　大方廣佛華嚴經　敦煌學大辭典　上海辭書出版社　1998.12　p.655

上圖 034

方廣錩　大般涅槃經　敦煌學大辭典　上海辭書出版社　1998.12　p.693

榮新江　評《上海圖書館藏敦煌吐魯番文獻》　歷史文獻(第 7 輯)　上海古籍出版社　2004. 7　p. 324

上圖 035

林聰明　談敦煌文書的抄寫問題　紀念陳寅恪先生誕辰百年學術論文集　江西教育出版社　1989. 12　p. 287

林聰明　敦煌吐魯番文書解詁指例　(臺北)新文豐出版公司　2001. 6　p. 34

上圖 036

林聰明　談敦煌文書的抄寫問題　紀念陳寅恪先生誕辰百年學術論文集　江西教育出版社　1989. 12　p. 290

林聰明　敦煌吐魯番文書解詁指例　(臺北)新文豐出版公司　2001. 6　p. 40

余欣　許承堯舊藏敦煌文獻的調查與研究　敦煌學・日本學　上海辭書出版社　2005. 12　p. 157

上圖 039

陳麗萍　敦煌女性寫經題記及反映的婦女問題　敦煌佛教藝術文化論文集　蘭州大學出版社　2002. 7　p. 434

上圖 040

余欣　許承堯舊藏敦煌文獻的調查與研究　敦煌學・日本學　上海辭書出版社　2005. 12　p. 178

上圖 042

余欣　許承堯舊藏敦煌文獻的調查與研究　敦煌學・日本學　上海辭書出版社　2005. 12　p. 179

上圖 043

余欣　許承堯舊藏敦煌文獻的調查與研究　敦煌學・日本學　上海辭書出版社　2005. 12　p. 179

上圖 048

方廣錩　金光明經　敦煌學大辭典　上海辭書出版社　1998. 12　p. 678

上圖 049

李小榮　敦煌密教文獻論稿　人民文學出版社　2003. 7　p. 61

上圖 050

景盛軒　敦煌寫本《大般涅槃經》著錄商補　浙江與敦煌學——常書鴻先生誕辰一百周年紀念文集　浙江古籍出版社　2004. 12　p. 353

上圖 051

方廣錩　敦煌遺書中的《妙法蓮華經》及有關文獻　敦煌學佛教學論叢(下)　中國佛教文化研究所　1998. 8　p. 76

方廣錩　妙法蓮華經　敦煌學大辭典　上海辭書出版社　1998. 12　p. 689

馬德　敦煌寫經題記的社會意義　法源(第 19 期)　中國佛學院　2001. 12　p. 86

上圖 052

方廣錩　敦煌遺書中的《妙法蓮華經》及有關文獻　敦煌學佛教學論叢(下)　中國佛教文化研究所　1998.8　p.75

李正宇　晚唐至宋敦煌僧人聽食“淨肉”　敦煌學第25輯　2004.9　p.192

上圖 053

楊森　唐虞世南子虞昶傳略補　陝西師範大學學報1992年第2期　p.72

上圖 056

景盛軒　敦煌寫本《大般涅槃經》著錄商補　浙江與敦煌學——常書鴻先生誕辰一百周年紀念文集　浙江古籍出版社　2004.12　p.353

上圖 058

榮新江　評《上海圖書館藏敦煌吐魯番文獻》　歷史文獻(第7輯)　上海古籍出版社　2004.7　p.328

上圖 060

郝春文　《敦煌寫本社邑文書輯校》補遺(四)　漢語史學報專集(第3輯)　上海教育出版社　2003.5　p.384

上圖 062

李小榮　敦煌密教文獻論稿　人民文學出版社　2003.7　p.277

上圖 063

榮新江　評《上海圖書館藏敦煌吐魯番文獻》　歷史文獻(第7輯)　上海古籍出版社　2004.7　p.326

上圖 064

林聰明　敦煌吐魯番文書解詁指例　(臺北)新文豐出版公司　2001.6　p.108

上圖 066V

榮新江　評《上海圖書館藏敦煌吐魯番文獻》　歷史文獻(第7輯)　上海古籍出版社　2004.7　p.323

上圖 067

陳麗萍　敦煌女性寫經題記及反映的婦女問題　敦煌佛教藝術文化論文集　蘭州大學出版社　2002.7　p.434

余欣　許承堯舊藏敦煌文獻的調查與研究　敦煌學·日本學　上海辭書出版社　2005.12　p.173

鄭阿財　臺灣地區敦煌寫本的收藏與研究之考察　敦煌學第21輯　1998.6　p.99

上圖 068

陳明　耆婆的形象演變及其在敦煌吐魯番地區的影響　文津學志第1輯　北京圖書館出版社

2003.5　p.148
陳明　漢唐西域胡語醫學文獻中的宗教因素　中國學術 2004 年第 1 期　p.168
陳明　殊方異藥——出土文書與西域醫學　北京大學出版社　2005.6　p.65
林聰明　敦煌吐魯番文書解詁指例　(臺北)新文豐出版公司　2001.6　p.218
余欣　許承堯舊藏敦煌文獻的調查與研究　敦煌學・日本學　上海辭書出版社　2005.12　p.164

上圖 073

林聰明　敦煌吐魯番文書解詁指例　(臺北)新文豐出版公司　2001.6　p.221

上圖 078

李豐楙　敦煌道經寫卷與道教寫經的供養功德觀　全國敦煌學研討會論文集　(臺灣)國立中正大學中國文學系　1995.4　p.127
李正宇　神泉觀　敦煌學大辭典　上海辭書出版社　1998.12　p.633
林聰明　敦煌吐魯番文書解詁指例　(臺北)新文豐出版公司　2001.6　p.170
王卡　敦煌道教文獻研究　中國社會科學出版社　2004.1　p.8、198
王卡　敦煌道教綜述　敦煌與絲路文化學術講座(第 2 輯)　北京圖書館出版社　2005.1　p.377
余欣　許承堯舊藏敦煌文獻的調查與研究　敦煌學・日本學　上海辭書出版社　2005.12　p.155、165

上圖 079

余欣　許承堯舊藏敦煌文獻的調查與研究　敦煌學・日本學　上海辭書出版社　2005.12　p.155

上圖 080

林聰明　敦煌吐魯番文書解詁指例　(臺北)新文豐出版公司　2001.6　p.116

上圖 084

鄭阿財　敦煌疑僞經與靈驗記關係之考察　漢語史學報專集(第 3 輯)　上海教育出版社　2003.5　p.286
鄭阿財　敦煌疑僞經的語言問題　敦煌吐魯番研究第八卷　北京大學出版社　2005.1　p.271

上圖 085

林聰明　敦煌文書年代考探略述　敦煌學國際研討會文集(史地語文編)　遼寧美術出版社　1995.7　p.560
林聰明　敦煌吐魯番文書解詁指例　(臺北)新文豐出版公司　2001.6　p.267

上圖 086

郝春文　唐後期五代宋初敦煌僧尼的社會生活　中國社會科學出版社　1998.12　p.24
榮新江　歸義軍史研究　上海古籍出版社　1996.11　p.278
施萍婷　三界寺・道真・敦煌藏經　敦煌學國際研討會文集　遼寧美術出版社　1995.7　p.179
邰惠莉　敦煌版畫敘錄　敦煌研究 2005 年第 2 期(總第 90 期)　p.18
顏廷亮　敦煌文化　光明日報出版社　2000.12　p.271

上圖 091

方廣錩　許培鈴　敦煌遺書中的《維摩詰所說經》及其註疏　敦煌研究 1994 年第 4 期（總第 41 期）p. 147

上圖 092

林聰明　敦煌吐魯番文書解詁指例　（臺北）新文豐出版公司　2001. 6　p. 160、193

上圖 094

陳麗萍　敦煌文書所見唐五代婚變現象初探（一）　敦煌學輯刊 2005 年第 2 期（總 48 期）　p. 166

李小榮　敦煌密教文獻論稿　人民文學出版社　2003. 7　p. 27、49

林聰明　敦煌吐魯番文書解詁指例　（臺北）新文豐出版公司　2001. 6　p. 168

上圖 096

王卡　敦煌道教文獻研究　中國社會科學出版社　2004. 1　p. 190

上圖 097

林聰明　敦煌吐魯番文書解詁指例　（臺北）新文豐出版公司　2001. 6　p. 156

上圖 100

余欣　許承堯舊藏敦煌文獻的調查與研究　敦煌學·日本學　上海辭書出版社　2005. 12　p. 179

上圖 105

張錫厚　敦煌賦彙　（臺北）新文豐出版公司　1996. 5　p. 8

上圖 105（14）

張鴻勳　敦煌本《觀音證驗賦》與敦煌觀音信仰　敦煌文獻論集　遼寧人民出版社　2001. 5　p. 290

上圖 106

陳麗萍　敦煌女性寫經題記及反映的婦女問題　敦煌佛教藝術文化論文集　蘭州大學出版社　2002. 7　p. 430

上圖 107

景盛軒　試論敦煌佛經異文研究的價值和意義　敦煌研究 2004 年第 5 期　p. 86

上圖 108

方廣錩　佛頂尊勝陀羅尼經　敦煌學大辭典　上海辭書出版社　1998. 12　p. 698

上圖 109

陳麗萍　敦煌女性寫經題記及反映的婦女問題　敦煌佛教藝術文化論文集　蘭州大學出版社　2002. 7　p. 433

李正宇　唐宋時期敦煌佛經性質功能的變化　中日敦煌佛教學術會議論文集　中國社會科學院佛教

研究中心等　2002.3　p.19
林聰明　敦煌吐魯番文書解詁指例　（臺北）新文豐出版公司　2001.6　p.109、179
王豔明　瓜沙州大王印考　敦煌學輯刊 2000 年第 2 期（總第 38 期）　p.42

上圖 110

林聰明　敦煌吐魯番文書解詁指例　（臺北）新文豐出版公司　2001.6　p.46

上圖 110V1

林聰明　談敦煌文書的抄寫問題　紀念陳寅恪先生誕辰百年學術論文集　江西教育出版社　1989.12　p.295

上圖 111

陳國燦　普泰二年元榮寫維摩詰經疏記　敦煌學大辭典　上海辭書出版社　1998.12　p.454
宿白　兩漢魏晉南北朝時期的敦煌　中國石窟寺考古　文物出版社　1996.8　p.258

上圖 112

李正宇　唐宋時期敦煌佛經性質功能的變化　中日敦煌佛教學術會議論文集　中國社會科學院佛教研究中心等　2002.3　p.19
林聰明　敦煌吐魯番文書解詁指例　（臺北）新文豐出版公司　2001.6　p.156
宿白　兩漢魏晉南北朝時期的敦煌　中國石窟寺考古　文物出版社　1996.8　p.259
王豔明　瓜沙州大王印考　敦煌學輯刊 2000 年第 2 期（總第 38 期）　p.42

上圖 114

李正宇　敦煌文學雜考二題　敦煌語言文學研究　北京大學出版社　1988.7　p.94
徐俊　敦煌詩集殘卷輯考　中華書局　2000.6　p.935

上圖 116

林聰明　敦煌吐魯番文書解詁指例　（臺北）新文豐出版公司　2001.6　p.173

上圖 117

林聰明　敦煌吐魯番文書解詁指例　（臺北）新文豐出版公司　2001.6　p.218
榮新江　評《上海圖書館藏敦煌吐魯番文獻》　歷史文獻（第 7 輯）　上海古籍出版社　2004.7　p.327
榮新江　余欣　敦煌寫本辨僞示例——以法成講《瑜伽師地論》學生筆記爲中心　敦煌學・日本學　上海辭書出版社　2005.12　p.66

上圖 119

鄭阿財　《父母恩重經》傳佈的歷史考察　新世紀敦煌學論集　巴蜀書社　2003.3　p.43

上圖 121

李小榮　敦煌密教文獻論稿　人民文學出版社　2003.7　p.11
林聰明　敦煌吐魯番文書解詁指例　（臺北）新文豐出版公司　2001.6　p.145

上圖 125

林聰明　敦煌吐魯番文書解詁指例　(臺北)新文豐出版公司　2001. 6　p. 218

上圖 129

方廣錩　四分律刪繁補闕行事抄　敦煌學大辭典　上海辭書出版社　1998. 12　p. 713
林聰明　敦煌吐魯番文書解詁指例　(臺北)新文豐出版公司　2001. 6　p. 220

上圖 131

林聰明　敦煌吐魯番文書解詁指例　(臺北)新文豐出版公司　2001. 6　p. 118
榮新江　歸義軍大事紀年初稿　出土文獻研究(第 3 輯)　文物出版社　1998. 1　p. 235

上圖 132

林聰明　談敦煌文書的抄寫問題　紀念陳寅恪先生誕辰百年學術論文集　江西教育出版社　1989. 12　p. 298
林聰明　敦煌吐魯番文書解詁指例　(臺北)新文豐出版公司　2001. 6　p. 50

上圖 135

林聰明　敦煌吐魯番文書解詁指例　(臺北)新文豐出版公司　2001. 6　p. 136

上圖 137

陳國燦　敦煌寫經題記　敦煌學大辭典　上海辭書出版社　1998. 12　p. 453
馬德　敦煌寫經題記的社會意義　法源(第 19 期)　中國佛學院　2001. 12　p. 77

上圖 138

王卡　敦煌道教文獻研究　中國社會科學出版社　2004. 1　p. 96

上圖 142

李小榮　敦煌密教文獻論稿　人民文學出版社　2003. 7　p. 87、119
李小榮　論密教中的千手觀音　文史 2003 年第 2 輯　p. 157
徐俊　敦煌詩集殘卷輯考　中華書局　2000. 6　p. 894

上圖 143

張錫厚　敦煌文學源流　作家出版社　2000. 5　p. 200

上圖 147

方廣錩　涅槃經注　敦煌學大辭典　上海辭書出版社　1998. 12　p. 695

上圖 152

榮新江　評《上海圖書館藏敦煌吐魯番文獻》　歷史文獻(第 7 輯)　上海古籍出版社　2004. 7　p. 326

上圖 155

榮新江　余欣　敦煌寫本辨僞示例——以法成講《瑜伽師地論》學生筆記爲中心　敦煌學・日本學　上海辭書出版社　2005. 12　p. 66

上圖 166

王卡　敦煌道教文獻研究　中國社會科學出版社　2004. 1　p. 209

上圖 169

榮新江　評《上海圖書館藏敦煌吐魯番文獻》　歷史文獻（第 7 輯）　上海古籍出版社　2004. 7　p. 329

上圖 171

榮新江　余欣　敦煌寫本辨僞示例——以法成講《瑜伽師地論》學生筆記爲中心　敦煌學・日本學　上海辭書出版社　2005. 12　p. 67

上圖 172

施萍婷　敦煌遺書編目雜記二則　敦煌吐魯番研究第一卷　北京大學出版社　1996. 4　p. 321

上圖 174（5）（6）

沙知　敦煌契約文書輯校　江蘇古籍出版社　1998. 1　p. 304、466

施萍婷　敦煌遺書編目雜記二則　敦煌吐魯番研究第一卷　北京大學出版社　1996. 4　p. 321

王啓濤　中古及近代法制文書語言研究　巴蜀書社　2003. 4　p. 241

楊惠玲　敦煌契約文書中的保人、見人、口承人、同便人、同取人　敦煌研究 2002 年第 6 期（總第 76 期）　p. 43

上圖 179

林聰明　敦煌吐魯番文書解詁指例　（臺北）新文豐出版公司　2001. 6　p. 122

劉屹　論二十世紀的敦煌道教文獻研究　國際敦煌學學術史研討會論文集　北京理工大學出版社　2002. 8　p. 225

上圖 181

姜伯勤　敦煌藝術宗教與禮樂文明　中國社會科學出版社　1996. 11　p. 298

馬德　敦煌文書《道家雜齋文範集》及有關問題述略　道家文化研究（第 13 輯）　三聯書店　1998. 4　p. 246

上圖附 7

鄭阿財　敦煌寫本《佛頂心觀世音菩薩大陀羅尼經》研究　敦煌學第 23 輯　2002. 3　p. 21

上圖附 9V－1（861087）

林鳴宇　上海圖書館所藏 861087 號卷子失缺部分之發現及其紙背戒律資料之內容意義　戒幢佛學

（第 3 卷） 岳麓書社 2005. 1 p. 416

上圖附 3（812442）

施萍婷 敦煌遺書編目雜記二則 敦煌吐魯番研究第一卷 北京大學出版社 1996. 4 p. 321

臺灣“中央圖書館”

臺中圖 004

鄭阿財 臺灣地區敦煌寫本的收藏與研究之考察 敦煌學第 21 輯 1998. 6 p. 97

臺中圖 008

鄭阿財 臺灣地區敦煌寫本的收藏與研究之考察 敦煌學第 21 輯 1998. 6 p. 101

臺中圖 009

鄭阿財 臺灣地區敦煌寫本的收藏與研究之考察 敦煌學第 21 輯 1998. 6 p. 101

臺中圖 010

鄭阿財 臺灣地區敦煌寫本的收藏與研究之考察 敦煌學第 21 輯 1998. 6 p. 101

臺中圖 024

鄭阿財 臺灣地區敦煌寫本的收藏與研究之考察 敦煌學第 21 輯 1998. 6 p. 101

臺中圖 029

鄭阿財 臺灣地區敦煌寫本的收藏與研究之考察 敦煌學第 21 輯 1998. 6 p. 97

臺中圖 031

鄭阿財 《父母恩重經》傳佈的歷史考察——以敦煌本爲中心 新世紀敦煌學論集 巴蜀書社 2003. 3 p. 31

臺中圖 032

徐俊 敦煌詩集殘卷輯考 中華書局 2000. 6 p. 926

王小盾 潘重規先生“變文外衣”理論疏說 敦煌學第 25 輯 2004. 9 p. 82

臺中圖 032A

張錫厚 敦煌文獻與文學 敦煌吐魯番研究第二卷 北京大學出版社 1997. 10 p. 391

鄭阿財 孝道文學敦煌寫卷《十恩德贊》初探 華岡文科學報第 13 期 1981. 6 p. 235

鄭阿財 臺灣地區敦煌寫本的收藏與研究之考察 敦煌學第 21 輯 1998. 6 p. 93

臺中圖 032V

榮新江 入海遺編照眼明——潘重規《“國立中央圖書館”所藏敦煌卷子題記》讀後 新世紀敦煌學論集 巴蜀書社 2003. 3 p. 20

臺中圖 037

鄭阿財　臺灣地區敦煌寫本的收藏與研究之考察　敦煌學第 21 輯　1998. 6　p. 98

臺中圖 040

鄭阿財　臺灣地區敦煌寫本的收藏與研究之考察　敦煌學第 21 輯　1998. 6　p. 101

臺中圖 051

徐俊　敦煌詩集殘卷輯考　中華書局　2000. 6　p. 927

臺中圖 072

牧田諦亮著　楊鍾基譯　臺北"中央圖書館"之敦煌經　敦煌學第 2 輯　1975. 12　p. 76

臺中圖 078V

榮新江　入海遺編照眼明——潘重規《"國立中央圖書館"所藏敦煌卷子題記》讀後　新世紀敦煌學論集　巴蜀書社　2003. 3　p. 20

臺中圖 083

鄭阿財　臺灣地區敦煌寫本的收藏與研究之考察　敦煌學第 21 輯　1998. 6　p. 98

臺中圖 085

榮新江　入海遺編照眼明——潘重規《"國立中央圖書館"所藏敦煌卷子題記》讀後　新世紀敦煌學論集　巴蜀書社　2003. 3　p. 23

臺中圖 098

林聰明　談敦煌學研究上的一些障礙問題　全國敦煌學研討會論文集　（臺灣）中正大學中國文學系　1995. 4　p. 241

鄭阿財　臺灣地區敦煌寫本的收藏與研究之考察　敦煌學第 21 輯　1998. 6　p. 97

臺中圖 108

榮新江　入海遺編照眼明——潘重規《"國立中央圖書館"所藏敦煌卷子題記》讀後　新世紀敦煌學論集　巴蜀書社　2003. 3　p. 21

臺中圖 111

牧田諦亮著　楊鍾基譯　臺北"中央圖書館"之敦煌經　敦煌學第 2 輯　1975. 12　p. 78

臺中圖 121

郝春文　唐後期五代宋初敦煌僧尼的社會生活　中國社會科學出版社　1998. 12　p. 211

臺中圖 124

施萍婷　三界寺・道真・敦煌藏經　敦煌學國際研討會文集　遼寧美術出版社　1995. 7　p. 208

徐俊　敦煌詩集殘卷輯考　中華書局　2000. 6　p. 114

鄭炳林　伯 2641 號背莫高窟再修功德記撰寫人探微　敦煌學輯刊 1991 年第 2 期(總第 20 期)　p. 52　又見敦煌吐魯番文獻研究　p. 313

臺中圖 125

鄭阿財　臺灣地區敦煌寫本的收藏與研究之考察　敦煌學第 21 輯　1998. 6　p. 93

臺中圖 125V

陸離　吐蕃統治敦煌時期的官府勞役　魏晉南北朝隋唐史資料第 22 輯　武漢大學出版社　2005. 12　p. 183

榮新江　入海遺編照眼明——潘重規《"國立中央圖書館"所藏敦煌卷子題記》讀後　新世紀敦煌學論集　巴蜀書社　2003. 3　p. 18

臺中圖 127V

榮新江　入海遺編照眼明——潘重規《"國立中央圖書館"所藏敦煌卷子題記》讀後　新世紀敦煌學論集　巴蜀書社　2003. 3　p. 23

臺中圖 128

鄭阿財　臺灣地區敦煌寫本的收藏與研究之考察　敦煌學第 21 輯　1998. 6　p. 98

臺中圖 129

牧田諦亮著　楊鍾基譯　臺北"中央圖書館"之敦煌經　敦煌學第 2 輯　1975. 12　p. 78

榮新江　入海遺編照眼明——潘重規《"國立中央圖書館"所藏敦煌卷子題記》讀後　新世紀敦煌學論集　巴蜀書社　2003. 3　p. 24

臺中圖 133

姜伯勤　論禪宗在敦煌僧俗中的流傳　九州學刊第 4 卷第 4 期　1992. 4　p. 16

榮新江　入海遺編照眼明——潘重規《"國立中央圖書館"所藏敦煌卷子題記》讀後　新世紀敦煌學論集　巴蜀書社　2003. 3　p. 17

鄭阿財　臺灣地區敦煌寫本的收藏與研究之考察　敦煌學第 21 輯　1998. 6　p. 93

臺中圖 135

徐俊　敦煌詩集殘卷輯考　中華書局　2000. 6　p. 927

王三慶　敦煌書儀載錄之節日活動與民俗　全國敦煌學研討會論文集　(臺灣)中正大學中國文學系　1995. 4　p. 19

臺中圖 136

黃征　吳偉校注　敦煌願文集　岳麓書社　1995. 1　p. 576

臺中圖 139

徐俊　敦煌詩集殘卷輯考　中華書局　2000. 6　p. 864、930

臺中圖 141

郜惠莉　敦煌版畫敘錄　敦煌研究 2005 年第 2 期(總第 90 期)　p. 18

臺北故宫博物院

臺北故宫 1

鄭阿財　臺灣地區敦煌寫本的收藏與研究之考察　敦煌學第 21 輯　1998. 6　p. 94

臺北故宫 2

鄭阿財　臺灣地區敦煌寫本的收藏與研究之考察　敦煌學第 21 輯　1998. 6　p. 94

臺北歷史博物館

臺北歷博 1

鄭阿財　臺灣地區敦煌寫本的收藏與研究之考察　敦煌學第 21 輯　1998. 6　p. 94、98

臺北歷博 2

鄭阿財　臺灣地區敦煌寫本的收藏與研究之考察　敦煌學第 21 輯　1998. 6　p. 94

臺北"中央研究院"傅斯年圖書館

中研院 49

余欣　許承堯舊藏敦煌文獻的調查與研究　敦煌學・日本學　上海辭書出版社　2005. 12　p. 168

西北師範大學

西北師大 017

李小榮　敦煌密教文獻論稿　人民文學出版社　2003. 7　p. 27

浙藏敦煌文獻

浙敦 001

于淑健　《浙藏敦煌文獻》疑難雜字輯考　南京棲霞山石窟藝術與敦煌學　中國美術學院出版社　2002. 1　p. 262

浙敦 008

于淑健　《浙藏敦煌文獻》疑難雜字輯考　南京棲霞山石窟藝術與敦煌學　中國美術學院出版社　2002. 1　p. 263

浙敦 012

于淑健　《浙藏敦煌文獻》疑難雜字輯考　南京棲霞山石窟藝術與敦煌學　中國美術學院出版社　2002. 1　p. 262

浙敦 014

景盛軒　敦煌寫本《大般涅槃經》著錄商補　浙江與敦煌學——常書鴻先生誕辰一百周年紀念文集　浙江古籍出版社　2004. 12　p. 353

浙敦 015

于淑健　《浙藏敦煌文獻》疑難雜字輯考　南京棲霞山石窟藝術與敦煌學　中國美術學院出版社　2002. 1　p. 266

浙敦 017

于淑健　《浙藏敦煌文獻》疑難雜字輯考　南京棲霞山石窟藝術與敦煌學　中國美術學院出版社　2002. 1　p. 263

浙敦 022

于淑健　《浙藏敦煌文獻》疑難雜字輯考　南京棲霞山石窟藝術與敦煌學　中國美術學院出版社　2002. 1　p. 262

浙敦 023

于淑健　《浙藏敦煌文獻》疑難雜字輯考　南京棲霞山石窟藝術與敦煌學　中國美術學院出版社　2002. 1　p. 259

浙敦 025

于淑健　《浙藏敦煌文獻》疑難雜字輯考　南京棲霞山石窟藝術與敦煌學　中國美術學院出版社　2002. 1　p. 263

余欣　許承堯舊藏敦煌文獻的調查與研究　敦煌學・日本學　上海辭書出版社　2005. 12　p. 155

浙敦 026

黃征　敦煌俗字例釋　敦煌吐魯番研究第八卷　北京大學出版社　2005. 1　p. 253

黃征　敦煌俗字典　上海教育出版社　2005. 5　p. 3、15、37、63、105

于淑健　《黃仕強傳》校注商補　敦煌學輯刊 2001 年第 2 期(總第 40 期)　p. 14

浙敦 027

黃征　敦煌俗字典　上海教育出版社　2005. 5　p. 17、59、132

余欣　許承堯舊藏敦煌文獻的調查與研究　敦煌學・日本學　上海辭書出版社　2005. 12　p. 155

浙敦 028

姚培鋒　紹興人與敦煌學　敦煌學輯刊 2003 年第 1 期　p. 131

余欣　許承堯舊藏敦煌文獻的調查與研究　敦煌學・日本學　上海辭書出版社　2005. 12　p. 166

浙敦 029

陳麗萍　敦煌女性寫經題記及反映的婦女問題　敦煌佛教藝術文化論文集　蘭州大學出版社　2002. 7　p. 435

浙敦 031

陳麗萍　敦煌女性寫經題記及反映的婦女問題　敦煌佛教藝術文化論文集　蘭州大學出版社　2002. 7　p. 431

浙敦 049

宗舜　《浙藏敦煌文獻》佛教資料考辨　敦煌吐魯番研究第六卷　北京大學出版社　2002. 8　p. 336

浙敦 065

于淑健　《浙藏敦煌文獻》疑難雜字輯考　南京棲霞山石窟藝術與敦煌學　中國美術學院出版社　2002. 1　p. 264

余欣　浙敦 065 文書僞卷考　敦煌研究 2002 年第 3 期(總第 73 期)　2002. 6　p. 41

浙敦 067

宗舜　《浙藏敦煌文獻》佛教資料考辨　敦煌吐魯番研究第六卷　北京大學出版社　2002. 8　p. 336

浙敦 068

宗舜　《浙藏敦煌文獻》佛教資料考辨　敦煌吐魯番研究第六卷　北京大學出版社　2002. 8　p. 336

浙敦 069

張涌泉　敦煌卷子辨僞研究——基於字形分析角度的考察　文史 2003 年第 4 輯　p. 238

宗舜　《浙藏敦煌文獻》佛教資料考辨　敦煌吐魯番研究第六卷　北京大學出版社　2002. 8　p. 336

浙敦 072

黄征　敦煌語言文字學研究要論　漢語史學報(第 2 輯)　上海教育出版社　2002. 5　p. 6

浙敦 073

于淑健　《浙藏敦煌文獻》疑難雜字輯考　南京棲霞山石窟藝術與敦煌學　中國美術學院出版社　2002. 1　p. 264

浙敦 081

宗舜　《浙藏敦煌文獻》佛教資料考辨　敦煌吐魯番研究第六卷　北京大學出版社　2002. 8　p. 341

浙敦 084

宗舜　《浙藏敦煌文獻》佛教資料考辨　敦煌吐魯番研究第六卷　北京大學出版社　2002. 8　p. 341

浙敦 095

宗舜　《浙藏敦煌文獻》佛教資料考辨　敦煌吐魯番研究第六卷　北京大學出版社　2002. 8　p. 341

浙敦 099

宗舜　《浙藏敦煌文獻》佛教資料考辨　敦煌吐魯番研究第六卷　北京大學出版社　2002. 8　p. 342

浙敦 100

王卡　敦煌道教文獻研究　中國社會科學出版社　2004. 1　p. 118
宗舜　《浙藏敦煌文獻》佛教資料考辨　敦煌吐魯番研究第六卷　北京大學出版社　2002. 8　p. 335

浙敦 102

張涌泉　敦煌卷子辨僞研究——基於字形分析角度的考察　文史 2003 年第 4 輯　p. 238
宗舜　《浙藏敦煌文獻》佛教資料考辨　敦煌吐魯番研究第六卷　北京大學出版社　2002. 8　p. 337

浙敦 103

張涌泉　敦煌卷子辨僞研究——基於字形分析角度的考察　文史 2003 年第 4 輯　p. 238
宗舜　《浙藏敦煌文獻》佛教資料考辨　敦煌吐魯番研究第六卷　北京大學出版社　2002. 8　p. 337

浙敦 106

宗舜　《浙藏敦煌文獻》佛教資料考辨　敦煌吐魯番研究第六卷　北京大學出版社　2002. 8　p. 344

浙敦 112

黃征　敦煌語言文字學研究　甘肅教育出版社　2002. 12　p. 22

浙敦 113

徐俊　敦煌寫本詩歌續考　敦煌研究 2002 年第 5 期(總第 75 期)　p. 72

浙敦 126

宗舜　《浙藏敦煌文獻》佛教資料考辨　敦煌吐魯番研究第六卷　北京大學出版社　2002. 8　p. 344

浙敦 127

黃征　敦煌語言文字學研究要論　漢語史學報(第 2 輯)　上海教育出版社　2002. 5　p. 7
黃征　敦煌語言文字學研究　甘肅教育出版社　2002. 12　p. 26

浙敦 139

王卡　敦煌道教文獻研究　中國社會科學出版社　2004. 1　p. 144

浙敦 141

馬德　莫高窟新發現的窟龕與墓塔遺迹　敦煌佛教藝術文化論文集　蘭州大學出版社　2002. 7　p. 153

浙敦 150

王卡　敦煌道教文獻研究　中國社會科學出版社　2004. 1　p. 118

浙敦 151

黃征　敦煌語言文字學研究　甘肅教育出版社　2002. 12　p. 26

浙敦 156

黃正建　敦煌占卜文書與唐五代占卜研究　學苑出版社　2001.5　p.15

浙敦 159

黃征　敦煌語言文字學研究要論　漢語史學報(第2輯)　上海教育出版社　2002.5　p.6
黃征　敦煌語言文字學研究　甘肅教育出版社　2002.12　p.25

浙敦 162

宗舜　《浙藏敦煌文獻》佛教資料考辨　敦煌吐魯番研究第六卷　北京大學出版社　2002.8　p.345

浙敦 170

宗舜　《浙藏敦煌文獻》佛教資料考辨　敦煌吐魯番研究第六卷　北京大學出版社　2002.8　p.347

浙敦 171

宗舜　《浙藏敦煌文獻》佛教資料考辨　敦煌吐魯番研究第六卷　北京大學出版社　2002.8　p.347

浙敦 176

宗舜　《浙藏敦煌文獻》佛教資料考辨　敦煌吐魯番研究第六卷　北京大學出版社　2002.8　p.335、347

浙敦 177

宗舜　《浙藏敦煌文獻》佛教資料考辨　敦煌吐魯番研究第六卷　北京大學出版社　2002.8　p.349

浙敦 178

宗舜　《浙藏敦煌文獻》佛教資料考辨　敦煌吐魯番研究第六卷　北京大學出版社　2002.8　p.342

浙敦 183

黃征　敦煌語言文字學研究要論　漢語史學報(第2輯)　上海教育出版社　2002.5　p.6

浙敦 193

黃征　敦煌俗字典　上海教育出版社　2005.5　p.26、69、100、136
余欣　許承堯舊藏敦煌文獻的調查與研究　敦煌學·日本學　上海辭書出版社　2005.12　p.155

浙敦 196

宗舜　《浙藏敦煌文獻》佛教資料考辨　敦煌吐魯番研究第六卷　北京大學出版社　2002.8　p.335、350

浙敦 199

宗舜　《浙藏敦煌文獻》佛教資料考辨　敦煌吐魯番研究第六卷　北京大學出版社　2002.8　p.335、352

引用文獻

1. 段文傑主編:《甘肅藏敦煌文獻》(1－6),甘肅人民出版社,1999年。
2. 上海古籍出版社、天津市藝術博物館:《天津市藝術博物館藏敦煌文獻》(1－7),上海古籍出版社,1997－1998年。
3. 上海古籍出版社、上海博物館:《上海博物館藏敦煌吐魯番文獻》(1－2),上海古籍出版社,1993年。
4. 上海圖書館:《上海圖書館藏敦煌吐魯番文獻》(1－4),上海古籍出版社,1999年。
5. 北京大學圖書館、上海古籍出版社:《北京大學圖書館藏敦煌文獻》(1－2),上海古籍出版社,1995年。
6. 天津市文物公司主編:《天津市文物公司藏敦煌寫經》,文物出版社,1998年。
7.《浙藏敦煌文獻》編委會:《浙藏敦煌文獻》,浙江教育出版社,2000年。
8. 王倚平、唐剛卯:湖北省博物館藏敦煌經卷概述,《敦煌吐魯番研究》第五卷,北京大學出版社,2001年。
9. 楊銘:重慶市博物館藏敦煌吐魯番寫經目錄,《敦煌研究》1996年第一期
10. 石門圖書公司:《"國立中央圖書館"藏敦煌卷子》(上中下),(臺灣)石門圖書公司,1976年。
11. 方廣錩、徐憶農:南京圖書館藏敦煌遺書目錄,《敦煌研究》1998年第四期。
12. 天津圖書館歷史文獻部:天津圖書館藏敦煌遺書目錄,《敦煌吐魯番研究》第八卷,北京大學出版社,2005年。
13. 中國歷史博物館:《中國歷史博物館藏法書大觀》第十一、十二卷,(京都)柳原書店、上海教育出版社,1999年。
14. 尚林、方廣錩、榮新江:《中國所藏"大谷收集品"概況——特別以敦煌寫經爲中心》,龍谷大學佛教文化研究所、西域研究會,1991年。
15. 鄭阿財:臺北"中研院"傅斯年圖書館藏敦煌卷子題記,《吳其昱先生八秩華誕敦煌學特刊》,文津出版社,2000年。
16. 鄭阿財:臺灣地區敦煌寫本的收藏與研究之考察,《敦煌學》第21輯,1998年。
17. 唐耕耦、陸宏基:《敦煌社會經濟文獻真蹟釋錄》,書目文獻出版社,1986年。
18.《中國書店藏敦煌文獻》編委會編:《中國書店藏敦煌文獻》,中國書店,2007年。

參考文獻

1. 施萍婷：甘肅藏敦煌文獻概述，《甘肅藏敦煌文獻》，甘肅人民出版社，1999年。
2. 馬大東：天津市藝術博物館所藏經卷及社會文書述略，《敦煌研究》1987年第二期。
3. 張玉範：北京大學藏敦煌吐魯番文獻序，《北京大學圖書館藏敦煌文獻》第一册，上海古籍出版社，1995年。
4. 陳秉仁：上海圖書館藏敦煌吐魯番文獻序言，《上海圖書館藏敦煌吐魯番文獻》，上海古籍出版社，1999年。
5. 《浙藏敦煌文獻》編纂委員會：浙藏敦煌文獻前言，《浙藏敦煌文獻》，浙江教育出版社，2000年。
6. 吳其昱："國立中央圖書館"藏敦煌卷子序，《"國立中央圖書館"藏敦煌卷子》，(臺灣)石門圖書公司，1976年。
7. 王倚平、唐剛卯：湖北省博物館藏敦煌經卷概述，《敦煌吐魯番研究》第五卷，北京大學出版社，2001年。
8. 方廣锠：天津市文物公司藏敦煌寫經序，《天津市文物公司藏敦煌寫經》，文物出版社，1998年。
9. 天津圖書館歷史文獻部：天津圖書館藏敦煌遺書目錄，《敦煌吐魯番研究》第八卷，北京大學出版社，2005年。
10. 榮新江：《中國歷史博物館藏法書大觀》第十一卷《晉唐寫經・晉唐文書》，《敦煌吐魯番研究》第五卷，北京大學出版社，2001年。
11. 榮新江：《敦煌學新論》，甘肅教育出版社，2002年。
12. 榮新江：評《上海圖書館藏敦煌吐魯番文獻》，《歷史文獻》第七輯，上海古籍出版社，2004年。
13. 榮新江：《鳴沙集》，(臺灣)新文豐出版公司，1999年。
14. 郝春文：《上海博物館藏敦煌吐魯番文獻》讀後，《敦煌學輯刊》1994年第二期。
15. 劉屹：北京大學藏敦煌文獻，《敦煌吐魯番研究》第三卷，北京大學出版社，1998年。
16. 宗舜：《浙藏敦煌文獻》佛教資料考辨，《敦煌吐魯番研究》第六卷，北京大學出版社，2002年。
17. 王素：《敦煌吐魯番文獻》，文物出版社，2002年。
18. 楊森：敦煌研究院藏敦煌文獻論著目錄，《敦煌研究文集》，甘肅民族出版社，2000年。
19. 黃征：南師大文學院藏敦煌寫本《如來莊嚴智慧光明入一切佛境界經卷上》的鑒定與斷代，《敦煌研究》2006年第六期。
20. 方廣锠：《中國書店藏敦煌文獻》序言，《中國書店藏敦煌文獻》，中國書店，2007年。

後　記

兩年前,國家文物局鄧文寬先生到敦煌資料中心查資料,向我建議說:"目前國內散藏敦煌文獻大部分已經刊佈,由於文獻收藏分散,很難瞭解全貌,你可以做一下這方面的工作。"感謝鄧文寬先生的建議,使我能夠將這本很不成熟的目錄呈獻給大家。

在本書的編製中,得到了國家圖書館善本特藏部的領導以及敦煌吐魯番學資料研究中心林世田先生從始至終的指導幫助。為使本目錄收藏更完整,儘量減少缺漏,經柴劍虹先生多方聯繫,王素先生將故宮博物院敦煌藏品目錄及首都博物馆藏敦煌文獻目錄提供給了我們。柴劍虹先生又在百忙之中為本書作序,並對目錄的分類等提出了寶貴意見。這些無私的幫助令我感動並會銘記在心。

本目錄旨在為敦煌學研究者提供一個較為完整的國內散藏敦煌文獻目錄。由於編者水平所限,錯誤之處懇請指正。

编　者

2007 年 8 月 20 日